모질이의 안데스 일기

보고 듣고 읽고,
생각하며 쓰다

오주섭
여행 에세이

모질이의 안데스 일기

나는 남미의 여러 곳을 여러 날 여러 날이 나를 불러 이름다운 경치를 보게 하고, 조상이 나를 일깨워 글을 쓰게 하느구나! 봄이 오면 밤나무 아래 꽃이 피고, 여름이면 선선한 밤나무 아래서 장기 한 판 두면 될 일이다. 가을이면 밤나무 아래가 감국 빛 입하다 내 아이가 국화차를 만들고, 가을이면 등 해로 탐라인가 꽃도의 일랑가원과 쪼는 해를 개인으리. 운 좋으면 내 생의 밤 개인도 만나면 청명이 아니겠느냐.

소소의책

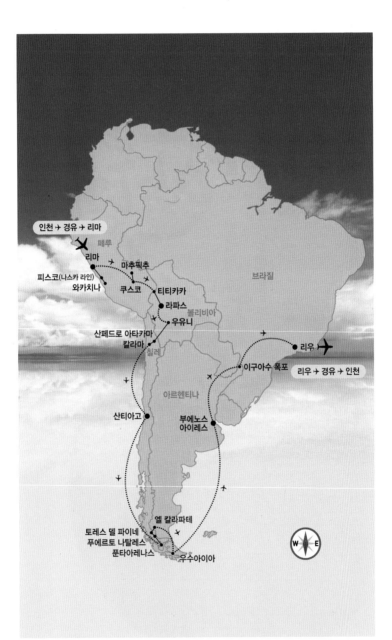

인천 ✈ 경유 ✈ 리마

리우 ✈ 경유 ✈ 인천

페루
리마
마추픽추
피스코(나스카 라인)
와카치나
쿠스코
티티카카
라파스
볼리비아
우유니
산페드로 아타카마
칼라마
칠레
브라질
리우
이구아수 폭포
아르헨티나
산티아고
부에노스
아이레스
엘 칼라파테
토레스 델 파이네
푸에르토 나탈레스
푼타아레나스
우수아이아

W   E

모질이의 안데스 여정

나는 다산을 존경한다. 또한 연암을 흠모한다.

밥벌이할 땐 다산을 읽었다. 밥벌이의 굴레에서 벗어난 후 연암을 읽는다. 『열하일기』를 읽고, 읽고 또 읽었다. 먼저 고미숙·길진숙·김풍기가 엮고 옮긴 책을 읽었다. 다음엔 리상호가 옮긴 책을 읽었다. 세 번째는 김형조가 옮긴 책을 읽었다. 맛과 향과 분위기가 사뭇 다르다. 특히 리상호의 글에서 동양란의 은은한 꽃 내음을, 신윤복이 그린 조선 미인의 청아한 모습을 보았다. 나는 통역자 다섯 사람의 도움을 받아 연암과 함께 열하를 세 번 다녀왔다.

나는 소심과 남미를 세 번 다녀왔다. 첫 번째는 호기심과 함께 갔고, 두 번째는 멕시코와 쿠바 여행의 미끼상품에 현혹되어 갔다. 세 번째는 연암을 생각하면서 여행을 계획하고, 그를 가슴에 품고, 남미의 이곳과 저곳을 돌아다니면서 그의 눈을 배우려 했다.

연암이 나를 글쓰기로 이끌었다면, 그간 읽은 책들이 이 책의 밑거름이 되어주었다. 밥벌이의 굴레에서 벗어난 나는 이것저것 가리지 않고 책을 읽었다. 뚜렷이 할 일이 없어 읽었다. 하릴없이 읽었다. 동양의 고전들이 청나라 황제가 되고, 지식인이 되었으며, 백성들의 기왓장과 똥이 되어주었다. 특히 『장자』와 『주역』, 그리고 불교의 경전들이 이 글의 기둥이 되어주었다.

초고를 두고, 소소의책 편집실과 밀고推 두드렸다敲. 편집실의 칼날은 '오컴의 면도날'보다 예리했고, '포정의 칼'처럼 거침이 없었다. 감사할 따름이다. 모질이와 함께 이런저런 텍스트를 읽고 논쟁했던 분들, 함께 여행했던 분들에게 그저 고마울 뿐이다.

| 차례 |

독자들에게   006

1 여행을 시작하며   011

2 페루의 사막과 나스카 라인과 쿠스코 광장   029

3 잉카는 놀랍고도 슬프다   071

4 볼리비아의 시간   109

5 우유니 소금사막과 알티플라노의 삶   147

6 라 체스코나에 네루다의 한국어 시가 있다   193

7 파타고니아의 카프리 호수와 모레노 빙하   215

8 우수아이아의 비글 해협과 땅끝마을   247

9 민중의 탱고와 권력자들의 탐진치   281

10 이구아수엔 소리와 시와 사랑이 어우러진다   315

11 미항 리우에는 볼거리도 많다   353

12 여행을 마치며   379

● 여행을 떠나기 전에

- 如是我聞(여시아문) : 『금강경』에 나오는 말로, '이와 같이 내가 들었다'는 의미이다.
- 如是我思(여시아사) : 나의 주관적 생각을 서술한다.
- 如是我見(여시아견) : 나의 감각기관에 들어온 현상을 기술한다.
- 如是我觀(여시아관) : 관조라는 사유 과정을 거친 나의 관점을 기술한다.
- 如是我讀(여시아독) : 관련된 텍스트를 읽은 나의 관점을 이야기한다.
- 如是我夢(여시아몽) : 내가 꾸었던 꿈의 의미를 확장하여 서술한다.
- 모질耄耋 : '나이가 들어 늙음'이라는 뜻이지만, 이 책에서는 '세월이 육신을 늙게 하지만 정신은 지혜로워진다'는 의미를 아우른다.
- 소심素心 : '본디 지니고 있는 마음'이라는 뜻이다.

대붕은 하늘을 높이 날고
갈매기는 바다 위를 노니는데,
어찌하여 그대는 비약의 날개를 펴지 못하는가?

여행을
시작하며

1

| 如是我觀 | **촛대바위에서 대붕의 날개를 보다**

밥벌이의 굴레에서 벗어나 홀로 서니 남아도는 것이 시간이다. 흔하디흔한 것이 시간이요, 여기저기에 널브러진 것 또한 시간이다. 시간이라는 괴물에 얽매이지 아니하니 삶이라는 것에 대한 맛과 향기가 다르게 다가왔다. 할 일이 없다는 공허감이 할 일이 없어 즐겁다는 충만함으로 변하기까지는 달이 수십 번 지나가고 해가 한두 번인가 바뀌어야 했다. 읽을거리가 넘쳐나고 가봐야 할 곳이 너무나 많았다. 그래서 한동안 이것저것 가리지 않고 무작정 읽어댔고, 때와 장소를 가리지 않고 오프라인 강의를 찾아다니며 들었다. 유튜브를 뒤적이며 주제를 불문하고 무작정 보고 들었다. 종교를 들었고, 과학을 들었다. 지금까지 전혀 경험해보지 못한 세상이 다가왔다. 문학을 들었다. 철학도 듣고, 역사도 들었다. 약간은 졸리기도 하고 지루하기도 했다. 하지만 흥미가 솟아오르기 시작했다. 잠을 잘 때, 유튜브에서 흘러나오는 종교와 철학 강의는 훌륭한 자장가였다.

여러 곳을 돌아다녔다. 유럽과 미국과 중남미를 다녔다. 코로나가 왔다. 다른 나라에 갈 수가 없었다. 국내 여행이 나를 찾아왔다. 나는 여행을 좋아한다. 여행이라기보다는 이리저리 돌아다니는 것을 즐긴다. 왜, 나는 한곳에 머무르는 데 싫증을 내는 것일까? 한자리에 오래 머물지 못하는 변덕스러운 성격일까? 떠나기 전에, 혹은 여행을 하면서 스케줄이라는 것을 짜고, 이런저런 정보를 네이버와 구글에서 찾는다. 볼거

리는 스스로 기억해내기도 하지만, 먹거리는 검색하여 찾는다. 볼거리
는 내가 주로 결정하고, 먹거리는 그미가 주로 결정한다. 이런 국내 여
행의 장점은 내가 만든 스케줄이라 하더라도 그때, 바로 그때 하기 싫
으면 아니해도 되고, 더 매력적인 다른 것이 나타나면 그것을 좇으면
된다. 그래서 국내의 이곳과 저곳을 돌아다니는 나를 이렇게 푼다.

'하릴없이 돌아다니는 자유인!'

코로나라는 녀석이 기승을 부리던 때, 동지 무렵에 차를 몰았다. 출근
하는 차들이 움직이기 전에 고속도로를 달렸다. 월정사를 스쳐 지난다.
상원사를 돌아간다. 얼어붙은 계곡물이 아직은 흐르는 모양이다. 돌과
바위 사이로, 얼음 속으로 물은 흐른다. 흐르는 물은 소리를 낸다. 조잘
조잘, 졸졸졸졸, 초찰초찰초찰, 촐촐촐촐! 세조의 등창을 깨끗이 씻은
바로 그 계곡물이다. 얼어붙은 화산석 계단은 그 검은빛이 현묘하다.
검은빛에 윤기가 흐른다. 그 검기가 까마귀 깃을 닮았다. 계단이 몇 개
나 되는지 나는 모른다. 내가 그 숫자를 헤아린들, 그 어느 누가 셈을 한
들 다를 것이 없지 않은가. 그저 많은 계단이 산허리를 감고 돌아 오르
고 내릴 뿐이다. 내린 눈은 비탈로 쓸려 내렸다. 이른 아침 스님들의 울
력이 있었으리라. 덩치 큰 까마귀들이 까악~까악 한다. 바리톤 음색이
다. 알토 음색을 가진 까마귀는 보이지 않는다. 소리는 덩치에 비례하
는 모양이다. 눈 덮인 산에서 먹이 찾기가 어찌 쉬울까? 백팩에 든 감귤
하나를 던졌다. 두 마리가 한꺼번에 달려든다. 빠른 자, 힘센 자가 먹이
를 차지한다. 날짐승도 빠른 자, 힘센 자의 세상이다.

이마에 솟는 땀방울, 등에 흐르는 땀이 상쾌하기 이를 데 없다. 차가
움과 따뜻함, 냉탕과 온탕의 어울림이 산속에도 있다. 적멸보궁 동불
방석에 삼배하니 부처님이 현현한다. 사리탑에 삼배하고 법당 뒤쪽을
돌아 나온다. 보살님이 건네주는 떡국 한 가닥지와 차 한 모금이 온몸
을 따스하게 감돈다. 비로봉은 하얗다. 오대산 하늘과 땅 모두 하얗다.
눈송이 몇 이파리가 너울너울 춤을 춘다. 나비의 날개가 펼쳐진다. 풍

수가들은 말한다. 오대산의 산세가 용이 여의주를 물고 하늘로 승천하기 직전의 모습이라고. 숨을 깊이 들이쉰다. 온몸이 깨끗해진다. 정신이 맑아진다. 중대사자암은 스쳐 지났다. 상원사 문수동자에게 삼배하고, 탄허 스님 영정에 삼배한다. 세조의 옷자락을 붙든 돌고양이가 오늘 내 눈빛을 붙든다. 청풍루 찻집, 따스한 대추차 한 사발이 몸을 녹인다. 아서라, 졸음아! 나는 내 길을 가야 한다. 월정사 또한 스쳐 지난다. 월정사는 템플스테이를 하기 좋은 절집이다.

차는 다시 고속도로를 달린다. 삼척의 한 호텔로 들어간다. 한적하다. 북적거리지 않는 호텔이 좋다. 호텔 방은 8층이요, 촛대바위를 바라볼 수 있는 '오션 뷰'다. 삼척은 볼거리가 많다. 죽서루에 가면 조선의 시인과 묵객들을 만날 수 있다. 죽서루는 조선의 허가받은 낙서판이다. 환선굴에 가면 몇만 년 전 지구의 기억을 만날 수 있다. 땅속의 시냇물과 태곳적부터 자라나고 있는 석순들이 장관이요, 환상이다. 주차장 부근에 있는 너와집도 구경할 만하다. 삼척은 신라의 화랑과 관련된 이야기와 『삼국유사』에 나오는 「헌화가」 등 향가의 주 무대이기도 하다. 하지만 내가 가장 좋아하는 것은 역시 촛대바위의 일출이다. 나는 동짓날 무렵 솟구치는 동해의 일출을 무척 좋아한다. 겨울 바다에서 솟구치는 태양은 다채롭다. 빛의 향연이다. 얼어붙은 손과 발과 얼굴에 따스한 별과 일렁이는 빛을 보태준다. 동네 사랑방 화로에 담긴 화톳불이다. 벽난로의 따사로움이다. 겨울 바다에 떠오르는 태양빛은 해무와 구름과 갈매기와 소나무와 조릿대와 바위가 함께 어우러진다. 동짓날 태양은 소가 음매~애 하고 닭이 꼬끼오~ 하며, 할아버지가 헛기침하고, 엄니가 아침밥 짓는 부엌의 잉걸불이다. 나는 겨울 바다, 동해의 해돋이를 좋아한다. 동해의 해돋이, 연암의 「총석정관일출叢石亭觀日出」, 의유당 남씨의 「동명일기東溟日記」를 좋아하고 또 사랑한다.

저 바다 멀리 고깃배들이 별처럼 빛난다. 일출 한 시간 전이다. 호텔문을 나섰다. 아직도 캄캄하고 컴컴한 밤이다. '해 뜨기 전이 가장 어둡다'. 어느 철학자는 슬픔과 절망과 죽음에 대한 사유에 그런 제목을 붙이기도 했다. 슬픔이 있은 연후에 기쁨이 있고, 절망이 있으니 희망이 있으며, 한 생명의 죽음이 있어야 또 다른 생명의 탄생이 있는 것이다. 해가 뜨기 전이니 가장 어두운 것이다. 가로등 불빛이 휘황하고 찬란하다. 달빛은 별빛보다 더 희미하다. 항아가 눈썹蛾眉 화장을 마치지 못한 모양이다. 태양의 밝음에 너의 빛은 슬퍼진다. 서둘러라, 서둘러라, 서둘러야 한다, 항아여!

삼척의 해변을 걸어 동해의 데크 길로 들어선다. 망원렌즈를 장착한 해돋이 사냥꾼들이 옹기종기 모여 발을 동동거리고 입은 종알거린다. 눈은 여명을 향해 깜박거린다. 스마트폰을 해돋이 사냥 장비로 가진 자는 그미와 나뿐이다. 크고 묵직한 렌즈를 떠받치고 있는 삼각대 근처가 포토 존이 아닐까? 세상이 밝아온다. 바다 위에는 얇은 해무가 드리워져 있다. 하늘에는 구름 몇 조각이 이리저리 돌아다닌다. 세상이 붉어진다. 햇무리가 드러난다. 멀리 들리는 건 파도가 바위에 부딪히는 소리요, 가까이 들리는 건 카메라 셔터 터지는 소리다. 스르르르 처~얼~썩, 찰칵, 차알~칵, 찰칵……. 숨을 쉴 틈이 없다. 홍연암에서 찍으면 의상대가 오른편에 자리 잡고, 촛대바위를 찍으면 오션 뷰 호텔이 의상대를 대신한다. 대동大同하고 소이小異하다. 크게 보면 다름이 없고, 자세히 보면 다른 것이 많다. 전문가들이 슬슬 일어선다. 하나둘 자리를 뜬다. '오메가다!'라는 외침이 '심봤다!'처럼 들렸다. 인생 샷을 건진 모양이다.

나는 오늘 오메가를 찍지 못했다. 그러나 오메가보다 더 중요한 인생 샷을 건졌다. 검밝은 촛대바위, 희끗희끗한 바다, 그 위에 드리운 불그스레한 빛의 가는 선들, 촛대바위 우둠지에서 식곤증에 몸부림치는 갈매기, 그리고 구름을 찍었다. 와우, 화면의 구름은 구름이 아니다. 앨버트로스의 날개다. 아니다. 대붕大鵬의 두 날개다!! 어제 북명에서 물을 박차고 오른 대붕이 바로 이 아침에 동해를 지나간다. 지금 바로 이 순

촛대바위에 앉은 갈매기는 대붕의 큰 뜻을 알까?

간 동명을 지나 남명南冥으로 가고 있다. 촛대바위의 갈매기는 식곤증 따위를 이겨내지 못하는 갈매기가 아니다. 조나단의 갈매기보다 더 높이 난 적이 있는 갈매기다. 갈매기는 대붕의 날갯짓을 응시하며 그동안 경험했던 모든 것을 기억해내면서, 대붕의 큰 뜻을 음미하는 중이다. 아니다. 대붕의 미친 짓을 비웃고 있는지도 모른다. 분명 대붕이 오늘이 아침에 바로 내 눈앞에 나타났다. 대붕의 날갯짓은 움직이지 않으므로 움직였다. 부동지동不動之動이다. 그리고 점점 멀어졌다. 저 대붕은 남명 선생에게 길道을 물으러, 도道를 여쭈러 갈 것이다.

대붕의 날갯짓을 보기 위해 나는 두 번 더 그 호텔에 갔다. 그리고 촛대바위 근처를 왔다 갔다 했다. 그러나, 그러나 대붕은 그 모습을 드러내지 않았다. 주먹만 한 자갈들만 내 엄지발톱에 차였다. 2022년 동짓날, 또 삼척에 갔다. 대붕을 보지 못한 나는 촛대바위 길에서 돌 하나를 주워 들었다. 호텔에서 그것을 하루 종일 씻고 닦고 어루만졌다. 창밖의 바다는 너울이 크게 일었다. 바위에 부딪히는 파도 소리가 창틈을 뚫고 들어왔다. 해는 서산에 걸렸고 바다는 다시 붉어졌다. 마침내 열여섯 글자가 드러났다.

鵬飛戻天 鷗躍于海 豈弟君子 遐不飛躍*
대붕은 하늘을 높이 날고 갈매기는 바다 위를 노니는데,
어찌하여 그대는 비약의 날개를 펴지 못하는가?

2023년 3월. 나는 대붕의 왼쪽 날개깃을 붙들었다. 인천을 떠나 LA를 경유하여 페루를, 볼리비아를, 칠레를, 파타고니아를, 아르헨티나를, 이구아수 폭포를 거쳐 브라질로 가서 상파울루에서 다시 비행기를 타고 도하를 경유한 뒤 인천으로 돌아오는 여정이다. 글은 모질毛耋이가

---

* 『시경詩經』「대아大雅 한록旱麓」편의 구절을 빌려 살짝 바꾸었다. 원문은 '鳶飛戻天 魚躍于淵 豈弟君子 遐不作人(솔개는 하늘로 날아오르고 물고기는 연못에서 뛴다. 그대 군자는 어찌하여 인재를 육성하지 아니하는가?)'이다.

쓴 것이요, 사진은 소심素心이 찍은 것이다. 소심은 가끔 글에서 '그미'로 등장한다.

그미는 한 달간 입을 것과 먹거리를 준비한다. 여기가 봄으로 접어드니 거기는 가을로 접어들 것이다. 봄과 가을은 날씨가 변덕스럽지 않은가! 우기의 끝자락이다. 갑자기 쏟아지는 비에도 대비해야 한다. 우산과 비옷은 필수! 또 한 달 동안 사계절을 모두 겪어야 한다. 4,000~5,000미터의 고산지대라서 낮에는 덥고 밤에는 추울 것이다. 산티아고는 초가을일 것이요, 파타고니아는 가을이자 겨울일 것이다. 이구아수와 리우데자네이루는 열대지방이다. 그미에게 옷과 관련하여 고민이 하나 더 있다. 우유니 소금사막에서의 사진이다. 하얀 바탕에 원색 계열의 옷이 짱이란다. 하여 두 사람이 한 달간 입어야 할 옷의 옵션이 미적분보다 더 어렵다.

"양자역학적 방법으로 입으면 안 될까?"

"양자역학이 뭔데?"

"때와 장소에 따라서 아무거나 입는 거야!"

"아무거나가 어딨어? 사진을 찍을 건데!!"

왜 군이 음력을 표기하느냐? 왜, 양력 15일을 출발일로 했느냐? 우유니 사막과 고산지대에서 별을 보기 위해서다. 지난번 우유니에 갔을 때는 보름 무렵이었다. 달이 밝으면 별이 숨어버린다. 하여 그믐달과 초승달이 뜨고 지는 시기를 고르고 골랐다. 남반구에서 초승달과 그믐달이 ㄱㄹ뫼의 그것과 다름을, 주먹만큼 큰 별들과 모래처럼 작은 별들의 향연을 볼 수 있을 것이다.

| 如是我思 | **여행과 관광을 구별 짓다**

　나는 내 나라 대한민국을 벗어나면 '자유인'이 되기를 거부한다. 아니, 자유인이 될 능력이 부족하다. 가는 곳이 너무나 넓고 광활하여 '자유인'이 되려다 자칫 잘못하면 '유랑인'이 될 수도 있다. 모든 것이 낯선 곳에서 낯섦은 나를 위축시킨다. 마음이 유약해서인가, 개척과 탐험 정신이 부족해서인가? 내가 나를 어찌 알겠는가? 그리스인 조르바의 생각을, 자유를, 삶을 나는 선망하고 존경한다. 그러나 현실의 나는 오로지 나일 뿐이다. 그래도 다행이다. 나는 비행기를 타고 멀리, 그리고 긴 시간을 날아가는 건 즐긴다. 오랜 시간 동안 비행기에 갇혀 있어도 지루하지 않다. 들을 거리, 볼거리를 준비하면 그만이다. 높이 날아가면서 저 아래의 세상을 보며 상상의 나래를 펴는 것 또한 즐긴다. 때로는 솜사탕처럼 하얀 뭉게구름 위를 날고 싶기도 하고, 뛰어내리면 어떨까 하는 상상도 한다. 새벽녘, 운 좋게 창 쪽에 앉아 바다도 평원도 언덕도 아닌 곳에서 해돋이를 구경하는 것은 더할 나위 없는 즐거움 중 하나이다. 운 좋은 저녁참에 곤륜산崑崙山에 해가 걸려 있는 모습에서 서왕모와 목왕이 어우러져 노래하고 춤추고 사랑하는 모습을 상상하기도 한다. 꿈속에서나마 서왕모의 꽁무니를 따라가보기도 하고, 그녀의 비단결 치맛자락을 붙들어보기도 한다. 비행기에서의 꿈나라 여행은 또 하나의 묘미가 있다. 집에서는 도저히 꿈꿀 수도, 만날 수도 없는 꿈이 찾아오기도 한다. 한곳에 머물지 말아야 생각이 떠오른다. 불경에 보이는 '응무소주 應無所住 이생기심而生其心'을 나는 이렇게 읽는다. 발이 닿는 곳, 이곳저곳으로 싸다녀라. 그래야 감미로운 생각과 창조를 위한 티끌 하나라도 마음속으로 파고들 것이다. 엉터리로 읽는 것인지도, 얕은 말풀이인지도 모른다. 그래도 내 방식으로 읽어내고, 또 내 생각을 합쳐 풀어낼 것이다. 대나무가 흔들려도 내 마음이 흔들리는 것이요,

깃발이 펄럭거려도 내 마음이 펄럭거리는 것이다.

'여행'과 '관광'은 비슷하면서도 다른 뉘앙스를 갖는 말이다. 우선 여행이라는 단어를 검색해보자. 네이버 사전에 이렇게 나와 있다. '일이나 유람을 목적으로 다른 고장이나 외국에 가는 일.' 내겐 딱히 할 만한 공적인 일이 없다. 그러니 일단 일에서는 벗어난다. 다음은 유람이다. 유람을 검색했다. '돌아다니며 구경함.' 특정한 일이 없는 사람이 그저 돌아다니면서 하릴없이 구경하면 그것이 여행이리라.『장자』의 '소요유逍遙遊'가 떠오른다. 북명北冥이라 이름 붙여진 바다에서 곤鯤이라는 물고기가 고뇌한다. 나는 왜, 이런 춥고 어둡고 좁은 바다에서 살아야 하는가? 보다 따뜻하고, 보다 넓은 세상에서 살면 안 되나? 이런 꿈과 고민과 고뇌와 바람이 그를 아주 큰 새大鵬로 변하게 한다. 큰 꿈과 간절한 바람과 간곡한 소망은 이루어지게 마련이다. 큰 새가 된 곤은 구름과 같은 날개를 펴고 하늘로 치솟아 남쪽 바다南冥로 여행을 떠난다. 청천 하늘에 구름과 같은 날개를 펴고 유유히 날아가면서 저 아래의 푸른 빛으로 넘실대는 바다와 나지막한 산들과 실오라기처럼 흐르는 강물을 본다. 자신이 살았던 지구라는 행성이 푸르고 파랗고 하얗고 노랗고 시커먼 것들이 어우러진 또 하나의 달처럼 보였다. 사람은 티끌보다 더 작게 보였다. 그들의 소리는 들리지 않고, 그들의 탐욕은 대붕의 곁에까지 다다르지 못한다. 파도 위를 나는 갈매기들도 너울에 반짝거리는 하나의 점일 뿐이다. 그런 점이, 그런 티끌이 모이고 모여 세상을 이루고 있다. 대붕은 남명으로 가는 여정에 토끼처럼, 아니 호랑이처럼 생긴 땅덩어리의 동쪽 해안을 지나고 있었다.

대붕이 고개를 살짝 돌리니 양기가 철철 넘치는 양양이라는 동네 앞바다가 출렁인다. 한 스님이 연꽃 기운이 붉게 피어오른 바다 절벽 바위 골짜기에 홀로 앉아 선정에 들었다. 대붕이 고도를 낮추니 갈매기들이 기겁한다. 스님의 목소리 또한 카랑카랑하다.

"하나 가운데 모든 것이 들어 있고, 모든 것 안에 하나가 들어 있도다.

그 하나 또한 모든 것이요, 그 모든 것 또한 하나로구나. 한 티끌 안에 시방세계를 머금고, 그 하나하나의 티끌 속에 그 모든 것이 그러하구나.”

　오면서 가면서, 쉬면서 먹으면서 깨달은 자들의 목소리를 듣는 것, 또한 숲의 소리를 듣고, 새들의 노랫소리를 듣고, 사람들의 아우성을 들으면서 특별한 목적도 없이 노니는 것이 바로 내가 생각하는 여행이다.

　이젠 관광이라는 단어로 넘어가자. 역시 네이버 어학사전이다. '나라의 성덕盛德과 광휘光輝를 봄' 또는 '다른 지방이나 다른 나라에 가서 그곳의 풍경, 풍습, 문물 따위를 구경함'이라 풀고 있다. 크게 두 가지 뜻을 함축하고 있다. 하나는 '나라의 성덕과 광휘'라는 보다 거창한 함의가 있다. 관광하는 나라의 정치, 문화, 경제 등의 성과와 그 빛남을 보고 느끼고 배워야 한다는 뜻이리라. 다음으로는 나라의 풍경, 풍습, 문물 따위까지 망라하여 샅샅이 뒤져 살펴본다는 보다 구체적이고 확실한 의미가 포함되어 있다. 불현듯 섬광처럼 뭔가가 스친다. 몇 년 전부터 홀로 『주역』을 공부한 적이 있는데, 그때 읽었던 괘 하나가 떠오른다. 스무 번째에 나오는 '풍지관風地觀' 괘다. 이 괘의 형상은 '땅 위에 바람이 일어나고, 바람이 그 대지를 스쳐 지나간다'. 괘의 이름인 '관觀'이라는 글자는 관광觀光이라는 글자의 관과 같다. 바람처럼 이곳저곳을 거침없이 다니면서 세상 구경을 하는 것, 얼마나 멋지고 가슴 뛰는 일인가! 관觀은 '雚(황새 관)'에 '見(볼 견)'을 합쳐 만든 회의문자다. 따라서 관이라는 글자의 포괄적인 의미는 황새가 높이 날면서 보다 더 멀리, 보다 더 넓게 세상을 내려다본다는 것이다. '대붕처럼 높은 곳에서 세상을 내려다보면서 스스로를 자각하고, 스스로의 내면도 깊숙이 성찰하는 행위'쯤으로 해석할 수 있지 않을까? 사실 본다는 의미의 '견見'이라는 글자도 보는 행위를 통해 '주체자의 내외적인 자각'이라는 뜻까지 내포하고 있다. 하여 '관觀'이라는 글자 하나에 관광이라는 사전적 의미를 모두 포괄하고 있다고 나는 생각한다.

　어쨌거나 우리가 '관광'할 것은 그 땅에서 살아온 사람들이 일군 삶과 문화다. 나는 이번 여행 내내 이러한 '관광'의 뜻을 새기며 보고 듣고 생각하고자 한다. '법고창신法古創新'이라는 말이 있다. 옛날에 있었던 아름답고 훌륭한 것들, 슬프고 괴로웠던 것들을 다시 음미하고 재창조한다는 의미다. 그런 나의 마음을 글로 적어보려 한다.

2023년 3월 15일(수요일, 음력 2월 24일)

인천에서 3월 15일 저녁에 출발했는데, 아직도 3월 15일이다. 시간은 흐르는 건가, 정지해 있는 건가? 이런저런 생각을 하느라 잠을 설쳤다. 물론 꿈도 꾸었다. LA는 그런대로 낯설지 않다. 기분이 그렇다는 말이다. 세계의 패권국가 미국의 땅이지 않은가! 미국은 비행기를 갈아타는 데도 비자가 필요한 나라다. 환승을 하는 데도 입국심사를 받아야 한다. 갈아타는 데도 출국심사를 받아야 한다. 공항 건물 밖으로 나가지 않는데도 입국이고 출국이다. 입국심사를 위한 줄이 길어도 너무 길다. 시간이 걸려도 너무 많이 걸린다. 여권을 내민다. 얼굴 사진을 찍는다. 다섯 손가락의 지문을 찍는다. 뭐 하러 왔느냐고 묻는다. 환승일 뿐이라고 답한다. 뭔가 도둑질하려다 들킨 기분이다. 입국심사를 마치고 짐을 찾았다. 캐리어를 끌고 밀며 출국장으로 갔다. 출국심사를 위한 줄 또한 길어도 너무 길다. 출국을 위한 검색이 까다로워도 너무 까다롭다. 핸드폰을 꺼내라, 아이패드를 꺼내라, 노트북을 꺼내라, 혁대를 풀어라, 신발을 벗어라, 바지 주머니에 든 물건을 꺼내라. 뭔가 도둑질해가는 분위기다. 5년 전에도 리마에 갔다. 인천에서 비행기를 타고 캐나다 토론토에서 환승했다. 비자도 받지 않았고, 입국과 출국 절차도 밟지 않았다. 4년 전에도 리마에 갔다. 인천에서 비행기를 타고 멕시코의 멕시코시티에서 갈아탔다. 비자도 받지 않았고, 입국과 출국 절차도 밟지 않았다. 내 손으로 짐을 찾아 환승하기는 처음이다. 새로운 경험이다. 불편하다! 힘들다!!

기다림은 옛 생각을 일깨운다. 하룻밤에 5개국을 여행한 기억이다. 4년 전, 인천국제공항 제1터미널. 나를 태우러 올 항공기가 열두 시간 지연된 적이 있다. 인천에서 열두 시간 늦게 출발하므로 멕시코시티에서 리마로 가는 비행기 환승이 불가능하다. 하여 하룻밤에 5개국을 여행하는 일정이 탄생한다. 간략하게 정리하면 이렇다. '인천→멕시코(멕시코시티, 베니토 후아레스 공항)→코스타리카(산호세, 후안 산타마리아 공항)→콜롬비아(산타페 데 보고타 공항)→페루(리마, 호르헤 차베스 공항).' 하룻밤에 한국에서 중미를 거쳐 남미로 가야 한다.

비행기가 활주로를 덜거덕덜거덕하며 미끄러진다. 창밖 날씨가 무척 더워졌음을 눈으로 알 수 있다. 동남아 혹은 괌이나 사이판에서 많이 보였던 나무들이 눈에 들어왔다. 인천에서 멕시코로 날아간 다음, 멕시코시티에서 환승하고 저녁때쯤 출발했다. 코스타리카 산호세에서 갈아탔다. 산호세에서 비행기를 갈아탈 때는 두어 시간의 여유가 있었다. 그리고 보고타에 갔다. 나는 잠꾸러기가 되어 비몽사몽간에 보고타까지 갔다. 캄캄한 활주로에 비행기가 움직임을 멈추자마자 일행은 서두른다. 옆에서 잠을 이루지 못한 그미도 덩달아 바쁘다. 왜, 안 나가지? 우리 일행은 당연히 일어서서 서성이고, 다른 사람들도 모두 일어서서 통로에서 기다린다. 트랩을 내리자마자 동행자들이 말한다. 뜁시다, 뛰어요. 복도는 길게 뻗어 있다. 오른쪽은 유리창이요, 왼쪽은 광고판이 붙은 벽이 평행선이다.

갑자기! 순식간에! 등산 배낭 하나가 내 가슴에 내팽개쳐진다. 군대 야간 행군이 머리를 스쳤다. 정신은 졸고 다리는 걷고, 두 눈은 돌덩이 가득 든 배낭처럼 무겁고. 그 몸에 바윗덩이 하나가 나를 덮친다. 놀람과 황당함이 정신을 일깨운다. 바윗덩이를 던진 그분은 뛴다. 재빨리 뛰어 사라진다. 비호飛虎처럼 그가 사라진 터널 위에는 'TOILET'이라는 글자가 보였다. 순식간에 일어난 일이었다. 그저 당황할 뿐이었다.

나는 등에, 가슴에 배낭을 품은 돌부처가 되었다. 그미도 놀란 모양이다. 그미의 얼굴이 누르락푸르락한다. 일행은 벌써 30~40미터쯤 멀어졌다. 그들은 뒤도 돌아보지 않았다. 그리고 그들은 왼쪽으로 돌았다. 꼬리도 보이지 않는다. 옆에 붙어 있던 그미가 뛰었다. 그들이 돌았던 모퉁이까지 뛰었다. 일행의 행방을 추적한다. 모퉁이에 선 그미가 손짓을 한다. 위로 아래로 마구 흔들어댄다. 그미의 손짓이 무슨 말을 하는지 누구라도 안다. '빨리 와, 빨리 오란 말이야!' 그미는 소심하다. 맑고 흰 그미의 마음은 장작불에 타고 또 타서 연기도 남기지 않은 채 하늘로 날아가버렸다. 나도 이미 마음이란 게 없어졌다. 둥둥둥, 퉁퉁퉁, 퉁퉁퉁, 수없는 발짓을 했다. 만보기로 쟀다면 10만 보가 넘었을 것이다. 주위에 사람이라는 형체는 아무것도 없다. 저 멀리 혼이 빠진 그미와 나뿐이다. 화장실로 달려간 '그분'의 얼굴이 나타날 기미는 전혀 보이지 않는다. 그미도 내 시야에서 사라진다. 기다리는 시간은 가을이 세 번이나 지난 것 같고如三秋, 그 세월은 삼대가 그 삶을 살았을 세월 같고如三世, 세 겁의 시간이 흘렀음과 같았다如三劫. 세 겁의 시간은 걸어서 달나라에도 갔다 올 수 있는 시간이다. 아니, 은하수에서 목욕을 하고 돌아와도 이미 여기에 와 있을 시간이다.

시간은 과연 있는 것인가?
있다면, 과연 어디에 있는 것인가?
얼마나 길고, 또 얼마나 짧은 것인가?
"오로지 네 한 생각일 뿐!"
불가에서 말한다.

시간은 흐르는 것인가?
흐른다면, 어디서 와서 어디로 흐르는 것인가?
내 손바닥 안에서 흐르는가, 저 은하수 끝에서 끝으로 흐르는가?

"시간은 흐르지 않는다!"

로벨리가 말한다.

'그분'이 허리춤을 움켜잡고 나타났다. 손을 움켜잡았다. 그리고 뛰었다. 냅다 뛰었다. 두 사람은 공항의 너른 통로를 날아갔다. 그미가 서서 손을 흔들다 사라진 모퉁이를 돌았다. 그미는 발은 앞으로 옮기면서 머리는 뒤로 돌리고 있었다. 웅성거리는 줄 맨 뒤에 서 있었다. 환승구는 바로 거기였다. 그리고 아무 일도 없었다. 서로는 서로를 쳐다보고 웃었을 뿐이다. 오직 내 마음의 문제일 뿐이다. '그분'은 나이 85세인 '모질 耄耋 선생'이었다.

시간은 어디서 와서 어디로 흐르는 것인가? 챗GPT로 생성한 이미지.

남반구의 해가 솟구친다. 붉은 기운이 온 세상을 뒤덮는다. 붉은 기운을 듬뿍 받은 비행기도 덩달아 솟아올랐다. 나는 잤다. 옆에 앉은 그미는 아직도 가슴을 부여잡고 있다. 숨마저 헐떡인다. '모질' 선생이 화장실에 있었던 시간보다 더 짧은 시간에 비행기는 태평양의 하얀 파도가 출렁이는 공항에 내려앉았다. 또 환승이다. 쿠스코로 가는 비행기를 기다려야 했다.

사막과 오아시스가 아름다운 나라!
황금이 많아 불행한 역사를 가진 나라!

나스카 라인?
무슨 의미일까? 삶과 죽음의 상징들? 외계인의 모습?
그저 모를 뿐이다!

페루의 사막과
나스카 라인과
쿠스코 광장

2

2023년 3월 16일(목요일, 음력 2월 25일)

아침 7시 50분. 비행기는 리마 공항에 사뿐히 내려앉았다. 옆 좌석에 앉은 미국인은 남태평양의 파도를 즐기러 왔다 했다. 내가 마추픽추에 간다 했더니 지금 갈 수 있느냐고 반문한다. 관문 공항의 비행기들이 한산하다. 입국 심사장이 한가하다. 짐을 싣고 돌아가는 벨트가 하나만 움직인다. 네 개의 벨트는 아직 잠에서 깨어나지 못하고 있다. 공항을 나서니 바리케이드가 고샅길을 만들고, 노란 조끼를 걸친 경찰들이 전등 막대로 길을 안내하고(?) 호루라기를 분다. 지난 여행 때 보았던 혼잡하고 복잡한 리마 공항은 어디로 갔는가? 버스는 짐과 사람을 싣고 달린다. 태평양 해안가를 달린다. 아직도 리마 시내의 광장은 시위대가 점령하고 있는가 하는 생각이 잠깐 스쳤다. 피사로가 잠든 성당엔 들어갈 수 있으려나? 태평양의 파도가 넘실댄다. 갈매기들이 바다 위를 날아다닌다. 갈매기들이 파도타기를 즐긴다. 바람을 타고 날았다 앉았다를 반복한다. 아침 식사는 이미 마쳤나 보다. 저런 새들이 왜, 칠레에 와서 죽는가?

| 如是我讀 | **해안의 모래톱은 새들의 무덤인가?**

'새들은 페루에 가서 죽다', 소설의 제목치고 의아하지 않은가! 왜, 하필이면 새들이 페루로 날아와 페루에서 죽는가? 현지에 사는 사람들

에게 물었다. 웬 뚱딴지같은 소리? 3년 전인가 4년 전인가, 로맹 가리의 이 소설을 우연히 읽었다. 『유럽의 교육』과 에밀 아자르라는 가명으로 발표한 『자기 앞의 생』과 『가면의 생』도 읽었다. 난해한 듯하면서도 뭔가 땡기는 글과 소재들. 60세부터 가명으로 작품을 발표하여 명성을 얻고 그 소설이 공쿠르 상을 받는 바람에 역사상 유일하게 공쿠르 상 2회 수상자가 된 사람……. 죽을 때까지 에밀 아자르가 자신이라는 것을 밝히지 않은 사람……. 그의 이 소설을 출발하기 전, 다시 읽었다.

리마 북쪽 태평양 해변의 한적한 카페. 돈을 벌지 못하는 사장 레니에는 한마디로 한가로워서 외로운 40대 총각(?)이다. 죽음이 바다를 뒤덮고 있다. 때마침 아름답지만 약간 넋이 나간 듯한 젊은 여인이 거센 파도 속으로 걸어 들어간다. 이것은 우연인가, 필연인가? 측은지심惻隱之心의 발동인가? 그녀는 그와 사랑을 나눈다.

두 남자가 나타났다. 세 사람은 백사장을 걸어간다. 여인은 아무런 저항을 하지 않는다. '모습이 완전히 사라지기 직전 여자는 모래언덕 꼭대기에서 걸음을 멈추고 잠시 주저하다가 뒤를 돌아보았다. 하지만 그는 이제 그곳에 없었다. 그곳에는 아무도 없었다. 카페는 비어 있었다.'

이 소설은 1964년 미국 최우수 단편상을 받았다. 이에 고무된 작가는 스스로 시나리오를 쓰고 메가폰을 잡았다. 그의 두 번째 부인인 진 세버그는 '그녀'로 출연한다. '18금'이었고 관객들의 반응은 그저 그랬다는 소문이다.

| 如是我見 | **사막은 살아 있다**

버스가 절벽을 기어올라 변두리 시가지를 달리기 시작한다. 산기슭에는 메마른 땅과 그 위에 허름한 집들이 자리를 잡고 있다. 사람들의 왕래가 잦다. 'CHIFA'라는 간판이 여기저기 붙어 있다. 간판은 크지도 작지도 않다. 통역자가 말한다. 중국 음식점이다. 특히 볶음밥이 맛있다. 해물볶음밥은 너무 짜다고, 치파에서는 '소금을 빼라'는 말을 꼭 해

야 한다고 한다.

통역자는 페루의 정치와 술 이야기를 한다. 페루는 공화정을 정치체로 택한 나라다. 하여 선거를 가끔 한다. 선거 전날은 가게에서 술을 팔수가 없다. 어디서든 술을 팔면 법에 걸린다. 선거 전날이나 선거 날에 술을 꼭 마셔야 할 사람은 최소한 전전날에 술을 사둬야 한다. 그리고 비공개적으로 마셔야 한다. 공개적으로 마시면 처벌을 받는다. 왜? 술을 마시면 해롱해롱하여 투표율이 저조하고, 맑은 정신으로 투표해야 훌륭한 일꾼(?)을 뽑을 수 있기 때문이다. 해롱해롱하지 않고 투표해도 히틀러를 뽑고, 나라를 말아먹은 대통령을 뽑은 나라들이 있다.

버스는 'CULTUR PISCO'라는 간판이 달린 야외 식당으로 들어간다. 망고나무 그늘에 식탁이 즐비하다. 'PISCO'를 검색했다. 피스코는 스페인어 'Pavo'와 같은 의미다. 파보? 바보? 사전에는 '별 볼 일 없는 인간'이다. 식당 이름이 웬 피스코? 또 다른 의미가 있다. 포도주의 한 종류로, 포도 농축액을 증류해서 만든 술이다. 주위를 둘러보니 포도밭. 점심에 피스코가 함께 나왔다. 달착지근하다. 소고기와 함께 목을 적신다. 알코올이 위를 자극한다. 여종업원들이 잉카콜라와 생수를 식탁에 올린다. '아, 노란 콜라여!' 코카콜라에 맞서 신제품으로 냈다가 500억 원을 까먹었던 쓰라림이 올라온다.

페루에서 첫 관광은 사막이다. 일몰 한 시간쯤 전에 도착했다. 말로만 들은 오아시스다. 생각보다는 사람이 많지 않다. 버기카에 올랐다. 현지 가이드가 말한다. 벨트, 벨트! 거친 시동 소리와 함께 네 바퀴가 한꺼번에 구른다. 위~이~잉! 버기카는 모래언덕을 오르고 모래 등성이를 오르고, 모래 기슭을 훑어 내리고 모래언덕을 굴러떨어지듯 내리닫는다. 스릴 만점이다. 여성들의 비명이 버기카 엔진 소리를 압도한다. 오르고 내리고 흔들고 바로잡고를 반복에 반복을 거듭한다. 놀이동산의 롤러코스터가 바로 이것이다. 홀로 버기카에서 내렸다. 모래밭을 걷고 싶었다. 모래 산의 등성이를 걷고 싶었다. 날카로운 꼭대기에 길을 만

와카치나 사막의 해넘이. 사막은 살아 있다.

샌드보드 타기. 엎드려 탈 때는 발가락이, 누워 탈 때는 손가락이 브레이크다.

들고 싶었다. 바람은 이리 불고 저리 불고 방향을 가늠할 수가 없다. 서너 발을 걸었다. 발자국이 생겼다. 발자국은 생김과 동시에 사라진다. 대여섯 발을 더 걸었다. 발자국은 생기자마자 또 사라진다. 사막의 복원력은 내 삶의 복원력을 백배, 천배도 더 능가한다. 샌드보드를 탔다. 누워 미끄러졌다. 두 손이 브레이크다. 바지 틈에 모래가 가득하다. 더 높은 언덕에 올랐다. 이번에는 엎드려 탔다. 두 발이 브레이크다. 운동화 속으로 모래가 잔뜩 파고든다. 사막 능선 위에 햇살이 반짝인다. 햇빛 몇 가닥이 사방으로 퍼진다. 구름 몇 조각이 햇살을 닫았다 열었다 한다. 어둠이 찾아든다. 발아래에 빛이 춤을 춘다. 오아시스 마을의 집들에서 하얀, 빨간 불빛이 출렁인다. 오아시스의 물은 검붉은 빛깔을 뿜어낸다. 한 송이의 해바라기가 사막에 피어올랐다. 장관이다.

와카치나는 사막이다.
밟아가니 발자국이 뚜렷하다.
뒤돌아보니 그 흔적이 사라진다.
바람은 사막에 거대한 무늬를 만들고, 사막의 상흔을 되살린다.
사막은 살아 있다.

와카치나는 오아시스다.
오아시스는 물을 품는다.
물은 야자나무를 둘러 품고, 야자나무 그늘은 사람을 품는다.
오아시스의 밤은 음악이 흐르고, 춤이 별빛과 함께 너울거린다.
오아시스는 젊음이 가득하다.

와카치나는 생명이요, 삶이요, 또 하나의 의미다.

사막 관광의 허브, 와카치나 사막의 오아시스.

오늘은 음력 스무엿새. 불그스레한 구름 위에 하얀 그믐달이 떴다. 항아의 눈썹보다 더 예쁘고 더 가느다란 그믐달이 북쪽 하늘에 떴다. 항아의 눈썹 또한 하나의 티끌이어라.

버스는 달렸다. 왼쪽에도 포도밭이요, 오른쪽에도 포도밭이 펼쳐진다. 산은 민둥산이요, 들은 포도밭이다. 버스는 한 시간 반 정도 달렸다. 'INTERNATIONAL AIRPORT'라는 글자가 선명하게 눈에 들어온다. 와우, 국제공항! 누군가가 말한다. 여권을 보여주고 몸무게를 단다. 왜? 경비행기를 탈 것이다. 비행기 좌우, 앞뒤의 균형을 맞추기 위해서다. 엑스레이 검색대를 온몸으로 통과하고 활주로에 들어간다. 좌석표를 받았다. '01.' 트랩을 오른다. 조종사 바로 뒷좌석이다. 행운인가, 몸무게의 가벼움인가!

에어로디아나Aerodiana! 나스카 라인Nazca Lines! 앞머리에 달린 프로펠러와 두 날개의 프로펠러가 움직인다. 엔진 소리가 요란해진다. 경비행기는 활주로를 달린다. 순간 앞쪽이 들리면서 거의 수직으로 솟구친다. 비행기가 균형을 잡는다. 태평양의 푸른 바다 위로 날아오른다. 승객들은 환호한다. 비행기는 '사막화된' 땅 위를 이리저리 휘젓는다. 부조종사가 엄지척하는 순간, 한 여인의 비명! 와악, 으악, 크으~~!! 앞과 뒤, 좌와 우에 앉은 사람들의 비슷한 비명과 토악질이 기내를 장악한다. 사막의 길이 실낱같다. 바위와 돌과 모래가 사막화된 땅의 전부다. 어쩌다 풀포기인 듯한 물체의 군락이 띄엄띄엄 나타날 뿐이다. 20~30분은 더 날았으리라. 더욱 요란해진 엔진 소리와 함께 비행기가 뚝 떨어진다. 송골매가 토끼를 낚아채는 형상이다. 비행기는 좌로 눕고 바로 서고 또 우로 눕는다. 기우뚱과 갸우뚱을 반복한다. 승객들의 비명과 놀람의 소리가 기내에 가득하다. 지옥과 천국이 함께한다. 부기장석의 털북숭이가 마이크를 잡는다. 라이트, 레디 카메라Right, Ready Camera! 3, 2, 1!!

오케이, 마이 프렌즈OK, My friends? 수직 낙하! 수직 상승! 비행기가 오른쪽으로 드러누우니 나도 눕는다. 남녀 승객 열 명이 함께 눕는다. 레프트, 레디 카메라Left, Ready Camera! 3, 2, 1!! 오케이, 마이 프렌즈OK, My friends? 수직 낙하! 수직 상승! 비행기가 왼쪽으로 드러누우니 나도 눕는다. 다시 남녀 승객 열 명이 함께 눕는다. 스마트폰을 주머니에 넣고 태블릿을 꺼냈다. 화면은 커지고 땅에 그려진 그림이 들어와 박혔다. 원숭이와 벌새와 나무들의 형상이 보인다!! 이건 기적이다. 이건 불가사의다!!

털북숭이가 외친다. 비행기의 엔진 소리보다 더 크게 외친다. 라이트, 레디 카메라! 3, 2, 1!! 오케이, 마이 프렌즈? 수직 낙하! 수직 상승! 레프트, 레디 카메라! 3, 2, 1!! 오케이, 마이 프렌즈? 수직 낙하! 수직 상승! 남녀 승객 열 명의 희喜와 비悲의 소리가 하늘로 치솟는다. 전망대가 보이고 고속도로가 보인다. 외계인이 보이고, 새들이 보이고, 둥그런 원들이 나선형으로 보인다. 내 눈에 보이고, 태블릿의 화면에 나타난다. 도대체 몇 개의 형상이 보였고, 몇 개의 형상이 찍혔는지 모른다. 그저 셔터를 눌렀을 뿐이다. 300밀리 망원렌즈가 그리워진다. 비행기 앞에 산이 나타난다. 비행기는 솟구친다. 옆에 산이 나타난다. 비행기는 좌로 눕고, 우로 눕는다. 여기서 으윽, 우웩 하고 토하니, 저기서 으윽, 우웩 한다. 그래도 조종사는 조종을 하고, 털북숭이는 마이크를 잡는다. 그들은 자신이 할 일을 할 뿐이다. 어제 와카치나에서 탄 버기카는 장난감이요, 오늘의 경비행기는 롤러코스터다. 이제 비행기는 30~40분을 조용히 날았다. 기내에는 고요함이 가득하다. 태평양이 보이고 공항이 나타났다. 대합실은 토악질과 신음 소리와 떡실신으로 가득하다. 통역자의 입술에서 '점~심~'이라는 말이 나온다. 모두 손사래를 친다. 그래도 짜놓은 일정은 소화해야 한다. 중환자 열 명이 버스에 올랐다. 한 시간을 달렸다. 잉카콜라 한 병을 시켰다. 답답하던 가슴이 뻥~ 뚫렸다. 식사 후 타는 버스는 나의 침실! 세 시간 정도 꿀잠 속에서 헤맸다.

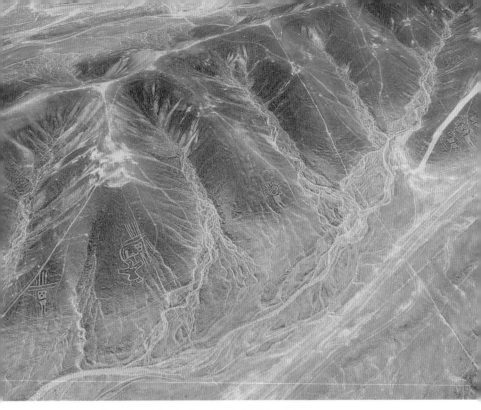

'로열패밀리'로 불리는, 왕관을 쓴 거룩한 형상. 외계인처럼 보인다.

나는 호랑나비를 만났다. 그에게 물었다. 나스카 라인?

누가 그림을 그렸을까? 외계인! 바람! 잉카의 선조들!

언제 그림을 그렸을까? 과학자도 모른다! 인류학자도 모른다!

왜 그림을 그렸을까? 그냥 재미 삼아! 태양신에 제사 지내기 위해! 기우제!

어떻게 그림을 그렸을까? 몰라, 묻지 마!

무슨 의미일까? 삶과 죽음의 상징들? 외계인의 모습? 몰라, 몰러, 묻지 마. 그저 모를 뿐이다!

도마뱀의 꼬리는 왜 잘렸나? 무식한 인간들이 도로를 뚫었다!

창밖은 어둑어둑하고 버스는 리마의 한 호텔에 도착했다. 짐을 풀고 거리로 나섰다. 퇴근길 사람들은 바쁘다. 금요일 저녁은 더더욱 바쁘다. 호텔 앞 피트니스센터의 조명이 대낮이다. 강가의 좁고 비탈진 공간 활용이 아름답다. 통역자가 말한다. 이곳은 부촌입니다. 서울의 강남이죠! 태평양이 나타났다. 태평양을 마주 보는 아파트가 길가에 즐비하다. 남녀가 뜀박질에 열심이다. 10여 분을 걸었다. 베이비 알파카 티셔츠를 구경했다. 미화 280달러! 잉카 무늬 티셔츠는 쿠스코에서 살 것이다. 가격보다는 사는 장소의 상징성이 먼저다. 슈퍼에 들렀다. 포도와 망고를 비닐에 담았다. 싸도 너무 싸다! 오늘 만찬은 과일이다!

| 如是我夢 | 나스카 라인은 대붕의 작품이 아닌가?!

나비를 탄 신인神人이 나타났다. 까만 머리카락은 휘날리고 하얀 수염은 댓 자가 넘는다. 저 하늘을 가로질러 흐르는 은하수 가운데 살고 있던 외계인들이 수만 광년의 거리를 여행하여 지구라는 행성에 도착했다. 바로 이곳 나스카 사막화 지대. 그들은 막대기를 들고 끄적거리면서 한참을 돌아다녔으나 있는 것은 바위요, 밟힌 것은 자갈들이었다. 그들은 둘러앉아 큰 막대기로 땅을 두들겼다. 주제 사라마구가 이베리아 반도를 유럽에서 떼어내는 작업이 아닐까? 오다가 잠시 들른 달이라는 행성과 별다른 차이가 없다. 달에는 계수나무가 있고 토끼가 방아를 찧고 있다. 달로 되돌아갈까 하는 생각을 품은 순간 하늘에 거대한 뭔가가 나타난다. 붕새는 북명을 떠나 한반도 동해의 촛대바위를 지나 남명 선생께 문안하고 태평양을 건너왔다. 안데스를 넘기 전에 잠시 쉬려는 참이다.

외계인들이 막대기로 땅바닥에 그림을 그리며 노는 모습을 보며 붕새는 생각한다. 저들에게 그림자를 만들어주리라. 붕새는 날개를 이리 펴고 저리 펴고, 이리 오므리고 저리 오므리고 한다. 태양은 붕새를 비추었고, 바닥에는 그림자 형상들이 나타난다. 외계인들은 붕새가 만들어낸 그림자를 따라 그림을 그린다. 태평양에서 유영하는 고래 모양이

나스카 라인에 그려진 원숭이. 꼬리가 돌돌 말린 원숭이는 어디를 보고 있을까?

그려졌고, 남태평양의 여러 섬에서 본 동물들이 그 형상을 드러냈다. 원숭이, 도마뱀, 벌새, 강아지, 나무들이 그려졌다. 저 멀리 안데스에 보이는 거미, 콘도르, 왜가리, 앵무새, 모라이처럼 생긴 나선형, 그리고 사람들이 그려졌다. 사람 몇 명이 왕관을 쓰고 있는 거룩한 형상은 산기슭에 그려졌다. 하늘에서보다는 땅을 걷는 인간들이 더 잘 볼 수 있도록 배려한 것! 훗날 사람들이 이름 붙이기를 '로열패밀리'라 했다. 소요유를 하던 붕새는 휴식을 마치고 안데스 머리꼭지 위로 날았다. 또 다른 남명을 찾아 날아갔다. 파타고니아가 나타나고 비글 해협이 발아래 펼쳐질 것이다. '기우제!' 먼 훗날 나약한 인간들은 외계인들과 붕새가 놀았던 이 흔적에 이름을 붙였다.

날아다니는 힘이 특히 강하다는 벌새에게 소원을 빌었는지, 아니면 그저 이 새를 닮고 싶었는지 우리는 알지 못한다.

| 如是我觀 | 피사로여, 안녕하신가?

리마의 아르마스 광장은 한가롭다. 하지만 곳곳에 경찰이 진을 치고 있다. 한 건물 앞에 사람들의 줄이 길게 뻗었다. 물었다. 은행! 돈을 인출하기 위한 줄이다. 정치의 혼란은 아침부터 사람들로 하여금 은행 앞에 줄을 서게 한다. 카드를 쓰면 안 되나? 그건 내 생각이다! 아르마스 광장에 커다란 글자 몇 개가 세워져 있다. 'LIMA'. 파란색 셋에 빨간색 'I'가 두드러진다. 5년 전에는 보지 못했던 것. 아르마스armas의 사전적 의미는 '무장시키다, 무기를 공급하다'이다. 스페인 정복 시절 군사를 모아 무장시키고 전쟁을 준비한 곳이리라. 스페인이 지배했던 남미의 주요 도시에는 모두 아르마스 광장이 있다. 아르마스 광장에서 나는 잉카 제국의 피비린내를 맡는다. 리마의 아르마스 광장 주변에는 대통

도마뱀 꼬리가 도로 건설 때문에 잘렸다.

령궁과 주요 정부 관공서와 성당이 자리 잡고 있다. 대통령궁에는 페루 국기가 펄럭인다.

나는 피사로를 찾아 줄달음질했다. 광장은 광화문 광장보다 훨씬 넓다. 'LIMA'라는 간판의 반대편에 리마 대성당이 자리 잡고 있다. 그 오른쪽에 '박물관'이 있다. 바로 그곳에 피사로가 잠들어 있다. 그가 설계하고 건설한 도시, 리마! 그가 초석을 놓은 성당, 리마 대성당에 그가 잠들어 있다. 성당은 보수공사 중이다. 대성당은 종교예술박물관Museum of Religious Art으로 운영되고 있다. 입장료는 10솔. 티켓을 사고 박물관 안으로 발을 디뎠다. 두어 걸음을 딛자마자 오른쪽에 그가 잠들어 있는 방이 나온다. 방에 들어서면 큼지막한 벽화가 정면에 나타난다. 그가 부하들을 이끌고 이 땅에 상륙하는 모습이다. 168명의 졸개들을 지휘하는 그의 모습이 당당하다. 범선 한 척이 아름답게 바다에 정박해 있다. 왼쪽에 그의 유골이 보인다. 성화가 그려진 좌대 위 유리관 안에 그의 뼈가 안치되어 있다. 그의 키는 175센티미터로 알려져 있는데, 그 정도로 보이지는 않았다. 그 위에는 성모님과 예수님의 형상이 그려져 있다. 왼쪽에는 그의 두상이 유리관 안에 수염을 달고 있다. 오른쪽으로 돌면 그의 이력이 적힌 문서 위에 돌사자상이 엎드려 있다. 그 좌와 우로 그가 암살된 당시의 칼자국(?)인 듯한 모습을 그린 그림과 설명이 걸개그림처럼 걸려 있다. 눈을 오른쪽으로 더 돌리니 그의 문장紋章 아래 가계도가 큼직하다. 그에게 공식적인(?) 부인은 둘이었다. 첫 부인은 이사벨 메르카도Isabel Mercado이고 다른 부인은 프란시스카 피사로 유팡키Francisca Pizarro Yupanqui다. 유팡키는 잉카 제국의 왕족 출신으로, 열여섯 살 처녀였다. 길게 늘어진 가계도를 내려보니, 유팡키에게서 얻은 자식들은 3대나 4대에서 대가 끊겼다. 이사벨과의 자식들은 그 대를 오랫동안 이어왔다. 그의 후손들은 아직도 리마에 살고 있으리라!

프란시스코 피사로는 1478년 3월 16일 스페인의 에스트레마두라 트루히요에서 사생아로 태어났다. 그의 아버지는 이탈리아 전쟁에 참전

피사로가 페루에 도착하는 모습을 그린 리마 대성당의 벽화.

한 용병 출신이다. 그러니까 전쟁과 정복의 피가 이미 그의 몸에 흐르고 있지 않았을까? 그의 고향 에스트레마두라는 황량하고 빈곤한 시골 마을이었다. 1521년 어느 날, 그의 육촌형 에르난 코르테스가 500여 명의 군사를 이끌고 아즈텍 제국을 정복했다는 소식을 들었다. 피사로는 선배이자 동료인 디에고 데 알마그로와 함께 식민지 개척 회사를 차리고, 돈을 모아 황금을 찾아나섰다. 그는 동생들인 에르난도 피사로(30대), 후안 피사로(20대), 곤살레스 피사로(10대)와 함께 원정대를 꾸렸다. 시골뜨기 피사로가 황금을 찾아 각성바지 형제들과 함께 잉카 제국을 정복하러 나선 것이다.

1541년 6월 26일, 피사로는 이곳 리마에서 피를 흘리고 죽었다. 자객들은 그의 몸을 20여 군데나 찔렀다. 유해는 성당 안뜰에 묻어버렸다. 1977년 성당 공사 도중에 피사로의 머리와 나머지 유해가 발굴되었다. 땅에 묻힌 관에서 '여기, 프란시스코 피사로 후작의 머리가 묻혀 있다. 페루를 발견한 돈 프란시스코 피사로에게 카스티야의 왕관을 바친다'라는 문서가 발견되었고, 두개골 복원 결과 그의 시신임이 확인되었다.

> 황금을 좇아 잉카 제국을 침탈한 그대, 피사로여!
> 아타우알파의 방에 가득했던 황금과 은과 보석을 움켜쥔 형제들이여!
> 아직도 잘 보관하고 계시는가?
> 안데스의 순수한 잉카인과 찬란한 문화를 짓밟은 그대, 피사로여!
> 후배들의 칼끝이 몸에 구멍을 내고 지나갈 때, 그 기분은 어떠했는가?
> 천연두를 퍼뜨려 잉카인을 몰살시킨 그대, 피사로여!
> 후배들의 칼날에 살갗이 갈기갈기 찢긴 그때, 그 기분은 어떠하던가?
> 하느님의 나라에서 평안하고 행복하신가, 그대여! 피사로여!

피사로의 방에서 나왔다. 조용하기 이를 데 없다. 관람객 서너 명이 발걸음 소리도 내지 않고 이곳과 저곳을 두리번거린다. 스페인의 성당이 화려하고 거창하다면, 리마의 성당은 소박하면서도 아늑한 느낌이다. 기둥을 등지고 여기저기에 비슷한 동상들이 서 있다. 얼굴 표정과 몸의 형상은 조금씩 다르지만, 공통된 동작 한 가지가 있다. 오른손에는 칼을 들고, 왼손에는 책(성경?)을 들고 있다. 이렇게 말하고 있는 걸까? '예수를 믿을래, 죽을래?' '죽지 않으려거든 믿어라!' 세비야 대성당에는 콜럼버스가 공중 부양을 당하고 있다. 왕들이 그의 시신을 둘러메고 있다. 죽어도 스페인 땅에 묻히지 않겠다는 그의 유언이 실현된 셈이다. 이곳 리마 대성당에는 피사로의 하얀 죽음이 유리관 안에 보관되어 있다. 가이드에게 물었다. "What do you think of Pizarro?" "History is History!" 짧은 영어로 묻자 그는 세 단어로 대답했다. 그의 표정과 양쪽 어깨를 들썩이는 몸짓에서 뭔가를 읽어낼 수 있었다. "The history is a history!!" 나는 정관사와 부정관사를 덧붙여 그에게 말했다. 그는 그저 빙그레 웃었다.

| 如是我讀 | 기차역은 북적거렸고 문학관은 한가하다

2차선 도로 왼쪽에 철창이 건물을 보호하고 있다. 위압감이 느껴진다. 육중한 대리석 건물, 관공서 건물이다. 기념품들이 걸려 있는 오른쪽 건물은 2층 발코니가 튀어나왔다. 영락없는 스페인 거리다. 차가 없는 거리는 한산하다. 사람들의 왕래가 거의 없다. 구경하기 참 좋은 날이다. 5년 전에 사람들에게 떠밀려 다녔던 바로 그 거리다. 좌우 비대칭의 거리, 그 한가운데에 하얀 시계탑 건물이 보인다. 하얀 건물을 향해 다가갔다. 'CASA DE LA LITERATURA PERUANA'. 옛 기차역을 문학관으로 활용하고 있다! 마리오 바르가스 요사(1936~ , 2010년 노벨 문학상 수상)를 기념하는 문학도서관이다.

그의 이름은『판탈레온과 특별봉사대』를 떠올리게 한다. 7~8년 전에 읽어서 기억이 가물가물하다. 요사는 스페인 마드리드 대학에서 가브리엘 가르시아 마르케스에 관한 논문으로 박사학위를 받았다. 그러나 연구한 사람과 연구되어진 사람은 나중에 정치적으로, 인간적으로 적대 관계가 되고 만다. 요사는 1990년 대통령 선거에 출마한다. 그는 볼리비아, 칠레, 페루 사이에 엉키고 뒤틀린 영토 분쟁을 해결하고, 반부패 투쟁에 가일층 속도를 내겠다고 선언한다. 그러나 알베르토 후지모리에게 패배한다. 이후 그는 스페인 국적을 취득했고, 후지모리는 부패 혐의로 실각된 후 고국 일본으로 망명한다. 결과적으로 그는 후지모리의 부패를 예견한 셈이다. 노벨상위원회는 그의 작품이 '권력 구조의 지도를 그려내고 개인의 저항, 반역, 좌절을 통렬한 이미지로 포착해냈다'고 했다. 그의 소설 『판탈레온과 특별봉사대』의 표지사진이 참 재밌다. 여인의 하이힐 뒤축이 거대하다. 그림자가 그녀의 사타구니 속으로 나타난다. 그 그림자가 남자인지 여자인지는 불분명하다. 총을 든 병정 놀이 장난감 일곱 개가 가지런하다. 여자의 하이힐이 티탄이라면, 병정들은 개미다. 책장을 넘겼다. 내 연필 메모를 봤다. '이건 우리의 문제다! 일본의 식민 지배와 위안부의 실상이 바로 여기에 들어 있다!!' 그는 귀스타브 플로베르의 『감정 교육』을 인용한다. '이 세상에는 여러 가지 일 중에서도 뚜쟁이로 봉사하는 것을 유일한 임무로 삼는 사람들이 있다. 우리는 그들을 마치 다리처럼 건너간 후 계속 걸어간다.'

　본문으로 살짝 들어가보자. 19쪽이다. "사령관님, 그 여자는 그게 좋았는지 지금은 '젖퉁이'라는 이름으로 몸 파는 일을 하면서 '카멜레온'이라는 기둥서방하고 붙어 다녀요." "자, 어서 고르시오, 어서 골라요. 당신이 낳은 아이의 아버지로 어떤 놈을 원합니까?" 22쪽에 밑줄이 쳐져 있다. "필요한 영양분을 줄이지 않고 병사들의 성욕을 85퍼센트 정도 감퇴시킬 수 있는 음식을 준비하겠습니다." 1970년대에 내가 군 복무를 할 때 들은 이야기들이 생각난다. 성욕감퇴제는 밥과 국에도 들어 있고, 담배 연기에도 풍겨 나오고, PX에서 파는 과자에도 들어 있다는. 몇 장을 뛰어넘어 150쪽에는 이런 문장이 있다. '건강검진 결과, 모든 대원이 작전을 수행할 수 있는 최적의 상태임. 젖빨개가 진단 서류를

판독한다.'

더 이상 인용하지 않으련다. 일본군이 저지른 정신대 문제에 관심 있는 독자에게 일독을 권한다. 번역자의 작품 해설에 따르면 『판탈레온과 특별봉사대』는 마음은 부패하면서도 겉으로는 청교도와 같은 행동을 하는 페루 군부의 패러디라고 할 수 있다. 여기서 군부는 매음굴이고 장성급과 영관급은 관리인이며, 하급 장교들은 뚜쟁이나 기둥서방이고, 병사들은 매음굴을 드나드는 사내이며, 창녀들은 엘리트 집단으로 해석될 수(도) 있다.

| 如是我聞 | 하느님의 나라에 가려면 돈이 필요하다

산 프란시스코 성당은 벽의 모자이크가 화려하고 멋스럽다. 기독교 문화 속의 이슬람 문화다. 가이드에게 물었다. "가톨릭 성당에 이슬람 문양을 차용할 수 있는가?" 대답한다. "좋고 아름다운 모습은 어떤 것이라도 빌려올 수 있다." 성당의 중앙 홀에서는 미사가 진행되고 있다. 신도는 스무 명이 채 안 될 듯. 2층에 오르니 도서관이 아름답다. 고색이 창연하고 위엄이 느껴진다. 바닥에는 이슬람 문양의 타일이 깔려 있다. 도서관 가운데에 놓인 자그마한 책상 하나와 의자 네 개가 가지런하다. 책상 위에 늙디늙은 모습의 책 두 권이 놓여 있다. 양옆으로 책장이 벽에 붙어 있다. 두툼한 책들이 잘 정돈되어 있다. 천장에는 크지도 작지도 않은 귀여운 샹들리에 세 개가 걸려 있고, 사이사이에 네모난 창이 햇빛을 받아들인다. 화재 위험 때문에 자연광에 의존하여 책을 읽었다고 한다. 샹들리에는 장식품일까? 내가 본 서재 중에 가장 아름답다!! 사뿐사뿐 타일을 밟고 들어가 책상에 책을 펴고, 의자에 앉아 눈을 감고, 콧속으로 흘러드는 내음으로 책을 읽고 싶다. 출입은 물론 금지! 두 눈으로만 호강했다. 움베르토 에코는 이런 도서관을 마음으로 그려가면서 『장미의 이름』을 썼으리라!

낮은 천장과 좁은 통로는 지하로 들어가는 관문이다. 하느님의 나라

고색이 창연하고 위엄이 느껴지는 산 프란시스코 성당 도서관.

로 가는 천당 길이다. 로마의 카타콤이요, 카파도키아의 카타콤이다. 가이드는 설명을 이어간다. 여기에 묻힌 사람들은 부자이다. 우선 살아서는 성당에 많은 돈을 기부해야 한다. 또 여기에 묻히기 위해서는 많은 돈을 지불해야 한다. 천국에 가려면 많은 헌금을 해야 하고, 천국행 여비를 헌납해야 한다. 물었다. 그 많다는 것이 어느 정도인가? 답한다. 많은 것은 많은 것이다. 구체적인 숫자는 사람마다 시기마다 다르다. 일정하지 않다. 여기저기에 유골이 하얗게 쌓여 있다. 방 몇 개를 더 지나갔다. 유골들의 크기가 왜소하다. 그는 이 유골들 앞에서 설명을 이어간다. 스페인인들이 이곳에 오기 전, 잉카인들의 신장은 대개 165~175센티미터였다. 그러나 스페인 식민지가 된 후, 그들의 착취와 영양실조로 인해 10센티미터 정도 작아졌다. 그래서 여기에 묻힌(드러난?) 유골들의 뼈가 왜소한 것이다. 학술적인 연구가 된 것인가, 가이드의 의견인가, 아니면 어디선가 읽은 것인가? 더 이상 묻지는 못했다. 지하 공동묘지를 빠져나와 식당으로 갔다. 점심 식사가 어떠려나? 유골이 즐비한 무덤을 빠져나와 곧바로 점심을 먹는다?

如是我見 **곳곳에 스페인이 보인다**

호텔로 돌아오는 길에 바닷가에 내렸다. 절벽 아래는 태평양의 바람과 파도가 일렁이고 있다. 따가운 태양 아래서 10여 분을 걸었다. 여유 있게, 우아하게 걸었다. 공기는 상쾌하고 머리는 따갑고 눈은 부셔 뜨기 힘들다. 선글라스의 효능이 약해졌나 보다. 자그마한 꽃들이 만개했다. 갈매기 소리와 파도 소리가 함께 일렁인다. 5년 전에는 많은 사람에게 밀려다녔던 곳이다. 오늘은 한가하다. 여유롭다. 페루 정치의 혼란 덕분이리라. 페루 정치의 혼돈이 거리에 질서를 가져온다.

담장에는 타일이 붙어 있다. 타일에는 이런저런 글자가 쓰여 있다. 또 하나의 구엘 공원이다. "Guel Park? A copy of Guel?" 내가 물었고, "It's not copy. Inspiration from Guel Park!"라고 가이드가 대답했다. 영감을 얻은 다음에 카피한 것인가, 카피한 다음에 영감을 얻은 것인가? 금방 원형 광장이 나타난다. 내 손바닥보다 조금 더 큰 광장이다. 원형 탁자 위에서 남녀가 부둥켜안고 키스를 한다. 둘은 벌거벗었다. 조각 작품이다. 남자는 앉아서 양다리를 뻗었다. 여자는 남자의 무릎 위에 머리를 얹고 누워 양팔로 남자를 껴안았다. 여기, 사랑의 공원에서는 조형물과 같은 형상으로 키스하는 대회가 열린다. 지금까지 가장 긴 러닝타임은 11시간 20분! 하루의 반 동안을 저런 자세로 견딘다? 무릎은 저렸을 것이고, 입술은 쥐가 나지 않았을까? 사랑의 공원에서 조형물과 같은 자세로 키스를 하면 절대(?) 헤어지지 않는다는 말이 있다. 가이드의 말에 따르면 조각가(이름은 잊어버렸다)는 이 조형물을 완성하고 얼마 지나지 않아 이혼했다. 예술은 영원하고 부부간의 사랑은 짧다!!

| 如是我見 | **쿠스코 공항엔 계엄령이?**

하늘에서 본 쿠스코는 분지다. 구름 몇 조각이 산 위에 머물다 날아간다. 그림자가 쿠스코의 집들을, 사람들을 어루만져준다. 활주로는 여전히 짧고 좁다. 공항에 비행기가 보이지 않는다. 내가 타고 온 비행기 소리만 요란하다. 새로운 공항이 한국의 한 건설사에 의해 지어지고 있다고 들었다. 언제 완공되려나? 청사로 들어갔다. 짐을 싣고 돌아가는 벨트는 하나만 움직인다. 한가하다는 느낌이 들 뿐이다. 한가하다 못해 정적이 흐른다. 쿠스코 공항이 폐쇄되고, 마추픽추가 닫혔다가 공항이 열린 지 며칠 되지 않았다 한다. 여기저기에 경찰과 군인들이 서 있다. 주차장에는 장갑차 몇 대만 세워져 있었다. 가방을 끌고 공항 주차장 밖으로 갔다. 가방의 바퀴 소리가 시골길을 달리는 트럭 소리보다 요란하다. 드르륵 턱턱, 드르륵 톡톡, 그르륵 틱틱!

| 如是我聞 | **쿠스코에는 잉카가 살아 있다!**

'아르마스'라는 단어가 들어가야 광장이 되는 건가? 꼭 '무기'와 '전쟁'이라는 단어가 포함되어야 광장이 되는가? 광장에는 전쟁을 위해서만 사람들이 모여야 하는가? 광장에서 노래하고 춤을 추면 안 되는가? 얼굴이 가무잡잡하고, 체격은 오동통한 중년이 계단에 서 있다. 가죽 모자를 쓰고 가이드 자격증을 목에 걸었다. 그는 두툼한 책을 펼쳐가며 잉카 황제들에 대한 설명에 열을 올렸다. '망코 카팍 황제가 이 쿠스코를 중심으로 여러 부족을 점령했다', '100년 만에 거대 왕국을 건설했다!' 등등이다. 피사로와 얽힌 잉카 제국의 침몰 과정은 쏙 빼놓는다. 그러하리라, 그럴 수밖에 없으리라. 뒤로 돌아 쿠스코 대성당을 가리킨다. 이 건물은 진도 8.0과 8.5의 강진에도 어떻게 끄떡없이 살아남았을까? 잉카인들이 기초를 다져놓은 신전의 터전 위에 성당을 지었기

때문이다. 두 번 세 번을 강조한다. 잉카인들의 내진 공법을! 잉카인들의 돌 다루는 솜씨를!!

광장 아래 모퉁이에서 관악기와 북을 앞세운 행렬이 다가온다. 관악대의 시끄러움에 그는 설명을 멈춘다. 오늘은 일요일이다. 성모 마리아를 기리는 행렬이다. 광장을 한 바퀴 돌고 재래시장 쪽으로 들어간다. 조용함은 잠깐이다. 또 하나의 악대가 출현한다. 먼저 왔던 악대가 갖춘 서양 악기는 없다. 삼뽀냐와 께냐 등 전통악기로 구성된 악대가 광장을 돌아간다. 나는 그들의 행렬 속에 끼어들었다. 그들과 사진을 찍고 춤을 추었다. 그들과 함께 광장을 한 바퀴 돌았다. 배가 출출하다. 먹을 시간이 된 모양이다. 광장 오른쪽 끄트머리쯤에 있는 2층 식당으로 올랐다. 'KION 姜' 탕수육 맛이 끝내준다. 매콤한 고추소스가 맛을 한층 북돋는다. 고산병 증후군을 잊게 만든다. 동행한 두 여인이 어지러움과 가슴의 고통을 호소한다. 고산병이 그녀들을 덮친 것이다. 종업원은 따뜻한 차를 내오고, 현지 가이드는 손으로 코카 잎을 비비더니 그녀들의 코에 댄다. 한 여인은 좋아진다 하고, 한 여인은 소용이 없다 한다. 고산병은 사람에 따라, 몸의 컨디션에 따라 각각 다르게 나타나고 다르게 치료된다.

| 如是我聞 **잉카의 돌담은 바람도 뚫지 못한다**

12각 돌! 잉카인들의 석공 기술의 결정체다. 돌덩이 하나에 열두 개의 각을 만들어 지진의 힘을 열두 곳으로 분산시킨다. 하여 아무리 강한 지진이 와도 꼼짝달싹하지 않는다. 담장을 쌓았을 때의 그 모양을 지금도 그대로 간직하고 있다. 바로 그 돌 앞에 구멍가게가 있다. 젊은 잉카 친구가 가게 안으로 유혹한다. 그의 손에는 팻말이 들려 있다. '쿠스코에서 가장 싼 집', '도매가격!' 한글이 지구 반 바퀴를 돌아 잉카인들의 장사에 도움을 주고 있다. 가이드는 돌과 돌 사이에 종이 끼우는 시늉을 한다. 돌들의 촘촘함을 설명한다. 그는 신이 났다. 내가 거들었다. "바람 한 점도 들어가지 못하는 촘촘함이여!" 그가 알아들었으려나? 또 다른

상인이 유혹한다. 그의 손에도 팻말이 들려 있다. '쿠스코에서 제일 싼 집', '도매 가격!' 어느 가게가 더 쌀까? 혼잣말로 중얼거렸다. 함께 걷는 서곽 부인*이 답한다. "같은 가격 아닐까요?" '가장'과 '제일' 중 어느 형용사가 더 최상급일까? 잡념은 때와 장소를 가리지 않는다.

가이드는 돌담의 모서리를 설명한다. 둥글다. 모가 나지 않는다. 그것이 잉카인의 돌담 축조 기술이다. 누가 봐도 차이가 나는 두 곳을 가리킨다. 하나는 스페인인들이 쌓은 것이요, 하나는 잉카인들이 쌓은 것이다. 더 이상 듣지 않아도 어느 쪽을 누가 쌓았는지 알 수 있다. 가이드는 설명을 이어간다. 두툼한 책을 펼친다. 스페인인들이 이 돌담 축조 기술을 연구한 책이다. 책에는 피라미드 축조 기술과 비슷하다고 쓰여 있다 설명한다. 틀렸다. 왜? 이집트에서 피라미드를 쌓는 데 활용된 나무는 여기서 구할 수 없다. 그래서 스페인인들이 주장하는 잉카의 돌담 축조 기술에 대한 설명은 틀렸다. 그의 결론이다. 잉카인들의 돌담 축조 기술은 밝힐 수 없는 비밀이다. 신비한 기술이다! 잉카에는 비밀이 너무 많다. 불가사의하다. 그래서 볼거리가 많다.

다리가 뻐근하다. 어딘가에 앉고 싶다. 이번 여행에서는 '태양의 궁전'이라 불리는 코리칸차는 생략하고 재래시장으로 간다. 태양의 궁전을 두 번 구경한 나는 상관없다. 그러나 처음 온 사람들은 태양의 궁전, 금으로 벽과 천장을 도배했다는 그곳을 볼 수가 없다. 지금은 성당이자 박물관이다. 아타우알파의 방을 채웠던 황금과 은과 보석들은 이 태양의 궁전에서 가져간 것이 대부분이다. 800킬로미터가 넘는 거리를 스페인 병사 딱 두 명이 수백수천의 잉카인을 데리고 황금을 날랐다.

| 如是我見 | 시장에는 노래와 춤과 흥이 넘쳐난다

지붕이 높은 건물 처마 밑, 'SAN PEDRO'라는 글자가 선명하다. 흔

---

* 나는 우리 일행에게 연암의 글에서 빌려온 동·서·남·북곽 선생 혹은 부인이라는 이름을 붙였다.

히 보는 재래시장 지붕 높이의 두세 배는 될 듯! 대부분의 가게가 문을 닫았다. 일요일이다. 감자 가게 앞에 섰다. 감자가 무더기로 쌓여 있다. 이곳에서 생산되는 감자는 300가지가 넘는단다. 감자의 형태도 색깔도 다양하기가 이를 데 없다. 주먹만 하고, 주먹 두 개만 하고, 주먹 반만 하고, 주먹 반의반만 하다. 그 사이사이가 무한대일 수도 있다. 빨갛고 노랗고 하얀 색깔이 주류를 이룬다. 감자는 하얗고 고구마는 빨갛다는 관념이 여기서는 통하지 않는다. 감자도 고구마 같고 고구마도 감자처럼 생겼다. 과일 가게 주인과 눈인사를 나눈다. 과일 가게 주인이 건네준 과일 맛은 리마의 슈퍼에서 산 것보다는 못하다. 과일을 주스로 만든다. 조잡한 장난감 악기들, 께냐와 팸플릿과 북이 진열되어 있다. 께냐를 입에 댄다. 소리가 난다. 가이드는 박수를 친다. 모두가 놀란다. 어떻게 소리가 나지? 그간 연습 좀 했지요!

밖에는 폭죽 소리가 요란하다. 아르마스 광장보다는 좁지만 꽤나 널찍한 곳에 사람들이 웅성거린다. 전통 복장을 한 사람들, 이제 옷을 입기 시작한 사람들, 반쯤 걸친 사람들이 옹기종기 모였다. 빨갛고 하얀 삼단 치맛자락에 가면이 무섭다. 가면에는 하얗고 빨간 깃털 다섯 개가 하늘로 솟았다. 겉은 여성인데 안은 남성이다. 남색 치마에 남색 윗도리로 치장하고, 고깔모자를 쓴 네 사람이 의자에 앉았다. 몸이 풍만하기 이를 데가 없다. 표정이 행복하다. 웃음이 얼굴을 뒤덮고 있다. "OK?"하면서 사진을 찍었다. 몇 사람은 함께 찍자고 손짓한다. 나도 그들을 찍고, 그들도 나를 찍었다. 잉카의 오동통한 여인 네 명이 사진을 찍는다. 핸드폰을 가리키며 "OK?" 하고 물었다. 엄지척이다. 네 명의 풍성한 미인(?)을 품고 사진을 찍었다. 함께 여행하는 남자들이 부러워하는 눈빛을 보낸다. 사진을 보여주며 통역자에게 말했다. "나 쿠스코에 살 거다!!" 남자들에게 말했다. "함께 살 사람?" 아무도 나서지 않았다. 쿠스코의 전통 의상은 화려했고 잉카의 음악은 흥겨웠다.

화려한 전통 의상과 흥겨운 잉카 음악이
어우러지는 축제의 현장.

| 如是我夢 **나는 이런 꿈을 꾸었다**

5년 전, 쿠스코. 해발 3,400미터! 조금 어지러운 증세와 약간의 구토가 몰려왔다. 젊은 잉카 청년이 마이크를 켜고, 삼뽀냐를 목에 걸고, 께냐를 입에 댔다. 「엘 콘도르 파사」가 흥겹다. 귀와 눈이 즐거웠다. 몸은 흥을 견디지 못하고 움칠거렸다. 5달러를 바구니에 담았다. 악사는 더욱더 흥이 솟았다. 먹지는 못했지만, 마음만은 흥거웠다. 카페로 올라갔다. 2층 창가에 앉았다. 쿠스코 대성당이 왼쪽으로 보이고, 광장이 내려다보였다. 커피 두 잔을 주문했다. 카페인이 몸을 깨어나게 하지 않을까? 빵 다섯 개가 왕골 바구니에 담겨 왔다. 배보다 배꼽이 더 크다. 배꼽 이야기가 나왔으니 말인데, 잉카인들은 쿠스코를 세상의 배꼽이라한다. 그리스인들은 델포이를 세상의 배꼽이라 한다. 제우스는 독수리를 날려 옴파로스를 찾았고, 태양신은 콘도르를 날려 쿠스코를 찾았나? 인간의 배꼽은 하나이고, 세상의 배꼽은 둘인가?! 쓸데없는 생각일 뿐!

커피 한 모금에 빵 한 조각! 조금 전에 들렀던 식당의 성찬(?)을 압도한다. 그미가 빵 두 개를, 내가 빵 세 개를 먹었다. 사람이 둘인데, 왜 홀수로 빵을 가져왔을까? 손짓과 발짓으로 종업원에게 물었다. 그녀가 빵 한 개를 더 가져왔다. 내가 또 하나를 먹었다. 배는 부르고 몸은 지치고…… 시에스타! 살포시 잠이 들었다.

(알마그로, 피사로, 루케) 이들은 침을 뱉으며 책상을 두드렸다. 글자를 모르는 문맹들이라 책상, 종이, 의자, 벽에 십자가를 빼곡히 그렸다.
어둠에 휩싸인 미지의 페루가 대상으로 정해졌고 작은 십자가, 새카만 검은 십자가가 남쪽을 향해 항해했다.

네루다의 시 「까마귀의 약속」 중에서

피사로와 그의 동생들과 168명의 졸개들이 왔다. '말馬'이라는 듣도보지도 못한 괴물을 타고 왔다. 알파카보다, 라마보다 서너 배는 더 컸다. 그 힘은 열 배나 더 거셌고, 달리는 속도가 다섯 배는 더 빨랐다. 말은 땅 위를 콘도르처럼 달렸다. 얼굴이 하얗고 수염이 난 졸개들은 말 위 대장의 명령에 복종했다. 그들의 손에는 불을 뿜어대는 막대기가 들려 있었다. 대장은 말을 타고 달렸고, 졸개들은 두 발로 달렸다. 잉카인들은 셀 수 없을 만큼 피를 흘리며 죽었고, 하얀 얼굴에 수염이 난 괴물들은 단 한 명도 다치지 않았다. 괴물들은 무턱대고 잉카인들을 죽였다. 신전과 궁전에 불을 질러댔다. 잉카의 군사들은 흑요석으로 만든 돌칼을 손에 들었고, 피사로의 졸개들은 톨레도 검을 손에 쥐고 싸웠다. 잉카인들은 새털로 만든 모자를 쓰고 싸웠고, 피사로의 군대는 철갑을 두르고 투구를 쓰고 싸웠다. '불 막대기'는 불을 뿜어댔고, 대포는 천둥소리와 번갯불로 으르렁댔다. 태양신이 크게 노하셨음이리라. 수염 난 자들이 겨누는 쪽 사람들은 피를 토하고, 피를 흘리면서 쓰러져 죽었다. 뭔가가 피융~ 하고 날아간다. 그 피융~은 보이지 않았다. 화살은 몸에 박혔지만, 그 피융~은 몸을 뚫고 지나갔다. 뚫고 들어간 곳보다 뚫고 나온 구멍이 훨씬 더 컸다. 그들은 마법사였다.

괴물들은 카하마르카에서 잉카 제국의 황제 아타우알파를 잡아 가두었다. 황제는 잉카의 통일 제국을 완성하기 위해 북부 지역을 평정하는 중이었다. 피사로와 168명의 졸개들은 수만 명의 군대를 거느린 잉카의 황제에게 협상을 하자고 밀사를 보냈다. 황제는 수염 난 자들에 대한 별다른 의심과 아무런 거리낌도 없이 광장에서 그들을 만났다. 제대로 무장하지 않은 채로 협상이라는 말에 속아 광장으로 나갔다. 그는 제례 의식 때 타는 가마에 호위병 몇 명을 거느린 상태였다. 황제는 그들에게 적당히 보상해주고 스스로 물러나게 할, 순진한 생각을 하고 있었다. 협상을 시도하는 척하던 그들은 갑자기 황제를 향해, 군사들과 군중을 향해 화승총을 쏘아댔다. 대포도 불을 뿜었다. 수염 난 자들은 황제를 체포했다. 포승줄로 두 손을 묶고, 쇠사슬로 온몸을 감았다. 그를 신전의 골방에 가두었다. 그 방은 가로 6.7미터, 세로 5.2미터, 높이

2.4미터였다. 넓은 방에 갇힌 황제는 홀로 외롭고 두렵고 지쳐서 살려달라고 애원했다. 필요한 것이 무엇이냐고 물었다. 자신의 목숨과 바꾸자고 제안했다. 그때 황제의 나이는 30대 초반. 피사로와 형제들은 말했다. 이 방에 금을 가득 채워라, 그러면 살려줄 것이다. 피사로는 약속했고, 황제는 그 약속을 믿었다.

황제는 엄명을 내렸다. 당장 이 방에 금을 가득 채워라. 카하마르카 신전의 금붙이들, 귀족들이 보관 중인 태양신상들, 쿠스코 태양의 신전에 보관된 태양신상을 가져와라. 신전의 벽과 기둥과 천장에 붙어 있는 황금을 모조리 긁고 떼어오라. 수염 난 두 사람은 말을 타고, 잉카인들은 야마를 끌고 밤낮을 가리지 않고 머나먼 길을 달렸다. 그들의 행렬은 그 길이가 수십 킬로미터에 달했다. 두어 달 후 그들이 황금을 가득 싣고 돌아왔다. 황제의 방에 쌓았다. 아직도 황금은 황제의 배꼽에 다다르지 못했다. 파발마들이 잉카 제국의 이곳과 저곳을 달렸고, 귀족들과 백성들이 보관하는 금붙이들이 황제의 방으로 모여들었다. 드디어 황제의 방─훗날 '몸값의 방 ransom room'이라 불리기도 했다─은 금과 은과 보석으로 가득했다. 황제는 피사로와 그 형제들을 불렀다. 이 황금을 봐라! 나를 풀어라!

나는 '몸값의 방'에 잠들어 있는 아타우알파에게 말해주었다.

행복하고 번창한 나라는 행복하고 번창할 이유가 있다.
불행한 나라의 통치자들 마음에는 무소불위의 권력과 더 많은 재물에 대한 욕망이 배태되어 있노라!
모든 것은 내부에 그 원인因이 있고 외부에 그 인연緣이 있느니라!

왕의 아버지 우아이나 카팍이 9년 전(1524년)에 갑자기 죽었다. 아버지를 이어 형 우아스카르(1503~1532)가 왕위를 계승한다. 형은 비슷한 세력을 갖고 있는 동생 아타우알파를 제거하려 한다. 이에 형제간 전쟁이 벌어지고 결국은 동생 아타우알파가 승리한다. 아타우알파는 형을 감옥에 가둔다. 하얀 얼굴에 수염이 난 자들은 혹시 감옥에 갇힌 형이 보낸 사람들이 아닐까, 동생은 의심한다. 그는 밀정을 보내 감옥 안의 형을 죽인다. 그리고 자신은 목숨을 이어가기 위해 제국의 금과 은과 보석을 모은다. 피사로는 황제 앞에서 조만간 풀어주겠노라 약속하며 뒤로 돌아 썩은 웃음을 지었다. 수염 난 자들은 황금 신상을 부수고 녹였다. 은도 녹이고, 보석도 녹였다. 금궤와 은궤를 만들었다. 나누기 쉽고, 운반하기 쉽게 만들었다. 더 큰 힘을 지닌 권력자에게 바치기 위해, 하느님의 은총을 베풀어주신 신부님께 헌납하기 위해. 하느님의 집을 황금빛이 가득한 대성당으로 지어드리기 위해.

잉카인들은 '태양신'을 숭배한다. 숭배는 믿음을 훨씬 뛰어넘는 그 무엇이다. 태양신에 대한 숭배는 그들의 영혼이다. 수천수만 년을 이어온 안데스의 영혼이다. 신부는 금과 은과 보물이 가득한 방으로 갔다. 너른 방은 허탈감과 배신감과 약속 위반에 대한 분노가 가득하다. 황금에 대한 약속을 지키라는 황제의 말에 신부가 대답했다. 당신은 황금에 대한 약속을 지켰다. 이제 하느님을 믿어라. 하느님을 믿으면, 예수님을 믿으면 황제 당신도 살 것이요, 잉카 제국도 영원할 것이다. 태양신을 버리고 하느님을 믿어라. 황제는 약속을 지키지 않는 자들의 믿음을 믿을 수 없다 하고, 신부는 신을 믿어야 한다고 했다. 믿음과 믿음이 부딪쳤다. 문화와 문화가 맞부딪쳤다. 며칠 후 신부가 찾아왔다. 당장 태양신을 버리고 유일신을 믿어라. 그러지 않으면 당장 화형에 처해질 것이다. 신부의 최후통첩이었고, 피사로의 사형선고였다. 다음 날 아타우알파는, 잉카의 마지막 황제는 카하마르카 광장에서 목이 졸렸다.

저 멀리서 하나의 목소리가 들려왔다. "네 세례명은 후안이니라." 받는 자는 없어도 주는 자가 있었다. 그날의 세례였다.

수염 난 그들은 보이지도 만져지지도 않는 새로운 물질을 함께 데리고 왔다. 그들 자신도 함께 온 줄 몰랐다. 수염 난 자들이 먹다 버린 음식, 그들의 피가 묻은 옷가지, 그들이 땀을 닦은 수건 나부랭이가 광장과 골목과 들과 언덕과 강가에 버려졌다. 잉카인들은 어른이나 아이 할 것 없이 이 신기한 물건들을 주워 모았다. 배고픈 이는 먹었고, 추운 이는 입었고, 땀이 난 이들은 땀을 닦았다. 처음에는 어린아이들의 피부가 터지고 고름이 흘렀다. 차츰차츰 어른들의 몸에서도 피가 흐르고, 고름이 터져 나왔다. 그러다가 시름시름 죽어갔다. 많은 사람이 죽었다. 사람이 죽으면 장례식이 치러진다. 참석한 사람들은 모두 병에 걸렸다. 수염 난 자들이 쏘아댄 괴상한 물건에 맞아 죽은 사람보다 훨씬 더 많이 죽었다. 천만다행으로 살아난 이들의 얼굴에는 반점이 생기고 곰보가 되었다. 민심은 흉흉해졌다. 백성들은 이 병이 수염 난 자들과 함께 온 것이라는 사실을 전혀 몰랐다. 태양신의 분노라 여겼다. 그렇지만 잉카인들 중에도 눈 밝은 이들이 있었다. 그들은 태양신의 분노가 아니라 수염 난 자들이 일으키는 역병임을 알았고, 백성들에게 알렸다. 태양신과 황제에게 적대적이었던 민심이 수염 난 자들에게로 돌아서는 건 그리 오래 걸리지 않았다.

파나마에서 함께 모였던 늙은이 알마그로는 페루에서의 권력 다툼에서 밀려났다. 피사로는 이부형제들과 함께 일찍 왔고, 알마그로는 느지막하게 페루에 도착했다. 이미 어느 정도의 황금을 하사받은 졸개들은 나이 많은 알마그로가 아닌 젊은 피사로의 편에 섰다. 피사로의 동생들 중 한 명이 피사로가 페루의 지배권을 위임받았다는 증거를 가지고 본국에서 돌아왔다. 알마그로는 함께 온 졸개들과 또 다른 황금을 찾아 남쪽으로 남쪽으로 정처 없는 길을 떠나야 했다. 남쪽은 따뜻하다, 따뜻한 곳은 태양 신전이 더 많고 땅이 비옥하며 더 많은 황금이 있을 것이라고 믿었다. 알마그로 무리는 안데스와 떨어진 해안을 따라 진군했다. 남쪽으로 남쪽으로 진군을 거듭했다. 그들을 맞이한 것은 추위와 눈보라였다. 누런 황금은 없었다. 그들은 그리웠다. 고향이 그리웠고, 먹거리라도 있는 쿠스코가 그리웠다. 쿠스코로 돌아가자! 남쪽은 죽음이다!

쿠스코로 돌아간 알마그로와 그 졸개들은 모든 것에 굶주려 있었다. 그들은 게걸스럽게 배를 채우고 여인들을 유린했다. 돌담 사이에서 탐했고, 강가에서 탐했고, 부엌에서 탐했고, 헛간에서 탐했고, 심지어 안방에서도 탐했다. 여인의 아이들이 그 짓을 지켜봤고, 남편들이 지켜봤고, 동네 총각들이 지켜봤고, 동네 늙은이들이 그 짓을 목도했다. 소리를 지르며 달려드는 잉카 백성들에게는 총구의 화염이 번개를 쳤고, 처녀와 여자아이들은 천장 속으로, 벽 속으로, 숲속으로 도망쳤다. 잉카의 백성들은 그렇게 유린당하고, 그렇게 죽어가고, 그렇게 도망쳤다.

식욕과 색욕을 채운 그들은 황금으로 눈을 돌렸다. 피사로의 아우들은 알마그로와 졸개들의 식욕과 색욕에는 관대했다. 이젠 겨루어야 할 때가 온 것이다. 처음에는 '나누자' 했다. 통하지 않았다. 목숨을 걸고 약탈한 황금이 아닌가! 황금은 권력보다 귀했다. 빼앗기 위한, 빼앗기지 않기 위한 싸움이 시작되었다. 12각 돌들과 돌담은 그들의 싸움을 지켜봤다.

피사로의 동생 에르난도와 알마그로의 장군 오르고네스가 이끄는 부대는 서로 '산티아고!' 혹은 '국왕 폐하 만세!'를 외치며 육탄전에 돌입했다. 마침내 오르고네스는 칼에 찔려 죽고 목이 잘려 쿠스코 광장에 걸렸다. 알마그로는 '태양의 신전' 감옥에 갇히게 되었다. 쿠스코는 다시 피사로 가문의 손에 들어갔다. 에르난도는 감옥 안에서 그를 면회하면서 따뜻하게 대했다. 형과의 협상을 암시하기도 했다. 밖으로 나와서는 서기관에게 재판 절차를 밟으라고 명령했다. 1538년 7월 8일, 알마그로는 잉카 황제 아타우알파가 처형된 것과 똑같은 방법으로 처형되었다. 그는 절규했다. "이 폭군! 너는 왕의 영토를 갈취하고 아무런 이유 없이 나를 죽이고 있다!"

잉카 제국의 명맥은 이후 30여 년가량 이어졌다. 알마그로가 남쪽으로 원정을 떠난 후 쿠스코의 권력을 완전히 장악한 피사로 형제들은 새

로운 통치 제도와 꼭두각시 인형이 필요했다. 그 넓은 땅과 백성들을
지배하고 통치하기에는 인원이 너무 적었다. 그들은 잉카인들을 지배
하고 통치하고 수탈하기 위해 '엥코미엔다encomienda'를 만들었다. 촌
뜨기 피사로와 함께 온 졸개들에게 스페인의 귀족이나 영주 같은 지
위를 부여하여 일정한 지역을 통치하고, 합법적인 수탈(?)을 할 수 있
게 만든 제도다. 벼락처럼 순식간에 권한을 부여받은 그들은 무자비하
게 잉카인들을 부리고, 곡식과 재화와 여자들을 수탈했다. 학정에 견디
다 못한 몇몇 잉카인은 반란을 일으켰지만, 한순간의 가랑비에 불과했
다. 수염 난 자들은 또한 그들이 목을 졸라 죽인 황제의 가족들 중 한 명
을 꼭두각시 인형으로 골랐다. 그는 열일곱 살이었고, 이름은 망코였으
며, 부여받은 직위는 '또 하나의 황제'였다. 어릴 때는 분별없던 망코가
세월의 가르침을 얻어 죽음의 도주를 감행했다. 부하 몇몇과 쿠스코를
빠져나와 오얀타이탐보 협곡 – 북쪽으로 48킬로미터 떨어진 곳 – 으로
향했다. 황제가 가는 길은 설산에서 흘러내린 뾰쪽뾰쪽한 돌과 자갈이
나뒹구는 산비탈이었다. 훗날 이곳은 '성스러운 계곡'이라 이름 붙여
진다. 망코는 이곳에 전진기지를 만들었다. 그리고 이곳은 남미 최초의
'게릴라 전쟁'의 출발점이 된다.

　1536년 5월 4일, 피사로는 망코가 반란을 일으켰다는 사실을 리마에
서 보고받았다. 그는 넉 달 전 겨우 리마를 건설했다. 항구에서 그리 멀
지 않은 곳, 태평양 연안을 중심으로 평평한 사막 위에 세워진 이 도시
는 리막Rimac 강을 중심으로 건설되었다. 잉카어로 '대변인'을 뜻하는
리막이 변하여 '리마Lima'가 된다. 그는 동생들에게 병력을 지원하겠다
는 파발을 보냈다. 그때는 이미 스페인 본국으로부터 500명 이상의 지
원 병력과 수백 마리의 말이 리마에 도착해 있었다. 잉카의 황제 망코
는 유팡키 장군에게 새로 건설된 도시 리마를 공격하라고 지시했다. 유
팡키 장군은 피사로와 그 졸개들이 오기 전에는 '싸움의 기술자'였다.
그가 가는 곳엔 오로지 승리만이 있었다. 다만 수염 난 자들과는 전쟁

다운 전쟁, 싸움다운 싸움을 해본 적이 없었다. 유팡키는 호화로운 가마를 타고, 머리에는 호화로운 깃털로 장식한 모자를 쓰고 맨 앞에서 그 용맹성을 부하들에게 뽐내며 공격을 주도했다. 수염 난 자들은 그에게 총구를 겨누었다. 화염은 유팡키의 가마를 향해, 유팡키의 모자를 향해 불을 뿜었다. 장군이 피를 흘리고 죽었다. 잉카군은 모든 것을 버리고 안데스 쪽으로 도망쳤다.

수염 난 자들은 망코의 게릴라 거점을 알아냈다. 망코 황제는 다시 거점을 옮겨야 했다. 황제와 그 일행은 오로지 태양신을 믿고 피난의 길을 가야 했다. 마침내 피난 행렬은 판타카야 고개에 이르렀다. 왼쪽에는 눈 덮인 와카이 윌카(베로니카) 산이 우뚝 솟아 있고, 오른쪽으로는 끝이 보이지 않는 구름바다가 지평선까지 펼쳐져 있었다. 바로 안티스 지역이다. 지친 황제는 그곳의 키푸카마욕들에게서 '키푸Quipu'에 기록된 이야기를 들으며 잠깐 휴식을 취했다. 키푸는 매듭으로 만든 결승문자다. 그리고 더욱더 험준한 요새를 찾아 우루밤바 강을 건너 빌카밤바 계곡으로 들어갔다. 그들은 잉카 황실의 땅이었던 비트코스에 머물기로 했다. 해발 3,048미터 산등성이에 자리 잡은 비트코스는 증조부인 파차쿠티가 건설한 도시다. 망코는 이곳을 잉카 제국의 새로운 수도로 삼는다. 퇴각에 퇴각을 거듭했지만, 그들이 도착한 곳은 쿠스코로부터 겨우 113킬로미터 정도 떨어진 곳이었다. 쿠스코와 그리 멀지 않지만, 산과 강과 열대우림이 얽히고설키고 산기슭은 매우 가팔랐다. 비트코스로 통하는 길은 험준한 산기슭을 돌아가는 두 개의 길밖에 없었다.

알마그로가 죽기 1년 전인 1537년 7월 중순, 남쪽 정벌에 실패하고 돌아온 그의 부하 오르고네스는 기마대와 보병으로 이루어진 300여 명의 병력을 이끌고 망코의 요새로 떠났다. 그들은 망코의 이복동생 파우유를 새로운 황제로 옹립하고, 그와 함께 형을 정벌하기 위해 출정했다. 결국 수염 난 자들의 꼬임에 넘어간 잉카인들에 의해 망코는 생을 마감하게 된다. 망코의 황위를 물려받은 티투 쿠시도 오래가지 못하고 죽었다. 그의 아들, 그러니까 망코의 손자인 투팍 아마루가 황제의 지위를 이어받았다. 그는 열대우림인 빌카밤바에서 잉카 제국의 실낱같은 명맥을 이어나갔다.

1572년, 스페인군은 빌카밤바를 공격해 완전히 파괴하고, 끈질긴 추적 끝에 투팍 아마루를 붙잡았다. 빌카밤바에 보관되어 있던 망코와 티투 쿠시의 미라도 쿠스코로 돌아왔고, 잉카 제국의 성유물들과 함께 모두 파괴되었다. 잉카의 마지막 황제는 이곳 쿠스코 광장에서 처형되었다. 그는 처형당하기 직전, 두 손을 들어올려 군중의 울음과 탄식을 가라앉힌 후 말했다. "신이시여, 적들이 나를 피 흘리게 하는 걸 보소서!"

| 如是我讀 | **잉카의 금은 어디로 갔을까?**

2019년 페루 여행을 다녀온 후 잉카 제국과 잉카의 문화에 대해 더 읽었다. 역사란 승자에 의해 기록되고, 학자들이 그에 덧칠한 것에 불과하다. 문학은 그것을 다른 측면에서 살피고 다른 관점에서 소설로 쓰고, 시로 표현한다. '나는 역사에 외면당한 사람들을 위해 글을 쓴다.' 주제 사라마구의 말이다. 읽었던 것들 중 몇 개를 간추린다.

첫째, 12세기경부터 쿠스코 근처에는 부족국가가 있었다. 망코 카팍이 쿠스코를 왕국으로 세우고, 파차쿠티 유팡키가 주위 부족들을 정복하여 초대 황제에 오르게 된다. 파차쿠티가 죽자(1471년) 그의 아들 투팍 잉카 유팡키가 또 영토를 넓히고, 우아이나 카팍이 지금의 에콰도르 지역까지 확장함으로써 잉카 제국을 완성한다. 황제의 두 아들인 형 우아스카르와 동생 아타우알파가 황제 쟁탈전을 벌였다. 결국 동생이 황제의 권한을 차지하게 된다. 우연인지 필연인지 모를 일이다. 피사로가 잉카에 들어오기 전에 이미 잉카는 극심한 정치투쟁이 있었고, 아타우알파는 황제가 되었으나 피사로가 들어오자 우아스카르 편에 섰던 사람들이 스페인군의 협조자가 되었을 것이다. 둘째, 피사로가 잉카에 들어올 때는 잉카 제국이 영토 확장과 권력투쟁으로 국가와 사회의 통제·관리

시스템이 제대로 갖추어지기 전의 상황이었다. 따라서 사회적·정치적 혼란기였다. 셋째, 우연이란 게 있다. 당시의 황제 아타우알파는 왜, 하필이면 바로 그때 쿠스코가 아닌 카하마르카에 가 있었는가? 만약 그가 쿠스코에 머물렀다면, 쿠스코에서도 그토록 쉽게 잉카 제국이 무너졌을까? 넷째, 피사로 형제들의 운명은? 피사로는 부와 권력을 두 손아귀에 움켜쥐었으나, 알마그로 추종자들에 의해 리마에서 피살된다. 피사로의 동생 한 명은 본국으로 돌아갔으나, 살인죄를 뒤집어쓰고 감옥에서 23년을 살다가 형기를 마치고 나왔다. 그가 일군 부는 온데간데없었다. 다른 동생은 쿠스코에서 벌어진 전투에서 죽고, 막내 곤살레스가 실질적으로 쿠스코를 통치하고 있었다. 경쟁자가 모두 죽은 후, 그는 실질적 권한을 가진 황제나 다름없었다. 젊은 그는 꼭두각시 황제의 부인을 빼앗아 성적 욕망을 채우기도 했다. 스페인 왕에 의해 총독이 임명되었는데도 총독에게 저항하고, 심지어 스페인 국왕을 비난하는 언행을 하다가 죽게 된다. 결국 그는 20대에 호화롭게 살다가 죽었다.

아타우알파가 건네준 금은 도대체 얼마나 많았을까? 가치로 따지면 어땠을까? 아타우알파가 갇혔던 방의 넓이로 가늠해볼 수 있다. 그 방은 가로 6.7미터, 세로 5.2미터, 높이 2.4미터로 비교적 컸다. 그 방에 가득한 금을 상상해보면 계산이 가능하다. 그 외 다른 방법으로 약탈한 금의 양도 꽤 많았을 것이다. 그들은 운반의 편의를 위해 그 금을 모두 녹여 금궤로 만들었는데, 왕관이나 태양신의 상징물 등등을 원형 상태로 보관했다면 그 가치가 수백수천 배에 달했을 것이다. 문화재적 가치로 따지면 말이다. 그 금은 지금 어디에 있는가? 정복에 참여한 자들이 서로 분배하여 스페인으로 가져갔고, 스페인 국왕에게 공물로 바쳤고, 하느님께 드렸다. 그 금들과 잉카에서 약탈한 수많은 재화는 스페인을 해상왕국으로 만들었다. 그러나 세월이 흐르자 금이 저주를 퍼붓는다. 너무나 많은 부의 갑작스러운 유입은 국가 통치자와 구성원들을 무기력하게 만들어버렸다. 스페인의 해상 지배력은 네덜란드와 영국으로 넘어가게 된다. 스페인이 유럽의 다른 국가들에 비해 상공업의 발전이 늦은 이유를 '금의 저주'로 꼽는 학자들도 있다. 그 금들은 프랑스를 거쳐 러시아로 흘러 들어갔다가, 영국을 거쳐 지금은 미국에 있으리라는 것이 여러 학자의 견해다. 금은 돌고 돈다. 돈이 돌고 돌아 돈이듯이! 이 금들의 또 다른 정착지는 과연 어디가 될 것인가? 금도 돌고, 돈도 돌고, 역사도 돈다!!

쿠스코의 여인들을 뒤로하고, 고산병에 시달리는 여인들을 실은 버스는 우루밤바를 향해 달린다. 중앙선이 희미한 낡은 아스팔트 위를 달린다. 구불구불한 고갯길을 달린다. 우루밤바의 불빛이 가물거린다. 거무튀튀한 구름 속에 하얀 산마루가 드러났다 숨었다를 반복한다. 버스가 골목길을 지날 때 개들이 멍~멍 하고 강아지들이 깨깽~ 한다. 돌담 위로 빨갛고 하얀 꽃들이 만발한 곳, 문지기가 가로대를 들어올리니 버스가 안으로 든다. 붉은 기와지붕 2층 건물, 고즈넉한 호텔이다. 쿠스코에서 1,000미터 정도 내려왔다. 고산병을 앓는 여인들이 가방을 들고 호텔 안으로 뛰어 들어간다.

오늘, 이 밤.
우루밤바의 밤은 칠흑이다.
달은 그믐이라 숨었고, 별은 구름 뒤에 숨었다.
구름은 우루밤바의 모든 것을 한 아름에 품었다.

오늘, 이 밤.
신성한 계곡에서 성스러웠던 망코를 만나리라.
하늘은 번쩍거리고 계곡은 밤을 새워 으르렁거린다.
반가움인가, 노여움인가, 게릴라 전쟁의 시작인가?

바위 그리고 바위, 마추픽추는 어디에 있단 말인가?
시간 그리고 시간, 마추픽추는 어디에 있단 말인가?
인간 그리고 인간, 그 인간이 만든 마추픽추는 어디에 있단 말인가?

잉카는 놀랍고도 슬프다

3

2023년 3월 20일(월요일, 음력 2월 29일)

망코의 일은 어제의 일이요, 오늘 일은 나의 여행이다.

밤과 낮이 뒤바뀐 내 몸뚱이는 아직도 낮이 밤이요, 밤이 낮이다.

머리는 오얀타이탐보도 아구아스깔리엔떼스도 잊어버리는데, 몸뚱이는 밤과 낮을 닷새가 지나도 기억하고 있다.

입은 빵과 과일을 씹는 둥 마는 둥, 눈은 창밖 낙숫물 한가롭게 응시하고, 마음은 마추픽추의 바람과 햇빛을 그리워한다.

꽃들은 만발하고 태양신을 닮은 돌기둥은 엷은 미소를 짓는다.

가을이 되면 처마에 하얀 박이 열린다.

잉카인은 박에 가냘픈 문양을 조각한다.

천상의 세계는 태양이 빛나고, 그믐달과 샛별이 반짝인다.

지상의 세계는 야마와 잉카인과 나무와 풀들이 춤을 춘다.

| 如是我見 | **기차역에서 대한의 딸과 아들을 만났다**

버스가 낡은 기찻길을 넘어간다. 오토바이가 위~잉 하고 창가를 스쳐 지나간다. 학생복 치마가 나풀거린다. 그녀는 한 손으로 아빠의 허리춤을 쥐고, 다른 손으로는 치마를 움켜잡았다. 아이들이 뜀박질한다. 아이들은 다리로 말하고, 발로 달린다. 한산한 거리에 학생들이 모여

소곤거린다. 자그마한 버스가 그들을 태우고 부우웅~거린다. 세발자
동차는 아이를 태우고 달린다. 내가 탄 버스가 속도를 낸다. 저기 저 산
밑에서 우리 점심 먹었잖아? 그땐 점심보다 풍광과 잉카의 노래가 더
맛있었지! 그미가 묻고 내가 대답했다. 그때 그 식당에는 악사가 두 사
람이었다. 한 사람은 기타를 둘러멨고, 또 한 사람은 내 키만큼 큰 께냐
와 내 키보다 더 큰 삼뽀냐를 번갈아 불었다. 절벽 밑을 지난다. 절벽 호
텔 몇 개가 덩그렁하다. 물었다. 지금도 절벽 호텔 예약이 힘듭니까? 팬
데믹 전보다는 쉽습니다. 가격은? 400달러 정도일 겁니다. 들에는 야마
몇 마리가 아침 식사에 정신이 팔려 있다.

비는 그치고 하늘은 태평양보다 더 푸르다. 버스정류장에 내려 기차
역으로 간다. 토산품 가게 사람들은 한가하다. 지나가는 사람들을 물끄
러미 바라볼 뿐이다. 물건 파는 것보다 끊겼던 관광객들이 왔다 갔다
하는 것만으로도 만족한 눈빛이다. 4년 전, 5년 전에는 사람들에게 밀
려다녔다. 오늘은 사람 간의 부딪힘이 거의 없다. 기차역으로 들어갔
다. 'PERU RAIL 353'이라는 노란 글자가 파란 열차에 선명하게 박혀
있다. 나는 잉카레일을 탈 것이다.

통역자의 안색이 좋지 않다. "크~은일 났습니다!" 다급한 목소리가
들린다. "철길이 끊겼습니다. 산사태가 났답니다." 밤새 내린 비가 마추
픽추로 가는 길을 막아버린 것이다. 기찻길은 하나지만, 열차는 두 종
류다. 하나는 페루레일이요, 하나는 잉카레일이다. 그는 여기저기에 전
화하고, 역무원들을 만나고, 왔다 갔다 안절부절못했다. 30여 분을 기
다렸다. 오얀타이탐보에 태양신이 무더위를 몰고 왔다. 후덥지근하다.
역사 안으로 들어갔다. 햇볕을 피한 것이지 에어컨 바람을 찾은 것은
아니다. 동행인들이 빙 둘러 이야기꽃을 피우고 있다. 오얀타이탐보에
한국말 하는 사람이 있나? 나이가 듬직한 남녀 세 사람은 서 있고, 젊은
여인 두 명과 남자 한 명이 의자에 앉아 있다. 여인들은 예쁘장하고, 남
자는 건장했다. 몸은 고생하나 마음은 만족한 느낌을 풍긴다. 여행에

지친 기색이 얼굴에 약간 묻어 있었고, 옷은 배낭여행자의 모습이다. 여성들은 평범한 여행복이고, 청년은 잉카 무늬의 판초를 걸치고 있다. 저는요, 회사를 그만두고 여행을 합니다. 회사를 옮기는 사이에 남미 여행을 하고 있어요. 유럽을 거쳐 브라질로, 브라질에서 아르헨티나의 땅끝마을을, 칠레를 거쳐 리마에 왔습니다. 저는요, 리마에 온 지 며칠 안 됐어요. 우리는 리마 숙소에서 우연히 만났어요. 그리고 길동무하기로 했답니다. 또 한 사람, 그 남자는 빙그레 웃기만 했다. 그저 긍정하는 모습만 몸짓으로 드러내고 있다. 그러다 입을 열었다. 저는 퇴직금으로 여행합니다. 지난밤 리마를 출발해 아침에 왔습니다. 두 사람이 고개를 끄덕거렸다. 깜찍한 삐삐머리 여인이 나에게 물었다. 처음이세요? 세 번째! 와우! 그들에게 네루다를 물었다. 모릅니다. 당당하게 대답한다. 「모두의 노래」를 소개해주었다. 그녀들은 스마트폰에 적었고, 그는 빙그레 웃기만 했다. 그대들에게 행운이 가득할지어다!

그미가 말했다. "기차, 출발한대요!" 잉카레일은 예정 시간보다 50분쯤 늦게 출발했다. 우리는 뒤쪽에 자리를 잡고, 젊은이들은 앞쪽에 앉았다. 기차는 꾀~액 기적을 울리며 움직였다. 우루밤바의 흙탕물과 그 위를 떠도는 페트병과 플라스틱 조각들을 따라 기차도 달렸다. 파랗게 뚫린 기차 지붕에서 간간이 햇볕이 찾아들었다. 산허리의 구름은 산 정상을 감아 돌아 하늘로 올랐다. 댐이 강을 막았다. 강물이 머뭇거렸다. 기차는 기적을 울렸다.

남미의 거의 모든 철길은 영국 자본에 의해 건설되었다. 이곳의 풍부한 광물을 실어 나를 목적이었다. 자본은 영국에서 오고, 노동력은 중국에서 왔다. 차장 언니와 오빠가 미소를 지으면서 다가온다. 냅킨을 탁자에 올려놓는다. "Coffee or Tea?" 커피 한 잔과 마테차 한 잔, 그리고 빵 두 조각이 나란히 놓인다. 마테차에서 반항의 내음을 맡는다.

마추픽추의 마지막 관문! 아구아스깔리엔떼스 기차역, 관광객은 드문드문하고 역은 깔끔해졌다. 우리는 길가에서 줄을 섰다. 마추픽추로

마추픽추 전경. 이곳에 살던 이들은 어디로 갔을까?

가는 버스를 타기 위해서다. 마추픽추는 걸어서도 갈 수 있고, 버스를 타고 갈 수도 있다. 마추픽추 트레킹 코스도 있다. 두 발에 의지해 3박 4일 동안 강을 따라 걷고, 강을 건너고, 산기슭의 돌길을 걷고, 산 정상을 걸어서 마추픽추의 '태양의 문'으로 들어서는 방법이다. 과거 잉카인들의 길이다. 아름답고 튼튼한 젊음의 길이다. 걷고 자고 길을 안내받으려면 몇백 달러를 지불해야 한다. 우리는 버스를 타고 간다. 길거리에서 20여 분을 기다렸다. 관광객이 적어서, 기다리는 시간이 짧아서 좋다. 5년 전에는 한 시간도 더 기다렸던 기억이 떠오른다. 한국의 늠름한 세 젊은이가 식당을 향해 간다. 아마도 아점(아침+점심)을 먹고 마추픽추에 오를 모양이다. 버스를 탔다. 왼쪽으로 앉았다. 그래야 우루밤바 강과 마추픽추를 둘러싸고 있는 검푸른 산들을 즐길 수 있다. 열대우림의 깎아지른 절벽에 붙어사는 식물들의 아름다움도 함께 볼 수 있다. 오른쪽은 열대우림의 나무들을 가까이 감상할 수 있다. 나뭇가지에 달라붙은 식물들과 꽃들도 아름답다. 어느 쪽을 선택하느냐는 취향 나름이다. 길은 속리산 말티재보다 가파르고 훨씬 좁다. 그래서 미니버스를 탄다. 2018년 처음 왔을 때는 아구아스깔리엔떼스에서 점심을 먹고 출발했다. 두 번째는 여기서 하룻밤을 물소리와 함께 자고 아침에 출발했다. 새벽녘에 강과 숲과 돌과 산에서 피어오르는 물안개는 선경이요, 신선의 세계요, 도인의 경계였다. 오늘은 10시가 조금 지났다. 비가 와서 먼지가 나지 않아 좋다. 우루밤바 강은 우르르 뺨빠, 우르르 쾅쾅 하며 흘러간다. 버스가 오르막 고개 세 개를 돌았다. 백인 남자 한 명과 백인 여자 한 명이 걸어 오르고 있다. 그들을 보니 하이럼 빙엄(1875~1956)이 생각난다.

| 如是我讀 | **빙엄, 마추픽추를 세상에 알리다**

빙엄은 남미 문화를 연구하고 탐험하는 예일 대학 교수였다. 그는 아내의 하와이 재산을 팔아 탐험 경비를 마련했다. 잃어버린 도시 빌카밤바를 찾아 페루의 이곳저곳을 헤매고 있었다. 1911년 7월 24일. 금방

내린 비로 계곡물이 보석처럼 반짝이고, 고개를 든 대원들 위로 이따금 구름이 스치고 지나갔다. 가파른 계곡 길을 따라 핀 야생 난초들은 보라와 노랑, 짙은 황토색의 물방울을 머금은 채 빛나고 있었다. 일행은 잠깐 멈춰 서서 자그마한 벌새 한 마리가 희미한 청록빛을 발산하며 꽃봉오리 위를 윙윙 맴돌다 사라지는 것을 지켜보았다. 바로 30분 전에는 머리가 바위에 뭉개진 채 죽어 있는 맹독성 뱀 '비보라' 옆을 조심스럽게 지나쳐 왔다. 그 뱀에 물리면 불구가 되거나 목숨을 잃을 수 있다는 것을 잘 알고 있다. 빙엄은 두꺼운 천으로 신발 위 발목부터 무릎까지 칭칭 감은 다리를 한 손으로 천천히 만져보았다.

아르테아가 선두에서 걷고 있었는데, 그는 300미터 아래에 있는 계곡 밑의 작은 집에 사는 농부였다. 산등성이에 잉카 유적이 있을지 모른다고 귀띔해준 이가 바로 그였다. 그는 잉카 시대의 조상들처럼 검은 머리에 광대뼈가 툭 튀어나오고 눈매가 독수리처럼 날카로웠다. 왼쪽 볼은 코카 잎 뭉치를 물고 있어 불룩했는데, 그 옛날 잉카 제국의 황족들만 즐길 수 있었다는 코카 잎은 약한 마약성이 있는 잎사귀였다. 그는 스페인어를 할 줄 알았지만 '케추아'어를 많이 썼다. 자그마한 체구의 아르테아가 미국인의 팔을 붙들고 머리 위로 어렴풋이 보이는 거대한 산봉우리를 가리키며 짧게 내뱉었다. "마추픽추!" 케추아어로 '늙은 봉우리'라는 뜻이었다. 그는 다시 빙엄을 바라보며 말했다. "저기 구름 속, 마추픽추요. 저기 가면 유적을 찾을 수 있을 거요."

까마득한 계곡 아래로 안데스 산맥의 빙하가 녹아 흐르는 우루밤바 강이 보였다. 하얀 물기둥을 튀기며 급하게 소용돌이치다가 금방 짙푸른 색으로 변한 강은 멀리 흘러가며 점점 잠잠해졌다. 그렇게 유유히 똬리를 틀며 흘러가다 결국 아마존 강과 만날 것이고, 남아메리카 대륙을 가로질러 동쪽으로 1,600킬로미터를 더 여행할 것이다. 정오가 막 지났을 무렵, 빙엄과 대원 두 명은 길고 넓은 산 정상에 다다랐다. 계곡 바닥에서 760미터나 솟아 있는 산등성이에는 누런 '이추ichu' 짚으로 지붕을 엮은 작은 오두막 한 채가 서 있었다. 왼쪽으로는 산 능선과 연결된 봉우리가 하늘 높이 솟았다가 옆으로 계속 뻗어나갔다. 마추픽추였다. 오른쪽으로는 '젊은 봉우리'라는 뜻의 '와이나픽추huayna picchu'가 보였다. 하늘 높이 솟았다가 옆으로 능선을 그리며 뻗어나간 생김생김이 마추픽추와 꼭 같았다. 세 사람이 땀에 흠뻑 젖은 채로 오두막에 도착하자, 페루 농부 두 명이 달려 나와 차가운 계곡물이 뚝뚝 떨어지는 조롱박을 건네주며 그들을 반겼다. 모두 가죽신을 신었고, 그 지역에서 흔히 입는 알파카 폰쵸(판초)를 입고 있었다. 알고 보니 그들은 선조가 건설한 계단식 밭에서 벌써 4년째 농사를 짓고 있었다. 그리고 방문객들에게 감자 요리를 권했다.

그 산꼭대기에 세 식구가 살고 있었다. 고구마와 감자, 사탕수수와 콩, 후추, 토마토, 구스베리를 키우면서 산다고 했다. "우리는 한 달에 한 번씩만 산 아래로 내려가지요. 이곳은 자연적으로 생긴 샘물도 많고 땅도 비옥합니다." 해발 2,400미터가 넘는 안데스 산맥의 고원지대는 햇살이 풍부하고 토양이 비옥했으며 깨끗한 물이 넘쳐나는 곳이었다. 그러니 농부와 그 가족들은 바깥세상으로 나갈 필요성을 느끼지 못한 것이다. '외부의 침입에도 끄떡없겠군.' 빙엄은 조롱박에 가득 담긴 물을 벌컥벌컥 들이켠 후 주위를 둘러보며 생각했다.

처음에는 빙엄도 의문을 떨쳐버릴 수 없었지만, 곧 마추픽추의 유적이 전설적인 잉카 제국의 반란의 도시이자 잉카인들의 마지막 피난처였던 빌카밤바가 확실하다고 믿게 되었다. 먼 훗날 빙엄은 책을 쓰면서 맨 끄트머리에 이렇게 썼다. '마추픽추는 잉카의 잃어버린 도시가 맞다. 마추픽추는 우루밤바 강 유역의 거대한 협곡 중에서도 인간의 접근이 가장 불가능한 곳에 세워져 있었다. 잉카인들은 그곳에 죽은 황제들을 모셔놓았으며 하얀 화강석으로 지은 성채와 신전들도 있었다. 귀족과 성직자들, 태양의 처녀들만 출입이 허용되었던 성스러운 도시로, 그 당시에는 빌카밤바로 불렸으나 지금은 마추픽추로 알려져 있다.' (킴

매쿼리가 쓰고 최유나가 옮긴 책의 일부다.)

지금 마추픽추는 깔끔하다. 공중 도시 읍내에는 오솔길이 나 있고, 물이 흐르고, 돌들은 거의 제 모습을 드러내고 있다. 신전도 있고, 귀족들이 거주한 건물도 있고, 백성들의 집과 계단식 농경지가 아름답게 펼쳐져 있다. 야마 몇 마리가 한가롭게 풀을 뜯고 있다. 마추픽추가 신전이든, 마지막 잉카 제국의 군사 요새이든 무슨 상관이 있으랴! 그냥 그대로 성스럽고 웅장하게 세워졌고, 세월의 흐름에 따라 쓰러지고 바스러지면서 지금 내 눈앞에 드리워진 것만으로도 마추픽추는 황홀하다!!

| 如是我見 | **첫 만남, 의문들만 가슴에 간직하다**

2018년 4월이었다. 온몸에 기대가 부풀어 올랐다. 열대우림과 아열대의 분위기가 뒤섞인 하늘과 바람과 나무와 바위산이 나를 반긴다. 버스에서 내렸다. 방문 스탬프를 찍었다. 여권과 티켓을 보여주고 마추픽추 안으로 들어섰다. 불가사의한 곳에 불가사의하게 왔다. 오른쪽 위로 올라갔다. 햇볕이 내리쪼인다. 머리는 따갑고 눈은 황홀하고 코는 싱그럽다. 가을볕의 따가움. 가을바람의 시원함. 우기에서 건기로 넘어온 이 시기에 습도가 약간은 줄어들었다. 나는 늦장마의 꿉꿉함을 느끼고 있다. 몸은 아직도 가을의 청량함을 느끼지 못한다. 다랑이밭에 라마 두 마리가 한가히 풀을 뜯고 있다. 폭이 2~3미터 혹은 4~5미터의 밭이 산 중턱에서부터 계단을 이루면서 성을 쌓듯 펼쳐져 있다. 남해의 다랑이논이 잘 정돈된 느낌이다. 사진 찍는 소리가 요란하다. 알아들을 수 있는 말보다 알아듣지 못하는 말이 더 많다. 이것 또한 마추픽추의 풍광이리라. 언제 여기에 또 올 수 있겠어? 남는 게 사진이야! 그미는 사진을 찍고 나는 눈을 감았다. 마음으로 마추픽추의 실재眞如를 보고 싶었다. 화려한 깃털이 달린 옷을 입은 귀족들이 보인다. 흑요석으로 만든 괭이를 둘러멘 농부들이 밭에서 감자를 캐고 옥수수를 수확하고 있다. 신전 앞마당에서는 축제가 열린다. 어른들은 춤을 추고 아이

마추픽추의 계단식 농지와 곡물 저장고. 이 계단식 농지에서 거둔 곡식이 우뚝 솟은 곡물 저장고에 가 득하고 잉카인들의 마음은 넉넉했을 것이다.

들은 신이 났다. 잉카의 소리가 병풍산을 되돌아 메아리가 되어 돌아온 다. 울림은 하늘로 오른다. 태양이 미소를 띤다. 곡식 창고는 가득하고 잉카인들의 마음은 넉넉하다.

 나는 여기와 저기를 왔다 갔다 했다. 온 길을 뒤돌아보았다. 가며 보 는 풍광과 뒤돌아본 풍광이 같을 리가 없다. 돌담의 형상이 달랐고, 바 위에 낀 이끼가 달랐다. 돌로 만든 문설주가 내 머리를 때리기도 했다. 돌멩이에 치여 넘어졌다. '땅에서 넘어진 자 땅을 짚고 일어나고, 돌부 리에 넘어진 자 바위를 짚고 일어나라!' 머리 위를 나는 콘도르 두 마리 가 네 눈을 부릅뜬다. 감시하고 있다. 쿠스코 식당에서 들었던 음악이 귓전을 맴돈다. 께냐의 맑은 소리는 잉카의 새들이 부르는 노랫가락이

리라. 하얀 구름 몇 점이 모였다 흐트러지기를 반복한다. 계단을 뜀박
질로 내려가고, 돌담을 따라 걸어 올랐다. 너럭바위를 타고 넘었다. 무
너진 돌담에는 이끼가 살고, 흐트러지지 않은 돌담에는 바람과 물이 들
락거릴 틈이 보이지 않는다. 여기는 태양신을 모시는 제단이요, 저기는
시간을 알려주는 선돌(해시계)이요, 이곳은 귀족들이 살았던 집이요, 저
기는 평민들이 살았던 집터다. 젊은 마추픽추(와이나픽추)가 머리 위로 우
뚝하다. 태양신에게 제사 지낸 곳이다. 출입문이 굳게 닫혀 있다. 우루
밤바 강기슭에서 기차가 소리를 낸다. 뿌~우~ 푸~우~!! 개울물 – 당
시에는 상수도와 농수로 역할을 했으리라 – 이 졸졸거린다. 한 움큼을
담았다. 들이켰다. 맑고 시원하다.

이렇게 많은 돌은 어디서 왔을까? 커다란 바위는 어떻게 옮겼을까?
산 정상에 흐르는 물은 어디서 흘러오는 것일까? 왜, 이렇게 높고 험한
곳에 도시를 건설했을까? 이 공중 도시에 도대체 몇 명이나 살았을까?
다랑이밭에서 수확한 곡식만으로 살아갈 수 있었던가?

| 如是我見 | 두 번째, 안개 속에서 시를 읊조리다

2019년 2월. 나는 다시 잉카레일을 타고 있었다. 이번 마추픽추 구경
은 멕시코와 쿠바 여행의 미끼상품이다. 나는 멕시코의 아즈텍 문명을
보고, 쿠바의 밤과 쿠바의 음악과 쿠바의 율동을 몸으로 체험해보고 싶
었다. 우루밤바 강은 더 시끄럽게 흘렀다. 우기가 아직 끝나지 않았음
이리라. 작년에는 아침나절에 기차를 탔고, 이번에는 저녁쯤에 기차를
탔다. 그러니까 작년 4월은 우기가 끝난 시기였고, 지금은 우기가 아직
도 진행 중이다. 같은 지역을 각기 다른 시기에 여행하는 것도 참 좋다.
서유럽의 도시와 성곽과 성당, 거대한 박물관, 그리스와 이탈리아의 유
적에서 느끼지 못하는 그 무엇이 있다.

아구아스깔리엔떼스 역에 도착하니 어둠이 내려앉기 시작했다. 저
녁에 골목을 돌았다. 골목길 양편에 기념품 가게가 즐비하다. 이 가게

마추픽추의 제단. 사진 위쪽 바위 절벽 아래는 우르밤바 강이 흐르고, 사진 아래쪽으로는 마추픽추의 상수도가 보인다.

를 보고 저 가게를 보았다. 엇비슷하다. 귀에는 오직 물소리요, 눈에는 잉카 무늬의 판초와 티셔츠와 스카프가 한가득이다. 께냐가 진열된 가게에 들어갔다. 다른 가게의 께냐는 수수깡(?) 장난감처럼 생겼는데, 여기는 전문가들의 그것과 엇비슷했다. 께냐 하나를 샀다. 점원 아가씨는 20달러를 요구했고, 나는 10달러라고 말했다. 결국 12달러! 작년 라파스에서 산 것보다 맘에 들었다. 그때는 18달러! 오늘 낮 쿠스코 광장에서는 30달러를 요구했다. 오히려 좋아 보였다. 더 고급스럽고 더 엔틱해 보였다. 한국에서는 족히 30만 원은 줘야 할 것이다. 다음 날 오얀타이탐보 역에서 버스를 기다리는 동안 버스킹(?)을 했다. 동요 몇 소절을 연주했다. 소리가 제법 음악처럼 들렸다. 관객들이 물었다. 직업이 뭐

냐? 어디서 샀느냐? 얼마 주었
느냐? 내가 산 곳과 내가 산 가
격에 모두 놀랄 뿐이다. 여행
중 토산품을 사는 건 한순간의
판단이다. 운도 좋아야 한다.

왼쪽 우루밤바 강이 우루르
우르르 쾅쾅! 바리톤으로 흐
르고, 오른쪽 시냇물은 소프라
노로 초잘초잘 쪼잘쪼잘 수다
스럽게 흐른다. 흐르다가 떨어
지고, 떨어지다 솟구친다. 아
구아스깔리엔떼스에는 사방
팔방이 온통 수직으로 깎아지
른 산이요, 산비탈에는 바윗
덩이가 위태롭게 매달려 있다.
위쪽은 우물 안 개구리들이 보
는 둥그런 하늘이 빼꼼하다.
호텔 프런트에 들어섰다. 널찍
한 동굴의 모양새다. 그 속 바
윗길을 트렁크 둘을 들고 기어
올랐다. 땀은 비 오듯, 숨은 헐
떡거린다. 심장이 두근거린다.

호텔 토산품점에는 잉카의 문양이 가득하다.

문에 열쇠를 꽂고 돌렸다. 삐거덕 드르륵 하며 열린다. 천장과 벽은 온
통 하얗다. 침대보는 하얗고 매트리스를 지탱하는 나무는 까맣다. 침대
는 삐거덕~ 삐거덕~ 내려앉을 듯하고, 욕실은 내 콧구멍보다 쪼끔 더
크다. 그래도 샤워기는 따끈한 물을 콸콸콸~ 안개 낀 우루밤바의 강물
처럼 쏟아낸다. 귀는 먹먹하나 몸과 마음이 평안하다. 노곤하다. 피곤

하다! 꿀잠이 몸과 마음을 모두 데려간다.

밤이 깊어갈수록 물소리는 더욱더 커지고 색소폰과 께냐가 합주한다. 드럼은 피아니시모다. 소란스러운 강물과 시냇물과 빗소리도 나의 단잠을 깨우지 못한다. 잘 잤다. 그리고 몸은 개운하고 마음은 상쾌하다. 식당은 옥상에 자리 잡고 있다. 슬레이트 지붕에 사방은 유리창이다. 바위 절벽과 하늘과 강과 기차역은 하얀 안개구름 속에 모두 숨어버렸다. 살짝살짝 보이는 바위에 이끼들이 새파랗다. 안개 속에 하얀 쌀죽!! (잣 몇 톨이 그립다.) 고산병에 지친 한국인을 위한 셰프의 배려다. 오늘 아침은 신선이다. 지인至人의 경지요, 신인神人의 반열이다. 탐진치貪瞋癡의 마음만 비워내면 해탈解脫의 경지에 이를 수도 있으리라.

길가에서 가이드가 버스표를 나눠주었다. 나는 지금도 그것을 『모두의 노래』 책갈피로 사용하고 있다. 내 이름 석 자가 영문으로 새겨져 있다. 여권 맨 뒷장에 두 번째 방문 스탬프를 찍었다. 안개 속에서 익숙한 ⑺ 길을 걸었다. 야생화들이 촉촉하고, 이파리들은 검푸르다. 보이는

마추픽추 입장권이자 버스표. 내 이름과 방문 스탬프가 찍혀 있다.

건 우루밤바 강 너머의 산꼭대기 몇 개뿐이다. 나는 검지를 들어 이곳저곳을 가리켰다. 저~쪽에 젊은 마추픽추(와이나픽추)가 있을 것이다. 저기 저쯤에 신전과 제사를 위한 바위들, 이~쪽이 다랑이밭, 바로 밑에 창고와 전망대가 있을 것이다. 1년 전에 보았던 돌들을 기억해내느라 안개 속을 응시했다. 나는 마추픽추를 마음으로 보았다. 돌담에 뽈록 튀어나온 돌기둥 위에 걸터앉으니, 엉덩이는 눅눅하고 운동화는 축축했다. 앞은 보이지 않고, 옆은 어둑어둑하며, 뒤는 캄캄했다. 가까이 서 있는 그미에게 물었다. 네루다는 마추픽추를 세계의 배꼽이라 했다. 그럼 델포이의 옴파로스는 누구의 배꼽일까? 잉카인들은 쿠스코를 세상의 배꼽이라 했다. 그럼 잉카는 배꼽을 두 개 가진 세상인가?

태양 그리고 태양, 마추픽추는 어디에 있단 말인가?
달빛 그리고 달빛, 마추픽추는 어디에 있단 말인가?
안개 그리고 안개, 마추픽추는 어디에 있단 말인가?
구름 그리고 구름, 마추픽추는 어디에 있단 말인가?
공기 그리고 공기, 마추픽추는 어디에 있단 말인가?
강물 그리고 강물, 마추픽추는 어디에 있단 말인가?
바위 그리고 바위, 마추픽추는 어디에 있단 말인가?
시간 그리고 시간, 마추픽추는 어디에 있단 말인가?
인간 그리고 인간, 그 인간이 만든 마추픽추는 어디에 있단 말인가?

그미가 들릴락 말락 중얼거린다. 어디선가 들었던 것 같은데……?! 옆에 있는 일행의 눈이 휘둥그레졌다. 돌아가는 기차에서 그 여인이 물었다. 시인이십니까? 네루다가 준 시구 하나를 쭉~ 늘렸을 뿐이다. 네루다의 나무에 이파리 몇 개를 더 달았을 뿐이다.

강물이 흐르고 시곗바늘은 돌고, 공기가 흘러가니 해가 얼굴을 내민다. 태양신은 우리를 위해 안개를 거두어 갔다. 안데스 산맥을 따라 콘

잉카의 돌 나침반 위에 나의 나침반을 얹어보았다.

도르 세 마리가 유영한다. 날개는 움직이지 않는다. 기류를 타고 하늘을 걷고 있다. 촉촉하고 눅눅하고 맑디 맑은 마추픽추는 1년 전과 전혀 다른 모습이다. 풀과 나무들은 잎으로 줄기로 이슬방울을 대롱대롱 달고 있다. 햇볕은 시샘하며 이 영롱한 빛을 앗아간다. 나는 태양신에게 제사를 지냈다는 바위 위에 나침반을 얹었다. 가이드는 20년 만에 처음 본 사건이란다. 와이나 픽추는 북쪽이요, 태양은 북쪽에서 비스듬히 내리쪼인다. 바로 옆에 북쪽을 가리키는 돌 나침반이 침묵을 지키고 앉아 있다. 마추픽추는 북향 도시다. 나는 남향집을 좋아하는데!!

| 如是我觀 | 세 번은 봐야 보이기 시작한다

엊저녁 우루밤바에는 비가 밤을 새우며 내렸다. 강물도 불어났다. 오르는 길에 웅덩이에 물이 고이고, 여기저기에 가느다란 폭포가 떨어지고 있다. 이번에는 가장 높은 곳, 태양의 문이 있는 곳으로 길을 안내받았다. 지난번에 봤던 라마가 보이지 않는다. 그때는 내가 지나가는 길 위쪽에서 풀을 뜯고 있었다. 아래를 내려다봤다. 라마가 거기서 풀을 뜯고 있다. 라마는 여전히 사람들에게 관심이 없다. 가이드 호세가 쿠스코에서 들고 있던 책과 비슷한 두께의 책을 꺼냈다. 오늘도 그의 가방은 두툼하다. 뭔가가 또 들어 있음직하다.

그는 빙엄의 이야기를 먼저 꺼낸다. 앞에서 읽은 것과 거의 같은 내용이다. 이야기를 마치고 그는 가방을 열었다. 잉카 무늬가 선명한 판초가 그의 손에 이끌려 나온다. 그가 나에게 건넸고 나는 걸쳐 입었다. 옷 하나로 즉시 잉카인이 되었다. 두 팔을 벌려라, 뒤로 돌아라, 옆으로 서라…… 마추픽추에서 판초를 입고 사진을 찍기는 이번이 처음이다. 모두 그의 준비에 감탄한다. 다음은 그미의 차례, 그다음은…… 열 명 모두 인증 샷 찍기를 마쳤다. 잉카 판초 한 벌이 모두를 즐겁게 했다.

통역자가 내게 묻는다. 오늘은 몇 점입니까? 90점! 아니, 왜 그렇습니까? 마추픽추 도시는 모두 잘 보였다. 근데 우루밤바 강 너머의 안데스 병풍이 구름에 휩싸여 있다. 만점에서 10점을 깎았다. 설명을 덧붙였다. 서울로 치면 북한산이 구름에 가려 보이지 않는 것과 같으리라. 북한산과 인왕산과 북악산을 빼고 경복궁을 보았다 할 수 있는가? 인왕산에 구름이 가득하면 겸재가 그림을 그릴 수 있겠는가? 제사상이 잘 차려졌는데, 병풍이 없는 꼴이다. 아, 그렇군요! 마추픽추를 둘러싼 풍광이 다 보여도 내겐 90점이요, 안개가 짙게 드리워 아무것도 보이지 않아도 90점이요, 안데스 산맥의 등성이가 보이지 않아도 90점이다. 풍광과 사진과 그림에 완성이란 없는 법! 모든 것은 바로 네 마음속에 있는 것!!

미끄러운 돌담길을 조심조심 걸었다. 호세가 다랑이밭 구조에 관해 설명한다. 책을 뒤적거려 계단밭의 단면도를 보여준다. 맨 밑에 바위처럼 굵은 돌이 있다. 그 위에 자갈, 모래, 흙 순으로 그려져 있다. 우기에 물 빠짐이 좋고, 건기에는 습기를 잘 보존한다. 계단밭의 역할은 물론 사람을 위한 농사와 가축을 위한 풀밭이다. 그리고 더욱 중요한 것이 있다. 이 도시를 지탱하는 축대 역할이다. 이 계단밭 때문에 지금까지 도시의 형태가 보존되고 있다. 그야말로 일석이조가 아닌가! 돌멩이 하나로 콘도르 두 마리를 떨어뜨린 셈이다. 태양의 신전에 이르렀다. 북쪽을 향해 창문 두 개가 뚫렸다. 하나는 동짓날 햇볕을 받아들이는 문

잉카 판초를 입고 와이나픽추를 바라보다.

이요, 또 하나는 하짓날 햇빛을 받아들이는 문이다(북반구의 동지는 남반구의 하지요, 남반구의 하지는 북반구의 동지다). 돌나침반이 그대로다. 이번에는 그미가 스마트폰을 돌 위에 올렸다. 액정에 나침반이 보인다. 돌의 높은 쪽은 남쪽이요, 낮은 쪽은 북쪽이다. 옆에는 제사상 형태의 돌이 널브러져 있다. 아마도 희생양을 올렸으리라. 태양신을 위해! 거대한 돌 하나가 우뚝하다. 얇으면서도 널따란 돌이 서 있다. 아래는 주춧돌이 든든히 받치고 있다. 위는 산등성이처럼 생겼다. 구름에 덮인 산 모양임을 나는 두 번 보았다. 앞에 놓인 돌과 멀리 보이는 산등성이가 일치된다. 겹쳐 보인다. 오늘은 돌 모양으로 안데스의 산 정상을 가늠할 수밖에 없다. 구름 속으로 선을 그었다. 나는 네루다의 시를 떠올리며 마추픽추를 내려왔다.

너는 미완의 인간이 만든 부서진 조각, 빈 독수리의 부서진 조각.

오늘은 이 거리 저 거리로, 흔적을 좇아, 죽은 가을의 이 파리를 찾아 영혼을 짓이기며 무덤까지 가는 것인가?

가여운 손, 발, 그리고 가여운 삶이여…….

네루다의 시 「마추픽추 산정에서」 중에서

다시 우루밤바 호텔로 돌아왔다. 몸은 아직도 밤과 낮을 구분하지 못한다. 밤이 오니 정신이 더 맑아진다. 아침을 느끼고 있으리라. 호텔 방은 널찍하고 추웠다. 전기난로를 부탁했다. 조그만 히터로는 방을 데울 수가 없다. 이불을 두 개나 덮었다. 이불이 무거웠고, 잠은 이

룰 수가 없다. 태블릿을 열었다. 자판을 두드렸다. 이러다 또 밤을 지새우려나?

2023년 3월 21일(화요일, 음력 2월 30일, 추분)

오늘은 태양이 황경 180도의 추분점을 통과하는 날이다. 그래서 밤과 낮의 시간 길이가 똑같다. 태양신을 섬기는 마추픽추에는 동지와 하지를 구분하는 신전이 있다. 동지는 양의 시작이요, 하지는 음의 시작이다. 동지, 하지, 추분, 춘분은 달이 아니라 태양의 움직임을 기준으로 하는 24절기 표기법이요, 초승달, 보름달, 그믐달 등은 달의 모양으로 정하는 표기법이다. 24절기는 태양력이다. 여기 남반구에서는 태양이 북쪽에서 남쪽으로 비스듬히 내리비친다. 관심을 두지 않으면 그게 그거다. 그러나 밤의 분위기는 전혀 다르다. 별들의 반짝임이 다르고, 달의 모양이 다르다. 여기서는 북두칠성을 볼 수 없다. 북두칠성은 죽음의 상징이다. 대신 남십자성을 볼 수 있다. 남극성은 삶의 의미이다. 우리의 삶에 태양력이 주로 사용되고, 음력은 거의 잊히고 있다. 물론 낮이 중요하다. 그러나 밤 또한 낮 못지않게 중요하다. 역사는 밤에 이루어진다는 말도 있지 않은가.

| 如是我聞 | 해발 3,000미터에 염전과 농업연구소가 있다

버스는 계곡의 다리를 지나 힘겹게 언덕길을 오른다. 길가에 벽돌집이 즐비하다. 1층에는 사람이 살고 2층에는 철근이 길쭉길쭉하다. 이 집들은 완성이자 동시에 미완성이다. 사람이 살면 완성된 집이요, 공사를 하면 미완성이다. 돈이 생기면 더 짓거나, 아니면 대를 이어 지어가면서 살아가는 집들이다. 완성과 미완성이 함께 어울려 있는 집들이다. 우루밤바 뒤편 산은 하얗다. 족히 해발 5,000미터는 되리라. 그저께 밤

우루밤바에는 비가 내렸고, 산에는 눈이 더 높이 쌓였다. 버스가 미끄러지듯 달린다. 오르막은 끝나고 고원 평야가 펼쳐진다. 감자꽃이 붉게 하얗게 피어 있다. 지난번엔 황무지였던 곳이 경작지로 변했다. 군데군데 농막이 밭 가운데에 지어졌다. 부동산 말뚝 박기? 그럴 수 있다는 통역자의 답이 왔다. 내리막길 고개를 두 번 돌아 버스가 섰다. 염전의 불그스레한 황톳빛과 거무스레한 흙탕물이 햇빛을 반사하고 있다. 건기가 되어야 소금을 거두어들일 수 있으리라. 살리네라스 염전 계곡. 샘물에서 흐르는 물에 새끼손가락을 담갔다. 엄청 짜다! 5년 전에는 하얀 염전, 소금밭이었다. 그때 산 주먹만 한 소금 결정체가 지금도 내 서재에 있다. 소금밭은 변해도 소금은 변치 않으리. 해발 3,000미터 계곡에 염전이 생긴 이유는 간단하다. 오래전, 아주 오래전에 지구의 지각변동으로 인해 바다가 융기해서 만들어졌다.

호세가 설명한다. 이 염전은 320가구가 공동으로 운영하고 있다. 염전 공동체다! 마을은 두 개요, 꼼빠니 이름은 '마라살'이다. 나는 마라살에서 '마실'이라는 단어를 떠올렸다. '이웃 마을에 놀러 다니는 일'이다. 함께 살아가는 공동체의 모습이다. 풍광이 가장 아름답게 보이는 계절은 7월. 비가 오지 않아야 염전이 하얗다. 계곡에 눈이라도 내린 듯 하얗다. 이 근처는 화산 지대다. 지금은 휴화산이다. 지난번에 들었던 바다 융기설과는 다르다. 화산활동으로 바다가 융기했을 수도 있다. 산 아래 염분을 품은 물이 흐른다. 물은 뜨겁고 짜다. 처음에는 소고기, 라마 고기 등 육류의 염장용으로 사용했다. 적어도 3개월 이상은 보관할 수 있다. 이 염장 식품이 잉카 제국을 건설하는 데 크게 이바지했다. 부족 간에 이루어지는 메신저(파발꾼, 차스키)들의 귀중한 식량이었다. 그들은 이 험한 산길을 한 시간에 16킬로미터씩 주파했다. 그들이 흘리는 땀을 이 염장 식품이 보충해주었다.

여기서 생산되는 소금은 세 종류다. 염전의 소금이 완전한 결정체가 되면 그 깊이가 35센티미터 정도 된다. 첫 번째는 맨 아래, 흙과 어우러

해발 3,000미터에 있는 살리네라스 염전은 잉카인의 삶에 중요한 역할을 했다.

진 소금이다. 이 소금은 약간 붉은색을 띤다. 류머티즘 관절염에 좋다.
먼저 아픈 부위를 뜨거운 물로 찜질하여 모공을 연 다음, 이 소금으로
찜질을 하면 효과적이다. 가운데 층은 미네랄이 가장 많은 소금이다.
칼슘과 소듐이 들어 있다. 가장 순수한 소금이다. 세계에서 히말라야
소금에 이어 두 번째로 좋은 핑크솔트다. 유명 레스토랑에서 많이 사용
하고 있다. 세 번째는 표면에 있는 소금. 가장 순수한 소금은 아니나 태
양을 품은 소금이다. 양의 기운을 듬뿍 품었다는 말이다. 그러니까 중
간에서 일구어낸 소금이 최상품이다. 중용의 도가 여기에도 있나? 건

해발 3,500미터에 위치한 농업기술연구소 모라이는 둥그런 형태의 계단밭이다.

기가 되면 한 염전에서 한 달에 40~50킬로그램의 소금을 생산한다. 쿠스코 공장으로 보내 요오드를 첨가한 후에 상품화한다. 요오드를 첨가해야 갑상선에 해로운 물질이 제거된다. 요오드를 첨가하면 수정처럼 된다. 이 소금은 아메리카 전 지역으로 수출된다.

돌담 아래에서는 하얗고 핑크빛을 내는 코스모스가 흔들거리고 있다. 호세가 4~5미터쯤 되는 나무 밑으로 우리를 이끈다. 그는 흔들거리는 나뭇잎 몇 개를 딴다. 그러고는 두 손으로 비빈다. 둘러선 사람들의 코에 댄다. 맡아보지 못한 이상야릇한 향이 콧속을 파고든다. 좋다는 사람도 있고 싫다는 사람도 있다. 나무 이름은 '모이에'다. 그 이파리는 천연 방부제다. 미라를 만들 때, 석 달 동안 이 이파리로 시신을 문지른다. 모이에 이파리는 방충제로도 쓰이고 연골 강화 등의 효과가 있다. 현재 의학계에서 열심히 연구 중이다. 몇 개의 가게에서 소금과 토산품을 팔고 있다. 핑크솔트를 산 사람은 아무도 없었다. 중년의 잉카인이 께나와 삼뽀냐를 번갈아 연주한다. 삼뽀냐의 긴 막대가 그의 발끝에 닿는다. 잉카 음악은 계곡을 타고 안데스로 오른다. 바구니에 5달러를 담아주고 1분짜리 동영상을 찍었다.

살리네라스 염전은 해발 3,000미터이고 잉카의 농업기술연구소 모라이MORAY는 해발 3,500미터다. 버스는 달렸다. 비포장길도 아스팔트 길도 터덜대기는 매한가지다. 다만 먼지가 덜 날 뿐이다. 버스는 한 시간 반 동안 해발 3,000미터와 3,500미터 사이의 고원 평야 지대를 달렸다. 트랙터 몇 대만 가져오면 대규모 농장 만들기는 식은 죽 먹기로 보인다. 은퇴 후 농사를 짓는다는 분께 물었다. 여기 땅 좀 살까요? 아니요! 손사래를 친다. 하기야 은퇴한 뒤의 농사일이 농사일이겠는가? 농부에게는 피지 말아야 할 꽃이 감자꽃이다. ㄱㄹ뫼에서는 6월 초쯤 감자꽃을 모조리 따준다. 땅속에서 자라는 감자에 더 많은 영양을 공급하기 위한 농법이다. 저 너른 밭에 감자꽃을 언제 다 따줄 수 있으려나? 감자꽃이나 따주고 갑시다! 모두가 손사래를 친다.

버스가 주차장에 멈춘다. 여기는 처음이다. 지난 두 번 다 여기에 들르지 못했다. 한 번은 아예 일정에 없었고, 두 번째는 일정에 들어 있었지만 비행기 시간 때문에 생략했다. 나무 기둥 두 개를 사이에 두고 'Bienvenidos-Welcome MORAY'라는 간판이 우뚝하다. 일주문처럼 생겼다. 그러나 지붕이 없다. 옆에 붉은 기와지붕의 매표소만 보인다. 모라이는 숨어 있다. 내 발보다 아래쪽에 있다. 모라이 앞에 섰다. 호세는 다시 두툼한 책을 꺼낸다.

1450년경 파차쿠티 황제가 만들었다. 왕립농업기술연구소다. 둥그런 계단밭이 층층이 둥그렇게 연결되어 있다. 그러니까 항아리 뚜껑처럼 생긴 계단식 밭이다. 마추픽추의 다랑이밭을 닮았다. 마추픽추가 안데스 산을 바라보고 일렬로 된 계단식 밭이라면, 모라이는 둥그렇게 둘러싸인 계단식 밭이다. 계단식 밭을 만드는 방법은 마추픽추의 그것과 거의 비슷하다. 맨 아래에 큰 돌을 넣고 그다음에는 자갈, 그다음엔 나무, 그다음에 모래를 넣고 마지막으로 흙을 덮는다. 한 계단의 높이는 약 2미터다. 잉카인들의 키보다 약간(?) 높다. 군데군데 각각의 계단밭을 오르내리는 나무 계단이 설치되어 있다.

나는 호세에게 물었다. 계단밭을 움푹 들어가게 한 이유는? 산 위에서 흘러내리는 빗물을 받아 땅이 수분을 보관하다가 가물 때는 삼투압 작용으로 다른 밭의 흙에 수분을 공급한다. 그러니까 수분을 아래서 위로 공급한다!! 청산도 다랑이논과는 정반대다. 청산도 다랑이논은 윗논에서 아랫논으로 물을 흘려주도록 설계되어 있다. 하기야 밭과 논의 차이리라. 자급자족하기 위한 시설인가? 아니다. 농업기술연구소다. 이곳에서 코카 잎을 체계적으로 재배하기 시작했다. 원래 코카 잎은 해발 3,500미터에서 자라지 않지만, 모라이에서는 발견되었다. 계단식 경작지를 움푹하게 만듦으로써 수분과 햇볕을 모으고 바람을 막아준다. 한 계단 한 계단, 계단 아래로 내려갈수록 섭씨 2.2도 정도의 기온이 올라간다. 그러니까 윗밭보다 아랫밭이 더 따뜻해진다. 이 따스함은 해발고도를 낮추는 기능을 한다. 농업은 자연의 혜택을 어떻게 활용할 것인가의 문제다.

밭을 만들 때 모래와 흙 사이에 나뭇조각을 넣는다. 이 나무들이 햇볕의 뜨거움을 냉각시키는 작용을 한다. 그 위에 흙을 넣고, 그 밭에 경작할 작물에 맞는 흙을 또 덮는다. 예를 들어 3층에는 아마존 흙을, 4층에는 근처의 흙을, 또 다른 층에는 쿠스코의 흙을 덮어주고 식물이 토양에 어떻게 반응하고 자라는지 관찰한다. 그 흙의 두께, 차진 정도 등이 작물에 미치는 영향을 연구한다. 아직도 계속 연구 중이다. 같은 모

야마의 털로 실을 만들어 뜨개질하는 잉카의 여인들.

양의 모라이가 세 개였는데, 이 근처 마을 사람들이 집을 짓기 위해 일부를 파괴했다. 한번 파괴된 유적은 복구할 수 없다. 이미 파괴된 곳은 나무 기둥으로 보호하고만 있을 뿐이다. 매년 4월 1일에는 축제가 벌어진다. 태양신에게 제물을 바치고, 음악이 흐르며, 춤을 추고, 농사의 풍요로움을 기원한다. 물을 바라는 기우제도 함께 지낸다.

토산품 가게 앞에는 잉카의 여인들이 옹기종기 앉아 있다. 그들은 라마의 털을 실로 만들고 있다. 그녀들과 함께 사진을 찍거나, 그녀들의 사진을 찍으려면 팁을 줘야 한다. 1달러면 고맙다 한다. 초상권치고 싸지 않은가!!

|如是我聞| **태양을 위한 신전이 전쟁터가 되다**

호세는 두툼한 책자를 들고 설명한다. 신이 났다. 잉카의 8대 황제(비라코차)가 공사를 시작해 아들인 9대 황제(파차쿠티) 때 공사를 끝냈다. 이곳은 성직자와 사제들을 위한 장소였다. 신전의 길이는 4.5킬로미터 정도다. 잉카인들은 이곳을 성곽으로 생각하지 않았다. 때문에 그들의 수도를 둘러싸지 않았다. 조선의 한양은 성곽으로 둘러싸지 않았는가! 돌무더기는 지그재그 식이고 퓨마의 형태를 갖추고 있다. 퓨마는 성스러우면서도 무서운 동물이다. 신전의 앞부분에 커다란 돌덩이 위로 퓨마의 발가락을 상징하는 모습을 형상화하기도 했다. 신전의 마당 가운데는 호수가 있어 물의 신전 역할을 했고(지금은 그 흔적도 없다. 잔디밭이다), 그 깊이는 15~18미터쯤 되었다. 호세는 여기가 태양신과 물의 신에게 제사를 지내는 성스러운 곳이라며 말을 맺는다. 그리고 신전 위를 걸어 올라 쿠스코 시내를 조망하길 권한다. 신전 위에서 내려보니 쿠스코의 이곳저곳이 보이고, 건너편 언덕에는 'EL PERU'라는 글씨가 선명하게 드러난다. 기와지붕이 도시를 온통 빨갛게 물들이고 있다. 쿠스코 광장이 바로 발아래다. 청와대 뒷산에서 경복궁을 내려다보는 것보다 훨씬 가깝다. 돌멩이를 던지면 광장에 떨어질 듯하다. 쿠스코를 정복하려면 삭사이와망을 차지할진저!! 높다란 돌담 아래는 잔디가 잘 가꾸어져 있다. 그리스 올림피아의 경기장을 닮았다. 운동하기 좋은 곳이다. 전쟁놀이하기 좋은 곳이다. 피사로가 쿠스코를 정복하기 위해 잉카인들과 바로 여기서 피비린내 나는 싸움을 벌이지 않았던가! 피사로의 동생들과 알마그로의 군대가 바로 이 자리에서 싸움질하지 않았던가!

호세와 함께 신전을 돌며 물었다. 바위가 크다. 얼마나 큰가? 큰 것은 6,300킬로그램 정도 된단다. 어떻게 옮겼나? 미스터리다. 불가사의한 일이다. 스페인 사람들은 그것들을 '악마'(하느님의 적, 혹은 미신)가 옮겨다 주었을 것이라 하여 이 신전을 악마의 상징으로 판단했다. 그래서 불태우고 파괴해버렸다. 이렇게 많은 돌을 도대체 어디서 가져왔을까?

삭사이와망에서 내려다본 쿠스코 전경. 광장이 발아래로 보이고
산 중턱엔 'EL PERU'라는 글자가 선명하다.

10킬로미터 정도 떨어진 곳에 강이 흐른다. 아마도 그 강물을 이용해 안데스에서 가져오지 않았을까 추정할 뿐이다. 캄보디아 앙코르와트에서도 비슷한 이야기를 들었다. 호세가 책을 펼친다. 돌 하나에 1,000여 명의 사람들이 들러붙어 석공 일을 했다고 적혀 있단다. 온종일 돌을 다듬고, 조각하고, 나르고, 그들의 흥을 돋우는 악단도 있었다. 우리는 모내기할 때 「긴농부가」를 부르고 모심기가 끝날 무렵에는 「자진농부가」를 불렀다. 농부가는 느린 계면조의 단조를 기반으로 한다. 이들은 빠른 장조 기반의 음악을 연주하지 않았을까? 매년 6월 24일에 '인티라이미' 축제가 쿠스코와 삭사이와망에서 열린다. 남미의 3대 축제 중 하나다. 태양신을 숭배한 잉카인의 제사를 지내는 것이다. 그때는 관광객이 어마어마하게 몰려온다. 호텔비는 최소한 서너 배 비싸다. 여기 입장료도 몇 배로 뛴다. 그날은 동지다. 1년 중 해가 가장 짧은 날이다. 새로운 출발을 의미하기도 한다. 이곳에서는 검은색이 시작의 상징이며, 행운의 여신을 상징한다. 과거에는 검은색 야마를 제물로 바쳤다. 지금은 동물 보호 차원에서 그러지 않는다. 호세는 손으로 쿠스코의 여기저기를 가리키며 쿠스코 시가지가 퓨마 모양이라고 하지만 내 눈에는 퓨마의 형상이 잡히지 않는다.

스페인군이 쳐들어왔을 때, 잉카인들은 이곳으로 도망쳤다. 그리고 이곳에서 그들에 맞서 전투를 벌였다. 잉카인들은 패배를 직감하고 자신들이 사랑하는 도시 쿠스코를 향해 뛰어내렸다. 부여 낙화암?! 스페인 사람들은 '악마와의 결탁'을 끊기 위해 이 신전을 파괴했다. 이 돌들을 쿠스코로 날랐다. 그들은 그 돌로 성당을 짓고, 그들의 집을 지었다. 저 아래 대성당의 돌들도 대부분 삭사이와망의 돌이다. 삭사이와망의 바위와 돌과 잔디에는 잉카인들의 슬픔과 스페인 군사들의 탐욕의 피비린내가 진동하고 있다. 삭사이와망은 신전으로 지어져 전쟁터가 된 슬픔을 간직하고 있다.

잉카 시대의 태양신을 위한 신전은 코리칸차다. 4~5년 전의 기억을 되살려본다. 수많은 조각과 헤아릴 수 없는 잉카의 형상이 진열되어 있었다. 하지만 신전의 황금 벽과 황금 천장과 황금 신상과 황금 조각품들은 뜯겨나갔다. 야마의 등에 실려 피사로 졸개들의 감시를 받으며 아타우알파가 갇힌 방으로 운반되었다. 지금도 뜯긴 흔적이 곳곳에 남아 있다. 이후 피사로와 그 졸개들이 쿠스코에 왔을 때는 정복자들의 지휘부가 되었고, 알마그로와 피사로의 동생들이 번갈아 갇히는 감옥이 되기도 했다. 스페인은 이 태양의 신전을 파괴하고 개조하여 도밍고 수도원으로도 사용했다. 매표소에 들어서면 분수대를 중심으로 잘 가꾸어진 잔디밭이 푸르다. 건물은 사각형으로 지어졌다. 회랑이 건물 안쪽에 있다. 아마도 스페인 시대에 덧붙여 짓지 않았을까? 지금도 벽과 천장에는 황금빛이 화려하다. 잉카 문화로 복원되어 있으나 아직도 기독교 문화가 곳곳에 흔적을 남기고 있다. 이곳은 잉카 문화가 기독교 문화로 바뀌고, 기독교 문화가 다시 잉카 문화로 바뀐 모습을 고스란히 품고 있다. 이슬람 문화와 기독교 문화의 빼앗고 빼앗김의 상징이 된 이스탄불의 블루모스크(술탄 아흐메트 모스크), 불교 문화와 힌두교 문화의 빼앗고 빼앗김의 상징이 된 앙코르와트!! 나는 이런 장소, 이런 건물, 이런 상징물에서 종교의 이중성을 발견한다. 자비인가, 약탈인가? 사랑인가, 미움인가?

| 如是我思 | 베이비 야마? 메이비 야마?

쿠스코의 별다방, 또 하나의 글로컬라이제이션glocalization! 쿠스코 스타벅스의 로고는 까만 바탕에 하얀 세이렌이 두 팔을 벌리고 있다. 쿠스코에서 검정색은 동지의 색이며, 시작의 의미이고, 행운의 상징이다. 또 순수함의 상징이요, 고귀함의 상징이다. 인사동의 스타벅스 간판이 한글인 것을 나는 '마케팅의 현지화glocalization'라고 가르쳤다. 2019년에 시에스타를 즐겼던 이름 모를 카페는 광장에서 대성당을 바라보면 왼쪽이요, 별다방은 오른쪽이다. 별다방은 해가 뜨는 쪽이요, 그 카페는 해가 지는 쪽이다. 그 카페는 잉카인들이 지었을 법하고, 별다방 건물은 스페인 사람들이 지었을 법하다. 별다방에는 안데스 산등성이의 해가 빤히 비쳐들고 있다. 성당의 실루엣이 아름답다. 눈부신 햇살은 삭사이와망의 돌가루를 쿠스코 광장에 흩뿌리고 있는 듯하다. 십자가를 짊어진 예수의 그림자가 또렷하다.

광장 중앙 벤치에 앉았다. 하늘을 올려다봤다. 성당을 위에서 아래로 훑었다. 또 아래서 위로 훑어 올라 삭사이와망을 올려다봤다. 참으로 멍때리기 좋은 장소로다! 참으로 멍때리기 좋은 날씨로다! 참으로 멍때리기 좋은 저녁참이로다!

통역자가 잉카 티셔츠에 대해 이야기했다. 야마 털은 아기 털이 좋다. 늙은 야마는 털이 뻣뻣하다. 내구성도 떨어진다. 그러나 아기 야마 털은 부드럽고 윤기가 난다. 그래서 티셔츠나 목도리를 살 때는 '베이비 야마?'라고 반드시 물어야 한다. 베이비 야마보다 훨씬 더 고급스럽고 비싸고, 심지어 구하기조차 힘든 것은 비쿠냐 털로 만든 티셔츠다. 최고급 쇼핑몰이 아니면 구하기 어렵다. 이건 베이비 야마래요! 북곽 부인이 티셔츠를 꺼내 두 손으로 만졌다. 부드럽고 윤기가 나요! 잉카 무늬 티셔츠! 베이비 야마Baby Llama면 어떻고 메이비 야마May be Llama면 어떠냐? 비쿠냐Vicunha 털이 아닐 바엔!!

쿠스코 공항 입구에서 버스가 멈추었다. 경비병의 눈빛이 지쳐 있다. 경비병은 현지인들의 공항 출입을 틀어막고 있다. 호세는 슬픈 눈으로 버스에서 내렸다. 그는 경비병 옆에서, 나는 버스 안에서 서로 손인사만 했다. 뜻밖의 이별이여, 아쉬운 작별이여!

공항은 한가하기 이를 데 없다. 제복을 입은 아가씨가 다가와 인사한다. 안녕하세요! 서툰 발음이지만 몸과 마음이 쿵덕거린다. 감사합니다!! 한국말이 쿠스코의 젊은 여성의 입술을 타고 흘러나온다. BTS 덕분인가, 관광객 덕분인가? 오동통한 그녀가 미스 페루보다 예뻤다. 문화란 때와 장소를 가리지 않고 흐르고 떠돌아다닌다. 비행기 탑승 수속은 엄청 빨랐다.

쿠스코 광장에서 야마와 함께 토산품을 파는 잉카 여인.

| 如是我聞 | 비구니와 함께 여행을!

5년 전 리마에서 들은 이야기다. 트래블 고 Travel Go 선생은 리마에서 인바운드 여행사를 운영하고 있다. 가이드라는 직업으로 30년을 보냈다. 그 행사의 참여자는 모두 여성이었다. 와우! 사모님들? 여사님들? 여학교 동창 모임? 대학교 동창 모임? 아니면 초등학교 자모회? 아님 동네 반상회? 아니면……??? 영자, 영애, 영숙, 현정, 영희, 금희, 혜정, 혜민, 효심, 정각……. 그녀들의 이름만큼이나 말과 행동, 그리고 얼굴도 모두 다를 것이다. 이 여성들을 데리고, 아니다, 모시고 무슨 이야기를 할까? 노래를 부르라 할까? 페루의 역사 이야기를 할까? 황제와 황후 이야기를 할까? 고상한 이야기淸談를 할까? 음담패설을 지껄일까? 며칠 밤과 낮으로 읽고, 질문하고 준비를 했다. 드디어 입국장에서 기다렸다. 기다려도 기다려도 보이지 않는 그녀들. 왜, 이리 안 나오실까? 가슴에 들고 있던 여행사 팻말을 머리 위로 들어올렸다. 여권에 무슨 잘못이라도 있는 걸까? 혹시 마약견에 물리지나 않았나? 세관에서 문제가 발생했는가? 의문은 꼬리에 꼬리를 물었다. 비행기 도착 시간을 또 확인했다. 약 5분 늦게 도착했단다. 또 기다렸다. 초조와 설렘이 뒤엉켰다. 혹시 비행기를 타지 않았을까? 환승 비행기를 잘못 탔을까? 그렇게 서너 시간을 기다렸다.

입국장 문이 열렸다. 갑자기 입국장이 환해졌다. 털모자를 눌러쓰고 옅은 먹물옷을 입은 스님들이 모습을 드러낸다. 분명 한국인이다. 그럼 내 손님들이란 말인가?! 아름답고 날렵한 스님들이었다. 입국이 늦어진 까닭을 물었다. 입국 심사장에서, 법무부 직원들이 놀랐다. 머리카락이라곤 한 가닥도 없는 여성들이 페루 땅에 발을 디딘 것이다. 공무원들은 실물과 사진과 지문 대조에 심혈을 기울였다. 혹시라도, 아마조네스는 아닐까? 그럼, 가슴을 보자고 해야 하나 말아야 하나? 스무 명의 입국심사를 하는 것이 페루 시민 2,000명을 심사하는 것보다 더 어려웠고, 더 긴 시간이 걸렸다. 다음은 세관에서의 일이다. 총무 소임을 맡은 스님이 된장과 고추장을 몽땅 가져왔다. 비닐로 싸고, 지퍼 백에 넣고, 플라스틱 상자에 담아왔다. 아무리 싸고 또 싼다고 해도 마약탐지견의 코는 피할 수 없는 노릇. 세관원이 모두 나서 캐리어 스무 개와 손에 들고 있는 가방을 열고 헤치고 털고 엎었다. 그리고 다시 원위치시켰다. 그러고 나서야 그녀들이 터덜터덜 입국장 문을 나선 것이다.

45인승 버스에 스무 명의 여성만 태웠다. 그분들을 위해 대형 버스를 마련했다. 리무진 버스 말이다. 리막 강을 지날 때 그는 개구리처럼 볼을 부풀렸다. 다섯 손가락을 볼에 대고 두들겼다. 영락없는 목탁 소리였다. 그리고 '나무아미타불 관세음보살!'이라 했다. 세 번 반복했다. 합장한 비구니들의 합창이 리마의 하늘에 울려 퍼졌다. 버스가 리마의 아르마스 광장에 닿았다. 스님 스무 명 앞에서 그는 말했다. 대통령궁을 오른손 손가락 다섯 개로 가리켰다. 생멸문生滅門입니다. 손바닥이 하늘을 보고 있었다. 대성당을 오른손 손가락 다섯 개로 가리켰다. 진여문真如門입니다. 손바닥은 하늘을 보고 있었다. 스님들이 탄 버스는 호텔로 가지 않고 공항으로 갔다.

고 선생의 이야기를 실은 버스는 태평양 해안 절벽 아래를 달리고 있었다. 버스가 갑자기 멈추었다. 고 선생이 손가락으로 바다 쪽을 가리켰다. 절벽에서 사람이 맨몸으로 뛰어내렸다. 어떻게 이렇게도 타이밍을 잘 맞출 수 있습니까? 그는 웃으며 대답했다. 이것이 바로 이벤트입니다. 5분 전에 전화했습니다. 한 사람이 물었다. 얼마나 줍니까? 비밀입니다. 목숨을 걸고 뛰어내리는 이벤트를 봤다. 갑자기 일어난 일이라, 동영상은 찍지 못했다. 사진에는 하얀 파도와 검은 바위만 보였다. 트래블 고 선생은 이벤트의 귀재다!!

시계는 시간을 의미하는가, 정치를 의미하는가?
시간은 우리에게 무엇인가?
정치는 우리에게 무엇인가?
볼리비아에는 볼리비아의 시계가 있다.
볼리비아에는 볼리비아의 시간이 있다.

볼리비아의 시간

4

2023년 3월 22일(수요일, 음력 윤달 2월 1일)

시간이 사라진 한 달이다.

또다시 2월이다.

윤달은 공空달이다.

공달은 비어 있는 달이요, 있으면서도 없는 달이다.

윤달은 하늘과 땅의 신들이 인간을 감시하지 아니한다.

하여 죄도 없고 벌도 없는 인간들의 세상이 펼쳐진다.

할머니는 수의를 만들고, 할아버지는 칠성판을 만든다.

시간은 흐르지 아니한다.

| 如是我見 | **세계에서 두 번째로 높은 공항**

새벽 3시, 꿈속에서 헤맬 시간이다. 사람들이 좌석에서 일어서니 나도 일어섰고, 트랩을 걸어가니 나도 걸었다. 두 다리가 걸었다. 입국 심사장은 함께 비행해온 사람들뿐이다. 코로나 예방접종증명서를 요구한다. 비자를 확인한다. Travel? Yes! 스탬프를 여권에 찍고, 여권은 내 손으로 다시 돌아왔다. 세관이다. 지난번에 왔을 때 누룽지 봉지를 빼앗겼던 바로 그곳이다. 19킬로그램 트렁크 두 개를 검사대에 올렸다. 지퍼를 열었다. 세관원은 트렁크 안으로 손을 넣고 이리 뒤지고 저리

뒤진다. 얼굴을 쳐다본다. 미소를 보냈다. 지퍼를 닫으라는 몸짓을 보낸다. 땡큐! 지퍼를 닫고 가방을 내렸다. 다른 가방은 그냥 가져가라는 손짓을 한다.

공항 벽에 'ALTOS INTERNATIONAL AIRPORT'라는 크지도 작지도 않은 글자가 선명하다. 알토스는 알토. 내게 알토는 색소폰이요, 여자 배구단의 애칭이다. 색소폰은 손에 들고 폼만 잡아도 멋지다. 여자 배구는 겨울밤의 즐거움이다. 알토 공항은 높은 공항이다. 해발 4,000미터. 티베트의 방다 공항은 4,300미터다. 나는 해발 1만 미터에서 잠을 자다가 4,000미터에서 입국심사를 받고, 다시 3,000미터로 내려간다. 길은 꾸불꾸불하고, 넓어야 3차선 정도다. 버스는 터덜댄다. 최소한 서른 살은 더 먹었으리라. 정부의 관공서와 호텔과 빌딩과 고급 주택가는 조금 낮은 지역에 위치해 있다. 낮다는 것은 상대적이다. 공항보다 낮다는 의미다. 낮아도 해발고도 3,000미터. 백두산보다 높다.

아침 5시, 해발 3,300미터의 호텔에 체크인했다. 이 닦고 세수하고 침대에 쓰러졌다. 그미가 깨웠다. 아침 먹으러 갑시다. 머리는 멍멍하고, 몸은 지칠 대로 지쳤다. 뭐가 들어간들 그 맛을 느낄 수 있겠는가! 열대과일 두 접시에 커피 두 잔. 그런대로 배가 부르다. 버스에 올랐다. 길은 오르막 아니면 내리막이다. 도시가 항아리 뚜껑처럼 생긴 분지형이기 때문이다. 창밖의 거리에 사람들이 모여 행진하고, 시위 진압 경찰차들이 호위한다. 시끄럽다. 소란스러움과 시끄러움이 광화문의 그것들을 생각나게 한다. 라파스의 정치적 불안감이 몰려온다. 약간의 공포심이 느껴진다.

| 如是我思 | **라파스에 엄니의 맛이 있다**

철창이 덕지덕지 붙은 식당 안으로 재빨리 빨려 들어갔다. 조그맣게 'COREA TOWN'이라는 간판이 달려 있고, 한복을 입은 아가씨의 미소와 풍경 사진들이 붙어 있다. 현지인 여성 두 명이 부지런히 음식을

차린다. 식탁이 가득하다. 채소가 싱싱하다. 지금 막 텃밭에서 따온 듯하다. 잡채도 있다. 김치도 있다. 다만 김치는 배추가 아닌 양배추일 뿐, 맛은 엄니의 맛이 그대로다. 제육볶음이 메인 요리로 나왔다. 그 맛, 그 매움과 짬의 조화에 숯불 향기가 어우러진다. 엄니가 부엌에서 구워주시던 맛, 바로 그 맛이다. 60년 전 엄니의 손맛이 바로 여기 라파스에 숨어 있다.

한국인 여주인이 주방에서 나온다. 더 드세요. 이 반찬 저 반찬을 더 보태준다. 식혜가 페트병에 가득 담겨 나왔다. 후식에, 입가심용으로 안성맞춤이다. 단 듯하면서도 달지 않고, 밍밍하면서도 밍밍하지 않은 식혜 두 잔을 연거푸 마셨다. 그녀는 1960년대 초쯤 부모를 따라 아르헨티나에 이민 왔다. 아르헨티나에 정착하지 못하고 이곳 라파스로 와서 결혼했다. 먹고살기 위해 식당을 한단다. 명함을 받았다. 'COREA TOWN'이라는 로고 아래 '한국식당'이라고 인쇄되어 있다. 그 밑에 필기체로 'Kim Saim'이라고 적혀 있다.

如是我聞 | 케이블카란? 거꾸로 가는 시계란?

라파스는 볼리비아의 수도이자 중심 도시이다. 볼리비아의 행정부와 입법부가 자리 잡고 있다. 라파스 부근 땅은 풍화작용에 의한 침식 현상으로 그 변화가 빠르기 이를 데 없다. 인근에 '달의 계곡'이 있다. 닐 암스트롱이 와서 보고 달 표면과 닮았다 하여 붙여진 이름이다. '달의 계곡'에 가면 이 부근 지형의 변화를 볼 수 있다. 사암으로 되어 있다. 그래서 지형의 변화가 빠르다. 5년 전에 봤던 '달의 계곡'과 오늘의 형상이 달라졌음을 맨눈으로도 알 수 있을 정도다. '달의 계곡'에서 토끼를 봤다. 통역자가 드론으로 찍었다.

'Ubicate'라는 글씨가 선명한 간판 앞에 섰다. 가이드 스테파니가 설명한다. 지질학자들의 조사에 따르면 이 도시의 지하에는 큰 수맥이 여섯 개가 흐른다. 지하에 강이 흐르고 있다. 지반 또한 마사토로 형성되

라파스 인근의 '달의 계곡'. 닐 암스트롱이 붙인 이름이다.

케이블카 노선을 설명하는 가이드 스테파니. 라파스는 지하철을 건설할 수 없는 땅이다.

어 땅 밑을 함부로 파낼 수가 없다. 이 도시는 사상누각인 셈이다. 또 항아리 안쪽과 항아리 바깥쪽의 기울기가 너무 가파르다. 해발고도로 따지면 1,000미터 정도 차이가 난다. 때문에 이 도시의 땅은 지하철을 건설할 수 있는 조건을 전혀 갖추고 있지 못하다. 하여 대중교통 수단으로 건설된 것이 케이블카다. 라파스에는 열 개의 케이블카 노선이 있다. 10개 노선 중에 가장 긴 노선은 화이트라인이다. 종점에서 종점까지 가는 데 18분이 소요된다. 버스로 같은 길을 가려면 족히 두 시간은 더 걸린다!!

내가 묻고 그녀가 대답했다. 5년 전에는 무지개 색깔로 일곱 개 노선이라고 들었는데? 맞다. 빨주노초파남보의 일곱 개 노선이었는데, 최근에 세 개가 더 건설되었다. 그녀는 나를 향해 엄지척했다. 그리고 우리를 케이블카 정류장으로 이끌었다. 정류장 앞에 볼리비아 국기를 단 종이배가 바다에 떠 있는 포스터가 보인다. 배 뒤에는 뭉게구

라파스 시내 풍경. 볼리비아는 해안을 빼앗긴 내륙 국가다.

름과 큰 별 하나가 그려져 있다. 바다에는 작은 별들이 둥실둥실 떠 있
다. 'Bolivia' 이외의 글자는 글자일 뿐이다. "Mar Para Bolivia. El Mar
Nos Uno." 통역자에게 물었다. 저건 뭡니까? 볼리비아는 해안을 빼앗
긴 내륙 국가입니다. 19세기 태평양전쟁 때 칠레와 페루에 태평양 연
안의 땅을 빼앗겼습니다. 그래서 볼리비아는 항구가 없습니다. 막대한
광물을 수출하는 데 어려움이 많습니다. 경제적인 손실이 크죠. 그래서
볼리비아는 태평양을, 바다를, 항구를 그리워합니다. 그 바다를, 그 태
평양을 되찾자는 포스터입니다. 저 포스터 하나가 볼리비아의 소망과
희망을, 경제적·정치적 어려움을 대변하고 있다.

스테파니는 티켓을 사고, 우리 일행 열 명을 2개 조로 나누었다. 앞

의 조 여섯 명은 스테파니와 함께 앞 케이블카를 타고, 뒤의 네 명은 통역자와 함께 다음 케이블카를 탔다. 현지인 두 명이 함께 탔다. 스위스 회사가 만든 것이란다. 쾌적하다. 전혀 혼잡하지 않다. 케이블카는 10여 미터 간격으로 달린다. 도시의 공중을 걸어 다닌다. 단독주택 지붕 위를 달린다. 빌딩의 창 옆을 스치며 달린다. 빌딩 안 회사원들의 일하는 모습이 보인다. 공원 위를 달린다. 대낮의 공원은 한가롭다. 학교 위를 달린다. 학생들이 축구를 하고 있다. 떠드는 소리가 들린다. 호텔 옆을 스쳐 지나간다. 호텔 입구는 한가롭다. 차들은 띄엄띄엄 걸어 다닌다. 관공서도 모두 발아래에 있다. 라파스의 모든 것이 바로 내 발아래에 있다. 하늘은 청명하고 하얀 구름 몇 조각이 이리저리 흘러 다닌다. 한가롭고 평화롭기 이를 데 없다. 붉은빛을 뿜내는 도시다. 나무가 거의 없는 황량한 도시다. 메마른 계곡을 흐르는 하천은 거품이 하얗다.

스테파니가 정류장에 내린다. 우리도 따라 내렸다. 화이트라인에서 옐로라인으로 갈아탄다. 널따란 길, 4차선 도로에 차들은 아스팔트 위를 달리고, 나는 자동차 지붕 위를 걸어간다. 축구장이 커다랗다. 잔디가 푸르다. 국가대표팀이 사용하는 경기장이다. 고등학교 건물이 보인다. 볼리비아 국기와 태극기가 펄럭거린다. 엄마가 아기 기저귀를 빨랫줄에 널고 있다. 하얗다. 햇볕이 따갑다. 금방 뽀송뽀송해질 것이다. 처마 밑에서 가족들이 식사하고 있다. 늦은 점심인가, 이른 저녁인가? 저 집 엄마는 이불을 털고 있다. 빌딩 안의 사람들이 왔다 갔다 한다. 외출 시간인가, 퇴근 시간인가? 거리는 따가운 햇볕에 사람들이 거의 보이지 않는다. 나는 공중에서 라파스의 거의 모든 것을 봐버렸다. 가정의 사생활을 들여다보고, 회사의 일하는 모습을 들여다봤다. 라파스에서 개인의 사생활에 대한 비밀은 있는 것인가, 없는 것인가? 통역자에게 물었다. 케이블카 요금은 어떤가? 구간 요금은 정확히 모르겠고 정기권 같은 것이 있지 않겠나. 재밌는 건 요금 체계다. 거리에 비례해서 승차요금이 저렴해진다. 이유가 있다. 낮은 지대에 사는 사람들은 경제적으로 여유롭다. 공항 근처 높은 곳, 도심에서 먼 곳에는 빈민들이 살고 있다. 가난한 사람들에 대한 정치적 배려이다. 케이블카 이용객은 대부분 고지대에 사는 사람들이다.

케이블카에서 본 축구장은 넓고 크다. 잔디가 푸르다. 축구장은 해발 3,500미터에 자리하고 있다. 그 축구장에서 월드컵 예선전이 벌어진다. 월드컵 예선전 경기는 언제나 홈앤드어웨이 방식이다. 옛적에 브라질과 예선전이 벌어졌다. 브라질 축구의 영웅 펠레는 전반전도 다 뛰지 못하고 벤치로 물러나야 했다. 부상이 아니었다. 숨이 가빠서 더 이상 뛸 수 없었기 때문이다. 2022년 카타르 월드컵에서 최우수선수상을 거머쥔 메시도 마찬가지요, 손흥민도 마찬가지일 것이다. 해발고도 100여 미터에서 뛰는 선수들이 어찌 3,500미터 높이의 콘도르를 잡을 수 있겠는가? 볼리비아는 세 번씩이나(?) 월드컵 본선에 진출했다. 1930년, 1950년, 그리고 1994년! 하지만 상위권 성적을 거두었다는 뉴스는 듣지 못했다.

5년 전 라파스의 삼겹살집에서 들은 이야기다. 케이블카에서 본 태극기가 펄럭인 그 학교 이야기다. 그 학교에 볼리비아 국기와 태극기가 함께 펄럭이는 사연이다. 오래전 한국인이 이곳에 왔다. 그의 눈에 이곳의 빈곤한 삶이 먼저 보였고, 다음에는 교육받지 못한 아이들이 눈에 들어왔다. 그는 생각했다. 가난을 물리치려면 아이들에게 교육을 받게 해야 한다. 그는 가지고 있는 돈을 몽땅 털어 학교를 짓기로 했다. 그러나 정부의 허가는 쉽지 않았다. 그는 정부에 기부하는 형식을 취해 학교 설립 인가를 받았다. 한국의 교육 시스템을 이 학교에 도입했다. 당시 한국의 교육열을 그대로 이곳으로 옮겨왔다. 그의 열정이 알려지고, 학부모들의 호응이 높아져갔다. 세월이 흘러 지금은 라파스의 8학군, 최고 명문 학교가 되었다. 가이드가 거들었다. "저도 아이들을 이 학교에 보내기 위해 무척 노력하고 있습니다."

페드로 도밍고 무리요 광장. 광장이라 해야 모라이보다 조금 더 크다. 모라이처럼 생겼다. 움푹한 광장으로 내려가는 계단이 있고, 사람이 많다. 비둘기가 날면 깃털과 먼지와 냄새도 함께 날아오른다. 대통령궁과 국회의사당 건물이 옆구리를 맞대고 있다. 의사당 건물에는 국기가 펄럭인다. 거의 손에 닿을 듯하다. 대통령궁에는 빨간 옷을 입은 근위대가 늠름하고 깃발 셋이 펄럭인다. 가운데는 볼리비아 국기요, 또 하나는 부족과 종족들 간에 화합하자는 의미의 깃발이요, 또 하나의 파란색 깃발은 칠레로부터 항구를 되찾자는 의미를 간직한다.

빼앗긴 항구를 되찾기 위해서 또 전쟁을 해야 하는가?
전쟁은 정치인들이 하는가, 백성들이 하는가?
전쟁에서 죽는 건 권력자들인가, 민초들인가?
빼앗긴 항구가 되돌아올 수 있는 것인가??

스테파니는 설명을 이어간다. 여기는 무리요가 독립운동을 하다가 스페인에 의해 처형된 곳이다. 정부 청사와 국회의사당이 바로 여기에 있다. 사법부는 수크레라는 도시에 있다. 그래서 수크레를 제2의 수도라 한다. 국회의사당에 시계탑이 있다. 최초의 인디오 출신 대통령 모랄레스가 세운 것이다. 볼리비아에는 볼리비아의 법이 있고, 볼리비아의 시간이 있다. 모랄레스 집권 이전에는 '볼리비아 공화국 Republic of Bolivia'이라고 불렀다. 그가 집권한 후 '볼리비아 다중문화국가 Plurinational State of Bolivia'로 국가 명칭을 바꾸었다. 33개 다민족을 포용하게 된 것이다. 케이블카도 모랄레스 대통령 때 만든 것이다. 지금의 집권당도 모랄레스 계열이다. 그녀의 목소리에 힘이 실렸다. 순간 쾅~꽝~ 타다다닥! 갑자기 대포 소리인지, 총소리인지가 가깝게 들렸다. 비둘기들이 하늘로 솟구친다. 먼지와 냄새와 깃털들이 함께 치솟는다. 광장 앞 2차선 도로변에 시위 진압용 장갑차가 정지했다. 그 차 앞에는 60~70도의 각을 이룬 범퍼가 장착되어 있다. 눈을 치우는 차가 아니다. 사람들을 둘로 갈

볼리비아엔 볼리비아의 시간이 있다.

라 치우기 좋은 차다. 시위대가 이 광장으로 모여든단다. 그녀와 우리는 서둘러 광장을 빠져나왔다. 버스를 타고 도망쳤다. 차들은 막히고 시간은 걸렸다.

국회의사당 시계에 대해 또 물었다. 스테파니가 답한다. 반미의 상징이요, 서구 열강이 정한 시간을 쓰지 않겠다는 상징이다. 버스에서 내렸다. 골목길을 걸었다. 이번엔 통역자에게 물었다. 국회의사당 시계의 의미는? 그는 자신이 들은 몇 가지 의견을 말해준다. 하나는 정치적 좌파와 우파의 균형을 상징하는 의미. 다른 하나는, 볼리비아가 남반구에 있어서 '남반구의 시계'라고 불린다는 것. 그 시계는 국제적이든 국내적이든 정치적인 의미가 깊은 시계임이 틀림없다.

시계는 시간을 의미하는가, 정치를 의미하는가?

4차선 도로의 건널목을 지났다. 오른쪽에 예쁘장하고 잘 정돈된 골목이 나타난다. 스테파니가 설명한다. 여기는 페드로 도밍고 무리요가 살았던 집과 골목입니다. 현재 문화재 보존 지역으로 지정되어 있습니다. 그는 이런 말을 남겼습니다. '동포들이여, 나는 여기서 죽지만 폭군은 내가 붙인 횃불을 끌 수가 없을 것입니다. 자유가 영원하기를!' 그는 비록 대통령이 되지는 못했지만 볼리비아의 영광과 힘과 평화를 주창한, 영원한 볼리비아의 정치 지도자입니다. 제법 큼직한 건물이 보인다. 한쪽 문기둥에 현판 세 개가 걸렸다. 가운데는 철판이고, 위와 아래는 플라스틱이다. 현판 모두에 'CASA MUSEO DE MURILLO'라는 글씨가 새겨져 있다. 무리요의 박물관이나 자료실인 듯하다. 그 아래에 쓰인 작은 글씨는 각각 다르다. 닫힌 문틈으로 들여다보니 육각형의 대리석 조형물이 있다. 그 위에는 철로 만든 걸개 같은 것이 있다. 뒤로 대리석 계단이 보인다. 현관으로 들어가는 문이다. 옆에는 깃봉이 셋인데, 볼리비아 국기가 축 늘어져 있다. 집 안에는 바람이 불지 않는다. 사람도 보이지 않는다. 골목 여기와 저기를, 집들의 안쪽을 들여다봤다. 좁은 스페인식 정원에서 경비병 한 명이 나를 처다봤다. 골목은 좁았다. 영락없는 스페인의 골목이다. 톨레도의 한 골목을 산책하는 듯하다.

| 如是我見 | 파차마마여, 전지전능한 신이여!

소원이 있는 자, 여기로 모여라! 마녀 시장은 언덕 중간쯤에 있다. 골목은 좁고 길다. 화려하다. 골목 위에는 각양각색의 우산들이 하늘을 가린다. 전선에 걸린 우산은 안데스의 따가운 태양으로부터 그늘을 만들어준다. 하늘에는 흰 구름이 파란 하늘에 더욱 하얗다.

'PACHAMAMA' 간판을 단 가게가 즐비하다. 잉카의 토산품들이 정돈되지 않은 채로 진열되어 있다. 냄새가 역겹다. 어떤 가게에는 라마와 다른 동물들의 사체가 진열되어 있다. 이 거리에 오는 사람들은 모두 각자의 소원을 가지고 온다. 외국인 관광객을 포함하여! 집을 사고 싶어도 오고, 연인을 만들고 싶어도 오고, 그 연인과 결혼하고 싶어도 온다. 공부를 잘하고 싶어도 온다. 소원을 가진 사람들이 여신에게 바칠 제물을 사는 곳이다. 여기서 산 제물과 새끼 야마의 사체를 태우면, 파차마마는 소원을 들어준다. 여신은 그 향기를 맡고 모든 소원을 들어준다. 가게 안에는 헛개나무 비슷한 나무들이 묶여 있다. 볼리비아인은 대부분 가톨릭 신자이지만, 또한 대부분 이 주술적 힘을 믿고 있다.

파차PACHA는 '대지, 세계, 우주, 시간, 시대'라는 의미이고 마마MAMA는 '어머니'라는 뜻이다. 파차마마는 대지를 관장하는 여신이다. 그리스 신화에 나오는 '대지의 여신' 혹은 '신들의 어머니'인 가이아에 해당한다. 가이아는 처녀의 몸으로 우라노스를 낳아 하늘을 관장하게 한다. 하지만 파차마마는 하늘과 땅을 포함한 모든 자연을 스스로 관장하는 신 중의 신이다. 그러니까 파차마마는 '가이아'가 '제우스의 능력'을 갖춘 신이다. 파차마마는 특정한 곳에 머무르는 법이 없다. 세계, 우주, 자연의 모든 곳에 머무른다. 그리고 생명의 기운과 물이 흐르는 곳, 아빠체타Apacheta라는 작은 돌무덤 주위를 중심으로 보살펴준다(우리가 산행할 때 여기저기에 돌무덤을 쌓는 것도 파차마마의 믿음과 닮았나?). 특히 잉카인들은 티티카카 호 근처에 돌무덤을 많이 쌓고, 그 돌무덤에 경배를 드린다. 잉카인들은 지금도 바로 이곳 마녀 시장에서 파차마마에게 제물로 바칠 동물의 사체를 산다. 나는 우유니 소금사막에서 쓸 모자 하나를 샀다. 10달러다. 대신 입맛을 잃었다.

| 如是我夢 | 꿈도 잘 꿔야 꿈이다!

시간이란 무엇인가?

시간은 거꾸로 흐른다?

각양각색의 우산들이
따가운 태양을 가려주는
마녀 시장 풍경.
파차마마께 바칠
제물을 사는 곳이다.

시간은 흐르지 않는다?

왜, 내가 이런 고민을 해야 하는가?!!

멀쩡한 정신이라면 어찌 이리 골치 아픈 주제를 머리에 떠올리겠는가?

추분이 지났으니 태양이 북쪽으로 조금은 더 기울었을 것이다. 어디 내 눈으로 그 구분이 가능하겠는가? 이론상 그렇다는 말이다. 그러면 따스한 북풍이 불어오려나? 남풍이 불어오려나? 동과 서도 분간하지 못하고, 남과 북마저 구분하지 못한다. 아침부터 저녁까지, 저녁부터 아침까지 깨어나 있는 것도 아니요, 그렇다고 깨어나 있지 않은 것도 아니다. 그렇다면 나는 졸고 있는 것인가? 라파스의 밤에 북극성은 온 데도 없고 간 데도 없다. 나의 죽음은 사라져버린 것인가? 남십자성이 머리 위에 빛나고 있다. 나는 영원불멸의 지위를 얻은 것인가? 이름 모를 별들이 겨울 바다의 파도에 빛나는 인드라망과 같다. 때로는 내 눈이 유성流星처럼 빛난다. 때로는 내 눈앞에 빛나던 유성이 밤하늘을 둘로 쪼갠다. 눈을 감으면 허공화虛空華가 텅 빈 하늘에 꽃花을 피우기도 한다. 그렇다면 내 정신이 깨어 있다惺惺고 할 수 있는가, 어둠을 헤매고 있다冥冥고 말할 수 있는가? 나의 마음과 생각은 있는가, 없는가? 도를 깨달은 사람道人일까, 중생衆生일까, 하찮은 놈凡人일까? 내 생각 속에는 분별이라는 게 있는가, 없는가? 내 글 속에는 기틀이라는 것이 제대로 갖추어진 것인가, 흐트러진 것인가? 내 뜰에 놀던 슈뢰딩거의 고양이는 죽어버렸는가, 아직도 살아 있는가? 내 머릿속의 양자들은 얽혀 있는가, 잘 정돈되어 있는가? 양자역학은 측정해봐야 알 것이요, 내 머릿속의 얽힘은 글로 써봐야 알 수 있다. 어쨌든 써봐야 할 일이다. 모든 현상과 본체는 서로 걸림이 없이 인연을 맺고 있고, 서로 걸림이 없이 의존하고 있다. 차별 속에서도 평등이 있고理事無碍, 모든 현상과 본체는 서로가 서로를 받아들이고, 서로가 서로에게 융합하고 있음事事無碍이로다. 그저 두 손 모아 아멘이요, 그저 무릎을 꿇어 나무아미타불 관세음보살이다!

10년 전쯤 영화 「인터스텔라」가 우리나라에서만 1,000만 명 이상의 관객을 끌어모은 것으로 기억한다. 그 대열에 나도 끼었다. 거의 마지막 부분이었던가? 우주여행에서 돌아온 아빠보다 지구에 살고 있는 딸의 얼굴이 폭삭 늙어버린 모습이 기억에 남아 있다. 우주에서는 시간이 흐르지 않는 것인가? 그보다 훨씬 오래전에 본 영화도 생각난다. 흥행은 실패했다. 「인 타임In Time」이다. 영화 포스터에는 이런 글이 쓰여 있었다. 'Time is Power!' 한마디로 시간은 힘이요, 권력이다. 내가 읽은 주제는 '늙지 않음'이요, '젊음'이었다. 줄거리는 시간을 사고파는 데서 벌어지는 에피소드이다. 시간은 돈이요, 시간은 황금이다. 그 시간을 빼앗기 위한 총질이 난무하는 영화다. 시간을 산 늙은 어머니가 젊은 딸과 비슷한 얼굴로 변한다. 젊어져버린 모습이 괴기스럽다. 시간이란 것을 그처럼 사기도 하고 팔기도 할 수 있다면? 두 영화에서처럼 시간 여행이 가능하다면? 영화 「시간 여행자의 아내The Time Traveler's Wife」를 봤다.

태어나는 자, 반드시 죽는다.

헨리는 시간 여행자다. 그는 '시간 일탈증'라는 유전자 변이에 의한 병을 앓고 있다. 미래에서 왔다 과거로 사라지고, 과거에서 왔다 미래로 사라진다. 영원할 것 같은 그가 사냥꾼의 총에 맞아 죽는다.

클레어도 시간 여행자다. 그녀는 현재만을 살아간다. 그녀는 세월이 지나면 죽을 것이다.

아빠의 유전자를 물려받은 태아는 유산하고, 엄마의 유전자를 간직한 태아는 태어난다.

모두가 죽는다.

불생不生이어야 불멸不滅이다.

뭐니 뭐니 해도 시간은 과학적 주제다. '시간은 흐르지 않는다'라는 충격적인 제목을 단 책이 베스트셀러 반열에 올랐다. 양자 중력 이론을 연구하는 카를로 로벨리가 쓴 얇은 책이다. 그는 말한다. '시간에 어떤 순서나 질서가 있는 것처럼 보이는 것은 우리가 살고 있는 거시 세계에서 바라본 우주의 특수한 양상일 뿐, 보편적인 본질은 아니다.' 시간은 하나의 관념에 지나지 않는다. 그는 독자로 하여금 시간이 흐르지 않는 세상을 맛보게 한다. '사물'이 아닌 '사건'으로 이루어진 세상, 우리 인간에게 과거와 현재와 미래라는 변수가 없는 세상, 시간이란 선형적으로 흐르지 않고 시간이라는 것 자체가 아예 없는 세상을 이야기한다. 즉 시간의 방향성을 부정한다. 그래서 '시간은 하나의 사건일 뿐이다'. 최근에 그의 책이 또 나왔다.『나 없이는 존재하지 않는 세상』이다. 나는 이 책의 제목에서 불교의 무아無我와 무상無常, 그리고 인연因緣이라는 말을 떠올린다. 그리고 마흔두 글자로 이 책을 요약한다. '眞性甚深極微妙, 不守自性隨緣成. 一中一切多中一, 一卽一切多卽一. 一微塵中含十方, 一切塵中亦如是(너와 나, 그리고 우주 만상의 참다운 성품 자리는 매우 깊고 미묘하다. 이는 자신의 성품을 따르지 않고 인연을 따라 이룰 뿐이다. 우주 만물은 하나 속에 모든 것이 있으며 모든 것이 하나 속에 있으니, 하나가 곧 일체요 모든 것이 하나일 뿐이다. 미세한 티끌 속에 시방세계가 있으니 모든 티끌 속 또한 이와 같다).'(「법성게」) 경전은 말한다. '過去心不可得, 現在心不可得, 未來心不可得.' 과거에 집착하지 말고, 미래도 생각하지 마라. 과거는 지나버렸으며 미래는 오지 않는다. 현재 또한 없다.

내가 로벨리를 잘 이해했는지, 정확히 파악했는지는 나 자신도 모른다. 그저 모를 뿐이다! 과학자들도 잘 이해하지 못한다는 양자역학보다 한 걸음 더 들어간 듯한 인상을 준 이 책을 내가 어찌 다 이해했겠는가?

뉴턴은 시간이란 절대적이고 일정한 방향을 가지고 흘러가는 것이라 생각하고, 또 그렇게 주장했다. 당시 그의 주장은 가히 신적인 주장이었다. 동시대에 바다 건너에는 라이프니츠가 있었다. 그는 시간에 대해 뉴턴과 전혀 다른 주장을 했다. 라이프니츠는 '시간이란 변화의 척도일 뿐'이라는 아리스토텔레스의 주장을 빌려와 뉴턴의 시간론을 반박했다. 하지만 당시 서양 세계와 과학자들은 뉴턴의 주장에 완전히 쏠려 있었다. 태양은 돌고 지구는 돌지 않는 꼴이다. 이에 화가 치민 라이프니츠는 자신의 이름에서 'T' 자를 빼버렸다는 우스갯소리도 들린다 ('T'는 'Time'의 머리글자다). 세월이 지나면 이론과 생각들이 바뀌게 마련이다. 진리라고 생각된 것들이 허접쓰레기가 되기도 한다. 뉴턴의 과학 이론을 뒤집은 사람은 아인슈타인이다. 그는 상대적 시간 개념을 도입한다. 설악산에서 권금성을 오르내리는 케이블카를 탈 때마다 나는 아인슈타인의 상대성이론을 듣는다. 권금성 케이블카의 안내 방송은 말한다. "권금성이 어쩌고저쩌고…… 울산바위가 어쩌고저쩌고……. 바로 옆을 지나가는 케이블카는 여러분이 탑승한 케이블카와 똑같은 속도로 오르고 내립니다. 그러나 상대편의 케이블카가 훨씬 빠르게 느껴집니다." 아인슈타인의 상대적 시간 개념을 이보다 실감 나게 현장에서 설명하는 것을 나는 보지도 듣지도 못했다. 시간은 자신과 상대의 움직이는 속도에 의해 좌우된다. 또 중력에 의해서도 좌우된다. 명쾌하지 않은가? 우리의 일상과 우리의 여행 속에는 어마무시한 과학적 지식이 언제나 함께한다. 우리가 모르고 지낼 따름이다.

여행 이야기 중에 웬 딱딱한 과학 이야기를 하느냐고? 맞는 말이다. 사실 나도 과학에 무지렁이다. 그러나 환경이 바뀌면 뭔가 그전과 다른 생각들이 머릿속을 오가게 마련이다. 더구나 해발 4,000미터나 되는 곳을 며칠씩 여행하고 밤과 낮이 바뀌다 보니, 머릿속 뉴런이 얽히고설킨 것이 아닌가 싶다. 내 육신이 익숙한 한국이라는 지구의 북반구 한구석과는 정반대인 지구의 남반구에 와 있지 않은가? 내가 개미라면 수박의 윗부분에서 왔다 갔다 하다가 수박의 아랫부분에 와 있지 아니한가? 자칫 잘못하면 미끄러져 우주로 떨어질지도 모른다. 내 머리는 평생 북두칠성(죽음)을 향해 살아왔는데, 지금은 남십자성(영생)을 향하고 있지 않은가? 그래서 선현은 가르친다. 한곳에 머무른 바가 없어야 새로운 마음이 일어난다 應無所住 而生其心!!

지금 나는 해발 3,500미터의 라파스에 와 있고, 꿈을 꾸고 있다. 곧 우유니 소금사막이라는 더 높은 곳을 여행할 것이다. 과연 이런 환경에서 산소의 결핍만이 인간을 힘들게 하는 것일까? 물론 산소의 부족이 주원인일 것이다. 이건 상식이다. 그런데 나는 꼭 그렇지만은 않다고 생각한다. 5년 전에 경험한 일이다. 함께 여행한 사람들은 쿠스코에서부터 고산병 약을 복용했다. 나는 먹지 않았다. 그들은 사경을 헤맸고, 나는 멀쩡했다. 어느 부부는 당장 집에 돌아가고 싶다고 애원까지 해댔다. 나는 혼자 곰곰이 생각했다. '내 몸은 바보인가? 내 뇌는 멍청이인가? 내 몸은 산소가 부족해도 그 증상을 느끼지 못한단 말인가? 엄니가 나를 배 속에 담고 있을 때, 남십자성을 본 게 아닌가? 엄니가 나를 품고 항아와 놀았나?' 나와 함께 우유니에서 지프차를 탄 그 부부는 구경은커녕 아무것도 먹지 못했다. 거의 시신이나 마찬가지였다. 그 부부뿐만 아니고 고산병을 앓은 모든 사람들은 바닷가 리마에 도착하자마자 멀쩡해졌다. 엊그제의 일은 완전히 잊은 듯했다. 나는 고민했다. 고산병은 과연 산소 때문인가? 이 문제를 간간이 생각해온 나는 양자역학을 읽으면서 확신했다. 고산병의 원인은 산소부족에 시간, 중력과 관계있을 거라고!!??

'1915년 아인슈타인이 예측한 높은 고도에서 시간이 더 빠르게 흐르리라는 것은 44년이 지난 후, 파운드와 레브카에 의해 확인되었다.' 『나우 : 시간의 물리학』 98쪽에 나와 있는 말이다. 1959년 로버트 파운드와 그의 학생인 글렌 레브카에 따르면 아파트 한 층의 높이를 약 10피트(3미터)로 봤을 때, 하루는 8만 6,400초이므로 아래층보다 위층은 하루에 0.27나노초 더 빨리 간다. 로벨리도 말한다. '시간은 산에서 더 빨리, 평지에서는 더 느리게 움직인다.' 그러니까 다른 조건이 모두 같다고 가정할 때 아파트 1층에 사는 사람과 20층에 사는 사람은 생명의 길이에 차이가 있다고 할 수 있지 않을까? 아주 미미하기 그지없는 차이이지만 말이다. 나는 이렇게 말하고 싶다. 고산병은 산소부족에 더하여 시간 변화의 느림과 빠름, 그리고 중력의 변화를 몸의 감각기관이 느끼면서 일어나는 현상이라고.

황진이(1506~1567)! 그녀는 시간이라는 과학적 주제를 문학으로 승화시킨 현인이다. 그녀는 동짓날 기나긴 밤을 고이 접어두었다가, 짧디짧은 하짓날 밤에 님(화담?)과 함께 긴~ 밤을 지내려 했다. 그녀는 시간을 저장했다가 부족할 때 꺼내 쓴다는 발상을 한다.

冬至ㅅ달 기나긴 밤을 한 허리 버혀내어
春風 니불 아레 서리서리 너헛다가
어론 님 오신 날 밤이여든 구뷔구뷔 펴리라.

조선시대 한 여류 시인의 사유가 서구의 철학자와 과학자들의 사유에 미치지 못한다고 그 누가 말할 수 있겠는가? 하이데거의 시인에 대한 사랑과 존경이 바로 이것이 아닌가!! 나는 생각 하나를 황진이의 마음속으로 살짝 더 밀고 들어가본다. 젊은 여성, 특히 가임기可妊期의 여성은 음기가 왕성하다. 1년 중 음기가 가장 왕성한 시기인 동짓날에 눈 내리고 삭풍이 불어대는 겨울밤을 홀로 지낸다는 것이 얼마나 힘들겠는가? 그런 밤의 시간을 '버혀내고' 싶었을 것이다. 동짓달이 빨리 지나가기를 학수고대했을 터이다. 그녀에게 이불은 음의 시간을 저장하는 물리적 도구이다. 요즘으로 치면 음의 기운을 담아두는 냉장고요, 사랑의 활력을 간직하는 축전지가 아니겠는가? 하짓날 사랑의 열기를 동짓날의 차가움으로 중화시킨다면, 돌멩이 하나로 봉황 두 마리를 잡는 것이리라. 하짓날에 찾아오는 동짓날의 사랑이여!! '시간은 흐르지 않는다. 다만 사건과 사물의 변화를 나타내는 하나의 척도일 뿐이다.'

이곳 볼리비아 사람들에게 시간이란 서구 열강의 약탈과 관련되어 있다. 네루다의 시 「달러의 변호사들」 중 일부를 보자.

뉴욕산 제국의 신형 모델(엔지니어, 계산기, 측량기사, 전문가)이 와서, 정복된 땅, 주석, 석유, 초산, 바나나, 질산염, 동, 망간, 설탕, 고무, 땅을 재면, 구릿빛 난쟁이가 누런 미소를 지으며 앞장선다. 그리고 지금 막 도착한 침략자들에게 다정하게 충고한다.

(……)

그들을 자신들의 일원으로 받아들이고, 제복을 입힌다. 그는 양키처럼 입고 양키처럼 침을 뱉는다. 양키처럼 춤추고, 올라간다. 이제 그에게 자동차, 위스키, 신문사를 갖게 하고, 판사로, 하원의원으로 선출하게 하고, 훈장을 주게 하고, 장관으로 만들면, 정부에서도 그의 말이 통한다. 그는 누구에게 뇌물이 통하는지 안다. 그는 누가 뇌물을 받았는지도 안다. 혀로 핥고, 바르고, 훈장을 주고, 칭찬하고, 미소 짓고 위협한다. 그렇게 해서 피 흘린 공화국은 항구를 통해 비어간다.

피사로의 침탈 이후 남미는 제국주의자들의 수탈 대상일 뿐이다. 볼리비아는 1825년 스페인으로부터 독립한 이래 180년 동안 150개의 정부가 들어섰다. 그러니까 거의 1년에 한 번씩 정부가 바뀐 셈이다. 1836년 페루와 국가연합을 결성했으나, 칠레의 개입으로 무산되었다. 설상가상으로 '태평양전쟁Guerra del Pacifico'(1879~1883년, 초석전쟁)이 일어나 항구 없는 나라가 되었다. 대통령궁에 걸린 깃발도, 케이블카 역 근처에 붙은 포스터도 이런 국민적 한을 토로한 상징물이다. 광물을 수출할 항구가 없는 나라 볼리비아는 1932년 6월에 석유 탐사권과 그란차코 지역의 관할권(파라나 강을 통한 해양 진출의 교두보)을 두고 더치 셸이 지원하는 파라과이와 전쟁을 벌였으나 지고 말았다. 당시 볼리비아는 스탠더드 오일이 지원하고 있었으나, 풍토병과 국내 정치 상황의 불안으로 패전하고 만다. 결국 볼리비아는 그란차코 지역을 파라과이에 양도한다. 볼리비아는 칠레나 페루의 도움 없이는 광물을 수출할 수 없는 '맹지의 나라'가 되었다.

좀도둑은 반지나 옥수수를 털어간다. 중간 도둑은 금광이나 광물자원이 매장된 계곡을 빼앗고, 큰 도둑은 나라와 민족을 통째로 삼켜버린다. 여러 번의 정변을 거쳐 2006년에 최초로 원주민 출신 모랄레스가 대통령이 되어 정치적으로 안정을 되찾는 듯했으나, 헌법 개정 문제로 그는 멕시코로 망명하고(추방당하고?) 만다. 볼리비아 국회의사당의 시계가 나에게 말한다. '시간은 흐르지 않는다. 아니다. 시간은 거꾸로 흐른다. 아니다. 거꾸로 흘러야 한다.'

2023년 3월 23일 (목요일, 음력 윤 2월 2일)

티와나쿠를 향해 버스가 달린다. 라파스 시내를 흐르는 강줄기는 있는데, 흐르는 물은 잘 보이지 않는다. 메말라 있다. 딱 하나를 봤다. 하얀 거품이 물결을 이루고 흐른다. 곧 말라버릴 듯하다. 시궁창 냄새가 코를 자극하리라. 냄새가 버스 안까지 들어오지는 않는다. 버스는 골목을 돌고 돌아 700미터를 올라간다. 너른 들판이 훤하다. 산은 보이지 않고, 하늘은 푸르다. 하얀 구름 몇 조각이 흐른다. 버스는 공항을 둘러친 철조망 옆을 지난다. 철조망 너머에 비행기 몇 대가 갇혀 있다. 활주로에는 비행기가 내려앉거나 날아오르지 않는다.

| 如是我觀 | **촐라를 위한 기도문**

신호등 없는 회전 로터리에 잔디가 파랗다.
잔디에 커다랗고 인자한 빌보드, 'PAPA FRANCESCO!'

촐리타여, 뽀에라의 촐라여!

토산품 바구니 헝클어진 머리에 이고, 등에 업은 갓난아이 고개를 떨구고, 치마 오른쪽은 아들이 붙잡고, 왼쪽은 딸이 붙들고 아장아장.

남편은 어디메요, 아빠는 어디 갔나?
초석 캐는 산골인가, 금 캐는 금광인가, 은 캐는 은광인가, 구리 캐는 고원인가, 리튬 캐는 소금사막인가?
아혜들은 배가 고파 울고, 엄마는 님 그리워 눈물만 뚝! 뚝! 뚝!

파파여, 교황님이시여!
가난하고 무거운 짐을 진 어린 양들 굽어살펴주소서!
세비야, 주교님이시여!
수탈해간 금은보화 쪼끔만이라도 되돌려주오!
뉴욕이여, 자본가들이여!
땅속에서 파내간 초과 이익 반의반이라도 돌려주오!
자본가의 앞잡이여, 권력의 앞잡이여!
아랫동네 백성만 백성이요, 윗동네 백성은 백성이 아니란 말이오?

부디, 보살펴주소서!
부디, 도움을 주소서!
아멘!!
나무아미타불 관세음보살!!
파차마마의 이름으로 기도했나이다.

| 如是我聞 | **티와나쿠, 태양신은 어디에 계십니까?**

버스는 달리고 달렸다. 허허벌판. 쉼터 하나 없다. 드문드문 농막 몇 채가 보일 뿐이다. 그렇다고 농사를 짓는 흔적은 보이지 않는다. 집 몇 채가 눈에 들어온다. 워낙 너른 들판에 지어진 집이라 자그맣게 보

일 뿐이다. 한 시간여를 달렸다. 유적지를 표시하는 기둥 몇 개가 티와나쿠임을 알려준다. 티와나쿠는 기원전 1200년경 '촌락 시대village period'(마을 공동체)라고 알려진 작은 정착지에서 시작되었다. 이곳은 해발고도가 높아서 서리에 강한 감자, 안데스괭이밥oca, 시리얼, 그리고 퀴노아quinoa 같은 농작물을 생산하는 비관개non-irrigated 농업 형태가 발달했으며 이들 작물로 자급자족했다. 티티카카 호Lake Titicaca 주변과 같이 서리에 좀 더 안전한 지역에서는 옥수수와 복숭아를 경작했다. 거주민들은 직사각형의 어도비 주택adobe house에서 살았으며 이 집들은 포장도로로 연결되어 있었다. 티와나쿠 제국이 가장 강력했던 시기는 8세기경이다. 11세기부터 주변 정치 세력에 의해 지배력이 약화되었다가 12세기 초에 무너졌다. 티와나쿠는 해발고도 3,850미터의 알티플라노Altiplano 고원 티티카카 호수의 남쪽 주변이다. 아카파나Akapana 사원은 높이 18미터의 일곱 개 제단이 마련된 피라미드다. 반지하식의 작은 사원(템플레트)의 벽은 48개의 적색 사암 기둥으로 만들어져 있다.

스테파니는 설명을 이어간다. 그녀의 발음은 '티와나쿠'보다는 '띠와나꾸'로 들린다. 라파스에서 서쪽으로 약 70킬로미터 떨어져 있다. 이곳의 피라미드는 이집트나 멕시코의 피라미드와 전혀 다른 형태다. 유네스코 문화유산으로 등재되어 있다. 아직도 발굴 중이다. 지금 우리가 볼 수 있는 건 6퍼센트 정도다. 나머지는 아직도 땅속에 묻혀 있다. '띠와나꾸'라는 말의 의미는 정확히 모른다. 스페인인이 왔을 때는 '알토 뻬로'라 불렀다. 여기서 사는 인디오들이 '띠와나꾸'라고 말해서 여기가 '띠와나꾸'가 된 것이다. 볼리비아 정부는 이곳의 발굴과 보존 작업에 재정적 지원을 하지 않는다. 정부 재정이 넉넉하지 못한 탓이다. 프레잉카 문명의 피라미드 또한 마야 문명의 피라미드와 다르다. 어떻게 다른지는 설명하지 않았다. 나도 묻지 않았다. 중국 시안西安의 진시황릉이 생각났지만, 그녀의 열정적인 설명에 토를 달지 못했다. 진시황의 무덤에는 나무와 풀이 무성하다. 여기에는 나무가 보이지 않는다. 수목

한계선을 넘었기 때문이다. 오히려 서울 종로에 있는 사직단을 100배 정도 키우면 비슷해질 듯하다. 발굴 작업에 의한 돌담이 몇 개씩 보일 뿐이다. 멕시코의 피라미드는 4년 전에 올랐다. 너른 벌판에 피라미드가 두 개 있다. 하나는 태양의 피라미드(약 66미터), 다른 하나는 달의 피라미드(약 46미터)다. 두 신전의 꼭대기에 올랐다. 해발 2,800미터에 몇십 미터를 덧붙여본들 얼마나 더 높겠는가? 사방을 둘러보았으나 산은 보이지 않았다. 태양의 따가움만 머리에 닿았다. 피라미드 꼭대기는 널찍했다. 이집트 피라미드의 꼭대기가 뾰쪽하다면, 멕시코의 피라미드는 정상이 평평하다. 태양이나 달에 제사 지내기 위한 곳이다.

그녀를 따라 몇 걸음 더 걸어갔다. 그녀는 다시 설명한다. 띠와나꾸는 기원전 1500년부터 기원후 500년까지 존재한 문명이다. 어느 프랑스 학자는 6,000년 이상 된 문명이라 주장하기도 한다. 이 문명이 사라진 이유는 두 가지다. 하나는 가뭄 때문이요, 다른 주장은 홍수 때문이다. 극단적으로 상반된 견해이나, 정확한 것은 모른다. 티티카카 호수는 잉카 문명과 맞닿는 곳이다. 호수 가운데에 태양의 섬이 있고, 바로 이 섬을 잉카 문명의 시발점으로 본다. 파차마마도 이 섬 출신이다. 페루, 칠레, 볼리비아, 아르헨티나를 품고 있는 문명이다. 따라서 이들 국가에 띠와나꾸 후손들이 분포되어 살고 있다. 분명한 건 태양과 달에 제사를 지낸 곳이라는 것뿐이다. 커다란 석상 앞에 그녀가 섰다. 제사장으로 추정되는 석상이다. 왼손에는 옥수수차가 든 컵을, 오른손에는 지휘봉(왕홀)을 들고 있다. 그의 허리춤에는 꽃게 그림이 선명하다. 이곳이 바다가 융기된 지역임을 의미한다. 석상의 높이는 2.45미터, 무게는 7톤 정도다. 허리 중간이 잘린 것은 스페인 사람들의 짓이다. 석상은 이 주변에 없는 돌로 만들어졌다. 티티카카 호 혹은 70킬로미터 이상 떨어진 곳에서 가져왔을 것으로 추정한다. 어떻게 가져왔는지는 미스터리다. 손가락 부분에 '13세기' 등의 글자가 새겨진 것 또한 스페인 사람들의 짓이다. 침략자들이 두려워하는 건 신전이 가지고 있는 의미이다. 쿠스

티와나쿠 태양의 신전 계단. 인간들은 이곳에서 태양의 기운을 받는다.

코의 삭사이와망을 그들이 파괴했고, 일본은 한민족의 맥을 끊기 위해 우리 산의 곳곳에 쇠말뚝을 박았다.

돌들이 담을 이룬다. 신전 위에서 보는 돌담은 야트막하다. 2~3미터 높이로 쌓아 올린 널찍한 터에 사각형을 이룬 신전이 있다. 태양의 문이 있다. 납작한 돌들로 터를 잡고, 사각 구멍이 뚫린 기둥 두 개가 버티고 있다. 두 기둥 위에는 여러 가지 문양이 양각된 돌이 얹혀 있다. 양팔을 벌리고 선 인디오의 모습이다. 그의 머리에서는 빛이 뿜어져 나오고, 양팔에는 왕홀이 들려 있다. 오른쪽 3분의 2쯤 부근이 깨졌다. 오랜 세월을 견디지 못했으리라. 아니면 침입자들의 소행인지도 모른다. 이 태양의 문이 동지와 하지 사이의 절기를 구분하는 척도로 활용된다. 인간들은 이 문을 통해 태양의 기운을 받는다. 모랄레스도 대통령에 당선된 후 이곳에 와서 태양의 기운을 받았다. 하늘은 푸르디푸르다. 구름은 하얗디하얗다. 티끌 하나 없는 세상이다. 하늘에는 콘도르 두 마리가 유유히 떠돈다. 갈매기 비슷한 새들이 끼욱~끼욱~거린다. 호수가 그리 멀지 않음이리라.

스테파니는 말한다. 기둥 위에 앉힌 돌에는 스물네 가지의 문양이 새겨져 있다. 내 눈에는 모두가 비슷비슷하다. 24절기를 의미하는 것이리라. 묻지는 않았다. 계단 아래로 내려왔다. 아래에서 보는 태양의 신전은 그 규모가 압도적이다. 쿠스코에서 봤던 거대한 돌들이 직선으로 똑바르다. 모퉁이 돌이 둥그스름하다. 사람들이 태양의 신전에서 태양의 기운을 받기 위해 매만져서 각이 졌던 돌이 둥그런 모양이 되었다. 군데군데 돌이 서까래처럼 튀어나왔다. 빗물이 흐르는 홈통 역할을 하리라. 몇 걸음 걸었다. 반지하의 작은 사원이 나온다. 사각형의 돌담이 둘러쳐져 있다. 한 뼘 정도 튀어나온 돌들에는 다양한 모습의 사람 얼굴이 조각되어 있다. 스테파니는 부족들의 얼굴 모습이라고 설명한다. (네이버 백과사전은 전쟁에서 붙잡혀온 포로들의 모습이라 한다.) 세월의 흔적인지, 스페인인의 짓인지, 발굴할 때의 부주의 때문인지 많은 얼굴이 훼손되어 있다. 몇 개나 되냐고 물었다. 세어보지 않았단다. 나도 그 숫자를 헤아리지는 않았다.

토산품 가게가 전혀 보이지 않는다. 스테파니가 여인들을 향해 손짓을 했다. 뽀에라 여인 두 명이 달려왔다. 여인들이 보자기를 펼친다. 토산품이 진열되었다. 그녀에게 두 개를 골라달라고 부탁했다. 태양의 문에서 봤던 문양 두 개를 샀다. 뽀에라를 입은 여인에게 20달러를 건넸다. 아무도 사지 않았다. 나는 왠지 사주고 싶었다.

박물관 두 곳을 들렀다. 한 곳은 태양의 신을 상징하는 신상과 달의 신을 상징하는 신상과 문양들이 잘 정돈되어 있다. 사진은 찍을 수 없다. 박물관 입장객은 우리 일행 열 명이 전부다. 귀한 물건을 독차지한 기분! 신상의 모습은 밖에서 봤던 그것들과 비슷하나 실내에서 가까이 보니 그 위엄이 더 크게 느껴진다. 스테파니는 설명한다. 신전에 전시된 석상들 아랫부분이 훼손된 것은 침략자들이 황금과 귀금속을 찾기 위해 파괴한 것이다. 황금은 없었고, 청금석(다이아몬드와 비슷한 보석)이 발견되었을 뿐이다. 이 청금석은 이집트 피라미드에서도 많이 발견된다. 태양의 신전에서는 자세히 보지 못했는데, 신상의 손가락과 발가락이 사람과 다르다. 이유를 물었다. 외계인이 왔다는 설이 있다고 답한다. 신의 모습은 인간과 약간이라도 달라야 하지 않겠는가? 다르게 표현하기 쉬운 부분이 손과 발이 아닐까? 이 문명의 사람들은 남미 대륙에서 처음으로 청동을 사용했다. 그런데 몸을 치장하는 장신구로는 사용하지 않았다. 청동기와 동물의 뼈를 이용해 야마에서 얻은 털을 실로 만들고, 직조하고, 옷을 만드는 과정이 재현되어 있다. 야마의 뼈보다 조금 큰 뼈가 진열되어 있다. 이건 무슨 뼈입니까? 통역자가 답한다. 구경만 하고 사지 않는 사람들의 뼈입니다. 모두 웃었다. 야마 뼈로 직조 도구와 숟가락, 그리고 피리도 만든다. 야마로 대표되는 이 뼈들은 알파카, 과나코, 비쿠냐 등 4종이다. 네 동물이 사진으로 전시되어 있다. 야마와 알파카는 가축화되었고, 과나코와 비쿠냐는 야생이다. 비쿠냐는 보호종이며, 희귀 동물로 보호되고 있다. 주로 파타고니아와 고산지대에 서식한다. 비쿠냐 털로 만든 옷은 비싸고 사기 힘들다. 야마의 귀에 달린 리본(꽃)은 주인이 있다는 표식이다. 옆에 있는 박물관도 거의 비슷했다. 띠와나꾸 민속박물관이다.

如是我見 **티티카카 호, 파차마마는 어디 계시나?**

티티카카 호는 해발고도 3,810미터에 있다. 볼리비아와 페루의 국경에 위치한다. 하늘은 푸르고 뭉게구름은 둥실둥실. 배 타고 놀기 좋은 날이다. 오리들이 꽤액~꽥거리고 물닭들이 먹이를 찾아 물속을 헤맨다. 배 두 척이 물결을 일으킨다. 엔진 소리가 요란하다. 물닭들이 배를 향해 날아든다. 배 주위를 맴돈다. 배에 부딪힐라치면 더 빨리 솟아오른다. 오랜 연습의 결과이리라. 녀석들은 그간 관광객들이 던져준 먹이의 맛을 잊지 못하고 있다. 미안하다. 나는 너희 먹거리를 준비하지 못했단다. 크지 않은 함정이 정박해 있다. 바다가 없는 볼리비아의 해군 군함이다. 바다가 얼마나 그리웠으면 호수에 군함을 정박해놓았겠는가!!

조각배 두 척이 30여 분을 달렸다. 아직 호수의 10분의 1, 100분의 1, 1만 분의 1도 가지 못했으리라. 태양의 신을 모시는 섬, 파차마마의 고향에는 이를 수가 없다. 멀어도 너무 멀다. 저 멀리 산 쪽에서 먹구름이 몰려온다. 순식간의 일이다. 후~두두둑! 소나기다. 비옷을 꺼내느라, 우산을 꺼내느라 배가 기우뚱거린다. 20~30미터 떨어진 배는 소나기를 피한 듯하다. 소머리에는 비가 와도 소꼬리에는 햇빛이 난다는 소나기다. 배는 갈대가 무성한 섬에 정박했다. 탐조? 아니다. 그냥 섬에 내려줬을 뿐이다. 태양의 섬을 대신하여. 파차마마의 흔적이라도 느끼라고!! 내 생각이다. 선장은 빙그레 웃기만 했다. 모터보트는 전속력으로 달렸다. 호수의 바람은 머리카락과 옷깃을 날리고, 선미에는 하얀 선이 그려졌다. 포구로 돌아왔다.

대학생인 듯한 젊은 남녀 10여 명이 사진을 찍고 있다. 뭔가 모를 이벤트를 벌이고 있다. 그들이 우리에게로 다가왔다. 함께 사진을 찍자고 한다. 둘이 찍고, 셋이 찍고, 넷이 찍고, 모두 모여 함께 찍었다. 그들에게 'Corea?' 하니, 엄지척을 해댔다. 아직 한국말은 익히지 못해도 한국은 잘 알고 있다고 스테파니가 거든다. 스테파니에게 물었다. 뭐 하는 분들이죠? 관광이벤트학과 학생들입니다. 지구 반 바퀴를 돌아온 관광객들과 함께 사진을 찍으니, 관광학과 학생들에게 안성맞춤인 실습시간이다. 스테파니가 자신을 설명한다. 라파스의 대학에서 관광학을 전공했다. 이 학과는 5년제다. 세계와 볼리비아의 역사, 문화, 지리, 철학을 두루 공부하고, 심리학도 공부했다. 물론 이벤트도 공부한다. 드론으로 사진 찍는 법도 공부한다. 학생들은 그녀와 같은 학과다. 그녀는 관광학을 전공하고 졸업한 것에 대해 자부심이 가득하다. 이곳 젊

티티카카 호에서 관광이벤트학과 학생들과 함께. 이곳 젊은이들에게 관광 안내는 유망한 직업이다.

은이들에게 관광 안내는 유망한 직업이다. 한국에 놀러 오라 했더니, 너무 멀다고 답했다. 그리고 'No Money!!'라고 덧붙였다.

　버스는 다시 라파스를 향해 출발한다. '화장실!' 하고 누군가가 소리 지른다. 스테파니는 화장실을 찾아 헤맨다. 공중화장실이 아닌 가정집 으로 안내한다. 1인당 10볼리비아노! 우리 돈으로 1,950원 정도다. 다 른 물가에 비해 엄청 비싸다. 할 수 없잖은가? 비워야 하는데, 어찌할 것인가? 공부는 더해서 보태는 것이요, 도에 가까워지려면 매일매일 비워라 爲學日益, 爲道日損! 노자의 말이다. 마음을 비우기는 어렵다. 대장 을 비우는 데는 우리나라가 최고다. 세계 어느 나라, 어느 곳보다 한국 의 화장실이 최고다. 버스는 터덜터덜 달렸고 그미도, 나도, 그리고 모두가 잠을 잤다. 어느새, 눈 깜짝할 사이에 버스가 호텔 앞에 멈추었다. 먹는 것보다는 잠이 먼저다. 또 꿈을 꾸었다. 산소부족과 약한 중력과 빠른 시간은 내 뉴런을 뒤엉키게 했다. 시장 골목의 마녀들이 나타났다. 티티카카 호의 파차마마도 나타났다.

|如是我夢| **파차마마가 엄니를 데불고 왔다**

라파스의 밤은 밤이 아니요, 낮은 낮이 아니다. 잠을 자도 꿈이요, 잠을 자지 않아도 꿈이다. 비몽사몽非夢似夢은 이런 때를 두고 한 말이리라. 나는 땅에 서 있는가, 땅에 거꾸로 매달려 있는가? 시간은 흐르지 않는다. 거꾸로 흐른다. 하루가 없어졌다. 한 달이 사라졌다. 내 다리와 머리는 방향을 잃었다. 산소가 부족하고, 중력이 약하다. 전도몽상顚倒夢想이다. 나는 미쳐버렸다. 환화공신幻化空身이다. 모든 것이 허깨비다.

티티카카 호! 하늘은 파랗고, 하얀 구름 몇 조각이 흐르고 있다. 호수는 맑고 청량한 기운으로 가득하다. 신선의 세계가 바로 이곳이다. 먹구름이 몰려오고 비가 후드득거린다. 호수는 컴컴해지기 시작한다. 배가 갈대숲으로 빠져 들어간다. 새들이 먹이 활동을 하고 야마가 풀을 뜯고 있다. 제물들이 가지런히 차려져 있다. 역겨웠던 냄새가 향기가 되어 온몸을 휘감아 돌았다. 마추픽추의 돌 제단이 보였다. 제단 한가운데는 화톳불에 검은 야마가 이글거리고 있다. 검은 연기가 하늘로 오르고, 그 연기를 타고 파차마마가 내려왔다. 그녀는 내 손을 잡는다. 그녀는 연기를 타고 오르고, 나는 두 발을 동동거린다. 구름 위에는 또 하나의 티티카카 호인지, 북명인지 남명인지 모를 호수에 잔잔한 물결이 일렁거렸다. 붉고 하얀 꽃들이 물위에 솟았다. 까까머리 신선들이 연잎에 앉아 있다. 연잎은 나룻배다. 엄니가 내게 손짓했다. 입술은 움직였다. 말소리는 들리지 않았다. 나는 그 의미를 알아챘다. 달려갔다. 엄니가 사라졌다. '엄니~~' 하고 불렀다. 그미가 놀라고 나도 놀랐다.

몇 해 전 엄니와 송광사로 마지막 여행을 갔다. 엄니의 얼굴은 불그스레해졌고, 가냘픈 소리가 들렸다. "공양을 해야 할 턴디!" 엄니의 두 손에 만 원짜리 지폐 두 장을 꼭 쥐어주었다. 휠체어를 탄 엄니는 동생 들의 부축과 도움으로 대웅전에 삼배하고, 지눌 스님의 사리탑 아래 관 음전에서 삼배하고 말했다. "사리탑엔 안 갈란다." 안 가는 게 아니다! 못 가는 것이다!! 휠체어를 끌고 그 계단을 오르는 일은 불가능하다. 워 낙 자주 오른 계단이지만 한 번이라도 더 올라보고 싶은 간절한 마음이 거꾸로 표현된 것이리라. 너무나 간절하면 부정하고, 그 부정은 더욱 강한 긍정이 되는 법이다. 엄니는 지눌 스님의 사리탑에서 굴목재와 모 후산을 번갈아 물끄러미 쳐다보곤 했다. 젊은 엄마는 송광사를 부엌 드 나들듯 했다. 휠체어를 밀었다. 부도전에 올랐다. 옆에는 붉은 이파리 가 흩날리고, 위에는 노랑 잎이 봄 나비 같았다. 휠체어는 빈 수레나 다 름이 없다. 가볍디가벼운 육신이 휠체어의 공간을 채우고 있다. 그래도 형제들은 거들었다. 종이 한 장도 함께 들어야 더 가벼워지니까. "워메, 좋다, 좋구나!" 그리고 나는 엄니의 불그스레한 얼굴을 다시 보지 못했 다. 두 해 전 하짓날 오후 5시경에 일식이 있었다. 달이 해를 삼켰다가 뱉었다. 그날 그 순간 엄니는 이 세상을 버리고 멀리 떠났다.

2023년 3월 24일 (금요일, 음력 윤 2월 3일)

호텔에서 조식으로 싸준 도시락을 들고 버스에 올랐다. 도시락이라 야 얇은 검정 비닐 속에 빵 하나, 주스 한 팩, 바나나 손가락 하나. 그것 이 전부다. 새벽 4시에 무슨 입맛이 있겠는가? 버스는 돌고 또 돌고, 오 르고 기어올라 알토 공항에 도착했다. 아침 공항이 북적댄다. 새벽 5시 20분. 급변경!! 7시 30분이 아니라 5시 50분에 출발하는 비행기를 타야 한다. 급하다. 바쁘다. 트렁크 두 개를 짐 벨트에 올리고 보딩패스를 받 았다. 작은 트렁크는 끌고, 백팩을 둘러메고 2층으로 오르는 에스컬레이터에 뛰어올랐다. 보딩패스를 확인했다. 출발 시간은 맞다. 아니, 이런 좌석 번호가 있나? SNY? SKY라면 혹시 몰라도? 이런 좌석은 처음이다. SNY라는 좌석이 있는 건가? 노란 조끼를 입은 아가씨가 펜을 들었다. 그녀는 1D라는 그림을 그렸다. 53D가 아닌 것이 다행이다. 앞문에서 맨 뒤로 또 뛰어야 하지 않는 것이 다행이다. 쿠스코에서도 달리기, 알토스에서도 달리기. 내가 무슨 고산지대 달리기 전지훈련이라도 왔나? 새벽 운동에 숨이 헐떡거린다. 마라도나도 제대로 뛰지 못한 라파스에서 웬 전지훈련인가. 탑승구에서 비행기 입구까지가 10리보다 더 멀었다. 남자 승무원의 도움을 받아 짐을 선반에 올렸다. 거대하고 묵직한 비상구가 닫힌다. 비행기가 움직인다. 비행기는 소등한 채로 30여 분 만에 코차밤바에 도착했다. 코차밤바라는 말은 '영원한 봄의 도시'라는 뜻을 간직한다. 영원한 봄이 내게로 왔다. 여느 시골 시외버스터미널처럼 생긴 대합실에서 도시락을 먹었다. 아침 운동 덕분인지 의자에 쪼그려 앉아 먹는 아침 식사가 잘도 넘어갔다. 지난번 우유니에 갔을 때는 직항 편이었다. 라파스에서 우유니로 곧장 갔다. 통역자에게 물었다. 직항 편이 없어졌습니다. 반드시, 코차밤바를 경유해야 갈 수 있습니다. 그는 '반드시'를 강조했다.

| 如是我夢 | 체 게바라가 마테차를 마시다

체 게바라가 자신의 흔적을 남긴 곳은 네 곳이다. 그가 태어난 곳은 아르헨티나. 의사가 되기 위해 의대에 다녔다. 혁명에 성공한 곳은 쿠바. 혁명에 실패한 곳은 아프리카의 콩고 공화국. 반미 혁명가로 변신한 그가 죽은 곳은 볼리비아다. 그곳이 코차밤바와 멀지는 않을 것이다. 생포된 추로churo 협곡도 멀지 않으리라. 그가 포승줄에 묶여 하룻밤을 지낸 라 이게라 마을도 그리 멀지 않으리라. 나는 나비가 되어, 라 이게라 마을 초등학교 주위를 맴돌았다.

그는 쿠바에서 볼리비아로 떠나기 전, 자신의 모습을 완전히 바꾸었다. 그는 스스로 머리털을 모두 뽑았다. 대머리 사업가로 변신하기 위해서. 절친한 동지들도 그를 알아보지 못했다. 그의 아내 알레이다가 아이들을 데리고 왔다. 그녀는 삼촌이라 속였다. 가족과의 마지막 이별이었다. 카스트로와 한참 동안 껴안고, 또 한참 동안 서로 마주 보았다. 그는 볼리비아로 떠났다. 안데스 정글에서 그는 볼리비아 혁명가 마리오 몬헤와 갈등했다. 그가 은거하고 게릴라 전투를 벌이는 지역의 농민들은 혁명을 원치 않았다. 외국인을 좋아하지 않았다. 쿠바의 농민들은 혁명에 우호적이었다. 쿠바인들은 내외국인을 가리지 않았다. 농민들은 카스트로를 원했고, 체 게바라의 의료봉사에도 감사해했다. 그들은 혁명을 갈구했고, 볼리비아의 원주민은 혁명을 원하지 아니했다. 포코 이론foco theory(현지 주민들과 친목을 강화하여 거점을 구축한다는 게릴라 전술)이 소용없었다. 1967년 10월 8일, 추로 협곡 전투에서 미국의 지원을 받은 볼리비아 정부군에 의해 그는 생포되었다. 다리에 총상을 입은 채로. 포승줄에 묶여 압송되면서 생각했다. 자신은 전투복을 입은 군인이다. 비록 체포되었더라도 전범으로 기소될 것이고, 국제 법정에서 재판을 받으면 소련과 중국 등이 자신의 목숨만은 구해줄 수 있을 것이다. 쿠바의 카스트로가 그를 지원하고 있지 않은가? 미국의 입장은 전혀 달랐다. 카스트로와 체 게바라는 소련의 미사일 기지를 바로 미국의 턱밑에 건설하려 하지 않았는가? 미국의 CIA는 볼리비아 정부를 설득하고 협박하여 그를 처형하기로 한다. 당시 볼리비아에는 사형제도가 없었다. 총살의 법적 근거가 전혀 없다. 전투 중 사살한 것으로 발표하고 그의 죽음을 마무리했다.

체 게바라는 다리에 피를 흘리며 포승줄에 묶여 끌려왔다.
이게라 초등학교의 빈 교실에 홀로 앉아 생각했다.
총상과 영양실조와 이질은 그의 생각조차도 끊게 했다.
딸과 알레이다의 얼굴이 교실 천장에 아른거렸다.

별들이 빛나고 밝디밝은 달은 캄캄한 교실에 그림자를 드리웠다.
교실 밖은 천국이요, 교실 안은 지옥 바로 그것이다.

동이 터왔다.
교실 안과 밖의 어둠이 사라졌다.
육신의 고통과 마음의 어지러움은 염라대왕 면전이었다.

시골 학교 여선생은 일찍 일어났다.
부엌에서 마테차 한 주전자를 끓였다.
그리고 교실로 달려갔다.
차가운 옥수수 두 개와 차가운 감자 두 알과 뜨거운 마테차를 내밀었다.
그는 마테차만 마셨다.
그녀는 눈물을 흘렸다.

미국의 움직임은 바빴고, 볼리비아 군부도 덩달아 춤을 추었다.
소련은 철의 장막 속이었고, 중국은 죽의 장막 안이었으며, 가까운 쿠바는 등잔 밑이 어두웠다.
그는 운동장 구석 커다란 나무에 묶였다.
총을 든 병사들은 발사를 거부했다.
그가 외쳐 말했다.
방아쇠를 당겨라. 너희는 단 한 사람의 적을 죽일 뿐이다. 체 게바라는 죽지 않는다!
사령관은 그들에게 술을 퍼먹였다.
술에 취한 집행자들의 총구가 불을 뿜었다.

'체 게바라는 전투 중 총에 맞아 죽었다.'

야마가 뛰놀고, 비쿠냐가 달음질치고 있다오!
플라밍고가 그대에게 손짓하오!
홍학이 그대를 부르고 있다오!
고산병일랑 이불 속에 두고 갑시다!!

우유니 소금사막과
알티플라노의 삶

5

| **如是我聞** | **바다 없는 나라에 소금이 사막을 이루다!**

우유니 소금사막. 공항은 자그만 청사 하나다. 사람들이 북새통이다. 사륜구동 지프차 네 대에서 여행사 깃발과 태극기가 펄럭인다. 스테파니가 미소로 반긴다. 그녀는 어젯밤 우리와 헤어지고 곧바로 버스를 타고 이곳에 왔다. 잠은 버스에서 잤다. 돈의 문제다. 읍내로 들어왔다. 소금 공장 견학과 더불어 그녀의 설명이 시작된다. 우유니는 지금은 소금사막이고, 먼 옛날에는 바다였다. 이 사막에는 약 10억 톤의 소금이 있다. 1년에 약 22만 톤의 소금을 생산한다. 과거에는 그냥 긁어모으면 됐다. 5년 전에도 그랬다. 지금은 소금을 벽돌처럼 자른다. 소금 벽돌은 수분을 함유하고 있기에 2주 정도 햇볕에 말린다. 소금 벽돌로 집을 지을 때는 물을 뿌린다. 소금 벽돌 위에 소금 벽돌을 얹으면 된다. 접착성을 가진 소금은 서로 착 달라붙는다. 식용 소금을 만들 때는 철판 위에 소금 벽돌을 놓고 철판을 장작불로 가열하여 수분을 제거한 후 요오드를 첨가한다. 요오드를 첨가하지 않으면 갑상선에 문제가 생긴다. 모든 작업은 손으로 한다. 모든 국민이 여기서 생산하는 소금을 먹는다.

바다가 없는 나라에 소금사막의 축복이란!! 소금 결정체는 수정과 같다. 소금으로 수공예품과 벽돌 등을 만든다. 이곳의 소금 생산과 판매는 신디케이트 형태로 운영되고 있다. 지금, 소금보다 더 중요한 것은 소금사막 아래에 묻혀 있는 '리튬'이다. 리튬은 배터리의 중요한 원재료이다. 소금사막의 리튬은 금보다 초석보다 훨씬 더 가치 있는 광물자원이 될 것이다. 스마트폰과 전기자동차는 배터리가 없으면 무용지물이다. 한국과 중국의 기업들도 리튬 채굴권을 확보하기 위해 사활을 걸고 있다. 금과 은, 초석과 구리에 이어 강대국들의 또 하나의 약탈물이 될 것인가? 볼리비아 권력자들의 정치적 판단과 결정이 국민들의 삶에 어떤 영향을 미칠 것인가? 지켜볼 일이다.

지프차 네 대가 하얀 소금사막 위를 달린다. 소금 먼지는 흩날리지 않는다. 공기가 짭짤하다. 우기가 지나서 소금에 물기가 말라 있다. 5년 전에는 4월이었는데도 물이 웅덩이를 이루고 있었다. 장화를 신지 않으면 소금 위를 걸을 수가 없었다. 지금은 3월인데도 물기가 말라 있다. 그녀에게 물었다. 우긴데 왜 물이 없나요? 스테파니가 답했다. 올해 우기에는 비가 많이 내리지 않았습니다. 그럼 거울은? 염려 마세요! 손바닥보다 조금 큰 물웅덩이 한 곳에서 거울 놀이를 했다. 더 큰 거울이 필요하다. 적어도 여의도보다 더 큰 거울이 필요하다. 사진 찍으러 갑시다! 5년 전에도 착시를 이용한 사진을 많이 찍었다. 콜라 캔을 앞에 두고 10여 미터 떨어져 서 있으면 내가 콜라 캔 위에 서 있다든가, 장난감 공룡 앞에서 사람들이 손을 벌리고 놀라 도망가면 영락없는 공룡시대다. 5년이 지났는데도 한 시간 동안의 사진 놀이가 재밌다. 공룡에 쫓기고, 콜라 캔 위에 서 있고, 남의 가랑이 속에서 즐거워하고……

만국기가 걸린 국기 광장으로 차를 몬다. 출발 전에 너비 5센티미터, 길이 1미터 정도의 붉은 끈을 준비했다. '소심素心'과 '모질耄耋'이라는 한자를 유성 펜으로 썼다. 만국기가 펄럭이고 있다. 태극기는 세 개나 펄럭인다. 여행사 이름이 선명한 하얀 깃발이 다른 깃발보다 월등히 크다. 눈에 확 들어온다. 세 개의 태극기 중 어느 것 아래에 리본을 매달까? 성조기에 묶었다. 얼마나 오랫동안 펄럭일 수 있으려나? 누군가가 내가 묶은 리본을 사진으로 보내주면 식사라도 대접하리라!

지프차들은 우리를 내려놓고 멀리 달아났다. 점심을 준비할 것이다. 하얀 소금 위에서 즐기는 오찬! 5년 전에도 비슷한 점심 식사가 준비되

우유니 소금사막에 차려진 오찬장. 태극기 차양 아래서 성찬을 즐겼다.

었다. 고산병에 시달린 사람이 많아서 점심이 점심 같지 않았다. 짜디
짠 소시지에 질긴 소고기, 그리고 한국인이라면 누구나 즐겨 먹는 컵라
면 정도였다. 이번에도 비슷하겠지, 생각하면서 걸었다. 스테파니와 이
야기했다. 체 게바라를 이야기했다. (하루 동안 비밀이다.) 멀리 까마득
히 보이는 지프차들 사이에서 하얀 태극기가 펄럭거린다. 태극기가 인
쇄된 커다란 천막이 하얀 소금사막 위에서 나풀거리고 있다. 셰프 복장
을 한 남자가 우리를 맞이한다. 그가 말했다. 정성껏 준비했습니다. 많
이 드세요! 모두 박수로 답례했다. 식탁과 의자에 하얀 식탁보가 깔렸
다. 의자에는 빨간 리본이 장식되었다. 뜨거운 햇볕을 막아주는 태극
기 차양 아래서, 소금을 즈려밟고, 즐거운 마음으로 성찬을 즐긴다. 황
홀했다. 각 테이블의 잔에 레드 와인이 반쯤 채워졌다. 오로지 우리 일

육각형 소금사막을 홀로 걷다.

행 열 명과 통역자와 스테파니, 그리고 셰프와 네 명의 운전기사가 함께 살루트를 외쳤다. 건배를 소리 질렀다. 소리는 메아리 없이 퍼져나갔다. 따뜻하게 데워지고 있는 음식과 과일과 음료를 즐겼다. 입가심으로 컵라면의 매운맛을 느꼈다. 콩 수프를 비롯해 양고기 스테이크, 소고기 스테이크, 치킨, 감자볶음, 쌀밥, 레드 퀴노아quinoa(좁쌀처럼 생긴 붉은 빛이 나는 안데스 작물로, '모든 곡식의 어머니'라는 뜻을 갖고 있다) 밥, 파스타, 비트와 옥수수를 섞은 샐러드, 당근 샐러드, 붉은 양배추 샐러드, 바나나, 콜라와 사이다, 생수, 컵라면, 머스터드와 각종 양념들…… 분에 넘치는 케

이터링이다.

　소금 조각 공원으로 차가 달렸다. 콘도르, 피라미드, 태양의 문, 손바닥 등등의 조각품을 배경 삼아 사진을 찍는다. 와인이 잠을 불렀다. 참아야 한다. 세계에서 제일 큰 거울에 가야 한다. 그 거울을 밟고 걸어봐야 한다. 닐 암스트롱이 달에서 봤다는 지구의 유일한 거울을 즐겨야 한다. 허벅지를 꼬집었다. 머리를 주먹으로 두들겼다. 여기는 해발 4,000미터. 고산병에 술은 금물이다. 눈을 감았다. 우유니 사막과 고산병을 위한 '고산병 8계명'을 만들었다.

국기 광장에 소심과 모질의 리본을 달았다.

도플갱어의 세상.

하나, 음주를 하지 마라.

둘, 무거운 물건을 들지 마라.

셋, 거북이처럼 행동하고 소처럼 말하라.

넷, 뜨거운 물로 샤워하지 마라.

다섯, 복식호흡을 자주 하라.

여섯, 따가운 햇볕으로부터 피부를 보호하라.

일곱, 태양과 소금 빛으로부터 눈을 보호하라.

여덟, 해가 떨어진 후 추위에 대비하라.

하나 더 : 우유니 소금사막에서 사진을 찍으려면 원색 계열 옷을 입어라!

|如是我觀| 소금사막은 우주를 비추는 거울이다

지프차 네 대가 다시 소금사막을 질주한다. 소금 바람이 얼굴을 스친다. 따가운 햇볕이 시원하다. 30분은 달렸으리라. 소금을 튀기던 바퀴에서 물을 튀기는 소리가 났다. 차에 하얀 자국이 생겼다. 와우, 물이다! 와우, 거울이다! 세상이 완전히 둘이다. 해가 둘이다. 하늘에도 있고, 소금사막 속에도 있다. 구름이 하늘에도 걸렸고, 소금사막 속에도 떠다닌다. 지프차는 여덟이요, 일행은 스무 명으로 늘어났다. 사물은 모두 서로가 서로를 모사하고, 서로가 서로에게 의지하고 있다.

해가 둘이면, 나도 둘인가?
내가 둘이면, 내 마음도 둘인가?
나의 분신인가, 자기 복제인가, 환영인가?

저기 또 한 명의 사람이 말없이 서서 고통에 몸을 비틀고 있네.
그 사나이를 보고 나는 소름이 돋았네.
슈베르트가 노래한다.
도플갱어인가, 혼돈인가?
혼돈은 해석되기를 기다리는 질서일 뿐이다.
주제 사라마구가 소설로 썼다.

엔트로피는 혼돈의 증가요, 죽음의 상징이다.
장자가 옳으냐, 슈뢰딩거가 옳으냐?
너도 옳고 나도 옳고 그들도 옳다.
모두가 그저 옳을 뿐이다.

소금사막은 또 하나의 광원뿔 light cone이다.
민코프스키가 만들어낸 4차원의 시간과 공간이다.
소금사막은 과거와 현재와 미래가 하나된 황홀 恍惚이다.

해넘이에서 창룡굴 蒼龍窟 속 현주 玄珠를 찾아라. 장화를 신은 어른들은 이리 걷고 저리 걷는다. 물이 일그러지니 하늘도, 구름도, 사람도, 지프차도 모두 일그러진다. 여기서도 저기서도 사진을 찍는다. 스테파니가 부른다. 모이세요! 둥글게, 팔을 벌리세요! 세모로, 팔을 벌리세요!

우유니의 해넘이에서 창룡이 현주를 물다.

하늘에 드론 하나가 날아다닌다. 물속에도 드론 하나가 흘러 다닌다.
사람들은 서 있고 드론이 돈다. 사진을 찍는다. 비디오는 이메일을 타
고 날아왔다.

닐 암스트롱에게는 달의 얼굴을 비추는 거울이다.
사막 위를 거니는 나에겐 해인삼매海印三昧의 거울이다.
우리가 가야 할 곳은 바다의 심연이요, 로스트 시티lost city다.
우리가 돌아가야 할 곳은 깨달음이요, 진여의 마음真如心이다.

지평선도 아니요, 그렇다고 수평선도 아니다.
하늘 가운데는 푸른데, 해를 따르던 구름이 새카맣게 변한다.

구름은 위턱과 아래턱을 벌린다.

해가 그 사이에서 눈부시다, 눈이 시리다.

저게 바로 창룡굴이다, 저게 바로 현주로다!

| 如是我見 | 루나 살라다 호텔에서 초승달을 보다

해가 소금물 속으로 들어가니 서늘해진다. 서둘러야 한다. 옷을 껴입자. 체온을 유지하자. 지프차는 소금 벌판을 달렸다. 30여 분을 달렸다. 소금밭이 끝나니 호텔이 불을 밝힌다. 5년 전엔 보름 무렵에 왔다. 우유니 위에 휘영청 밝은 달은 모든 별을 삼켰다. 우유니의 밤은 또 하나의 낮이었다.

남반구 초승달과 개밥바라기

루나 살라다LUNA SALADA 네온 위에 달이 떴다.

오늘은 초사흘, 초승달이 떴다. 샛별이 반짝인다.

손을 뻗으나 닿지 않는다.

지팡이 하나 더 보태면 둘을 한꺼번에 꿸 수 있으리!

우유니의 초승달은 좌측 아래가 볼록하고, 우측 위가 움푹 들어갔다.

ㄱㄹ뫼의 초승달은 우측 아래가 볼록하고, 좌측 위가 움푹하다.

우유니의 초승달은 그미의 왼쪽 눈썹이요,
그르뫼의 초승달은 그미의 오른쪽 눈썹이다.

하늘은 별밭이요, 우유니 소금사막은 별논이다.
은하수가 하늘을 가로질러 흐르고, 사막엔 우윳빛 강이 넘실거린다.
북두칠성 어디메냐, 남십자성이 반짝인다.
칠성판 타고 떠난 엄니, 남극성 타고 돌아온다.

* * *

별 하나에 추억과
별 하나에 사랑과
별 하나에 쓸쓸함과
별 하나에 동경과
별 하나에 시와
별 하나에 어머니, 어머니,

윤동주의 시 「별 헤는 밤」 중에서

일행은 온 데도 간 데도 없다. 이미 방으로 들었고, 이미 식당으로 갔다. 트렁크 둘을 들고 계단을 올랐다. 플라스틱 열쇠를 넣었다 빼도 문은 열리지 않는다. 박았다 빼도 문은 열리지 않는다. 프런트로 뛰어 내려갔다. 직원과 함께 계단을 올랐다. 나는 숨이 차 헐떡이고, 그는 평온하다. 그가 열쇠를 천천히 꽂고 천천히 빼니 방문이 열렸다. 호텔 방문이 주인을 알아봤다. 서둘지 마라. 거북이처럼 행동해라. 방바닥은 사각사각 모랫길이요, 벽은 수정처럼 빛난다. 중지로 훑었다. 혀는 짜고 침이 흘렀다. 금강산도 식후경! 식당으로 천천히 내려갔다. 일행은 이미 저녁 식사를 마치고 커피와 함께 이야기꽃을 피우고 있다. 그미와 나는 과일 두 접시를 먹어 치웠다. 잉카의 노란 콜라로 속을 물들였다. 샤워는 하는 둥 마는 둥. 짜디짠 밤공기를 들이마시며 꿈나라를 헤맸다. 남극성에 엄니 얼굴이 겹쳤다.

| 如是我夢 | 엄니가 아버지와 할아버지를 데불고 왔다

할아버지는 뒷골방에서 글을 읽고 있다. 읽는 게 아니다. 외워 낭송하고 있다. 아침마다 해가 올라오기 전에 할아버지의 낭랑한 목소리는 집 안을 흔들어 깨운다. 때론 담장을 넘어 이웃들의 잠도 일깨운다. 할아버지의 목소리는 알람이요, 새벽종이다. 어떤 때는 송광사에서 울려오는 범종 소리다. 때로는 살랑바람에 흔들리는 천자암의 풍경 소리다. 집 안을 일깨우고, 이웃을 잠자리에서 벗어나게 한다. 바로 그 목소리가 들렸다. 엄니가 부스럭거리고 일어난다. 일어나시오! 아버지가 뒤척거린다.

내가 잠에서 깼다. 소금 벽을 더듬어 화장실에서 몸을 비웠다. 자리끼를 찾았다. 들이켰다. 입안이 촉촉하다. 다시 곯아떨어졌다.

하늘로 손을 뻗었다. 남십자성은 너무 멀다. 나는 우유니 소금 바닥에 구멍을 뚫었다. 우주선 굴착기를 동원했다. 소금을 뚫고 들어가 유영을 시작했다. 바닷물보다 더 짜다. 심연에는 갓을 쓴 물고기, 임금의 곤룡포를 입은 물고기, 안데르센의 인어공주들이 돌아다녔다. 뭔가가 다가왔다. 눈은 주먹만큼 튀어나왔고, 이빨은 상어를 닮았다. 등지느러미에는 가시가 돋았고, 꼬리지느러미는 하늘거린다. 노란 암벽 사이에서 붉은빛이 흘러나온다. 물고기 한 마리가 또 나를 삼키려 든다. 으악! 깨어났다.

하룻밤에 꿈을 두 번 꾸었다. 산소와 중력과 시간 탓이리라. 그미는 코를 골고, 두 발로 이불을 감싸 안는다. 고산병을 이겨내는 중이리라. 나는 스위치를 더듬어 불을 밝혔다. 태블릿을 뒤적거렸다. 험상궂은 물고기와 할아버지의 목소리를 찾아 태블릿 속에서 헤맸다. 그러다 잠이 들고, 뒤척거리고, 뒤척거리다 꿈을 꾸었다.

대서양 심연에 염기성 분출구가 있다. 해저 약 6,000미터에 있다. 이름하여 로스트 시티Lost City. 노란 암벽에서 염기성 분출구가 처음 발견되었다. 과학자 러셀은 이곳이 생명의 기원을 제공하는 조건이 갖추어진 곳이며, 최소 10만 년 전 무기물이 유기물로 변환된 곳이라고 주장한다. 내 엄니의 엄니, 할머니의 할머니, 또 할머니의 할머니…… 그렇게 10만 년 전으로 올라가면 네 할머니가 내 할머니고, 내 할머니가 네 할머니다. 부모미생전본래면목父母未生前本來面目이다. 우리는, 모든 생명은 하나다. 여우도 원숭이도, 쇠파리도 모기도, 소나무도 잡초도 모두가 하나다. 생물체라는 이름을 달고 10만 년 동안 바닷속 6,000미터를 헤매다가, 인간이라는 이름을 달고 공기 속 4,000미터를 날아올라 여기 우유니 소금사막에 와 있다.

그미는 아직도 코를 골고 있다. 산소와 중력과 시간이 그미의 뉴런을 풀리지 않는 실타래처럼 흩뜨려놓았을 것이다. 약한 중력은 모든 것을 부풀게 한다. 홀쭉했던 홍삼 캔디가 부풀었다. 둥글둥글해졌다. 그미의 얼굴도 부풀었다. 그미의 손과 발도 부었다.

일어나시구려.

잠에서 깨어나시구려!

동쪽 하늘이 붉어지니 해가 솟을 모양이오.

소금사막의 붉은 여명이 조그만 창문을 환하게 밝힌다오.

볼리비아 국립공원이 우리를 기다린다오.

알티플라노가 우리를 기다린다오!

밤이 새도록 소금물에 절여진 태양이 붉게 솟아오를 거라오.

하나는 위로 솟아오를 것이요, 하나는 아래로 솟아 내릴 거라오.

야마가 뛰놀고, 비쿠냐가 달음질치고 있다오!

플라밍고가 그대에게 손짓하오!

홍학이 그대를 부르고 있다오!
고산병일랑 이불 속에 두고 갑시다!!

| 如是我讀 | **일출은 문학이다**

우유니에는 두 개의 해가 떠오를 것이다. 하나는 위로 오르고, 하나는 물 밑으로 파고들 것이다. 옛날 옛적 요임금 때 하늘에 태양이 열 개가 뜬 적이 있었다. 명궁 예羿가 활을 쏘아 아홉 개를 떨어뜨린 후, 해는 오로지 한 개만 남았다. 예라 할지라도, 예를 훨씬 능가하는 활 솜씨라도 물속의 해는 어찌할까나? 그림자인 것을, 환영인 것을! 우유니에 위로 솟는 해는 사막 길에 먼지를 휘날리게 할 것이다. 홍연암에 솟는 해는 위로 오르고, 아래로 잠긴 햇발은 바다에 붉은 비단길을 깔 것이다. 그 비단길로 두 여인이 겹쳐 걸어왔다. 두 여인은 내게로 왔다. 동짓날 아침 홍연암과 의상대에서 셔터를 누르던 얼굴과 250년 전 동해 해돋이를 보기 위해 함흥 귀경대를 오르던 여인이다. 그미가 말했다.「동명일기」!

때는 1772년 임진년 9월. 양력으로 치면 10월쯤이리라. 작가 의유당 남씨意幽堂 南氏(1727~1823)는 초저녁부터 노심초사한다. 마음을 졸이는 건 오직 작가뿐이다. 남편은 부인의 설렘에 걱정이 태산이다. 혹시나 새벽 찬바람에 부인의 몸이 상하지나 않을까 하는 마음에 함께 뜬눈으로 밤을 지새운다. 그녀의 글에는 노심초사라는 말이 자주 등장한다. 그만큼 해돋이를 제대로 본다는 것은 어렵고 힘들다는 의미다. 작가는 서둘러 귀경대에 오른다. 종복 영재를 불렀다. 동이 트느냐, 아니 트느냐? 작가의 '설렘'과 주위 사람들을 재촉하는 '긴장감'이 어우러진다. 열이레니 달은 아직도 휘황찬란하다. 점점 달빛이 그 힘을 잃어간다. 더 센 빛이 나타나리라. 작가는 이렇게 묘사한다.

이윽고 날이 밝으며 붉은 기운이 동편 길게 뻗쳤으니, 진홍대단眞紅大緞 여러 필疋을 물 우희 펼친 듯, 만경창파萬頃蒼波 일시에 붉어 하늘에 자옥

하고, 노하는 물결 소래 더욱 장하며, 홍전紅氈 같은 물빛이 황홀하여 수색水色이 조요照耀하니, 차마 끔찍하더라.

아뿔싸! 바다에 붉은 기운만 가득하고 비단길은 드리웠으나 해돋이 전문가(?)가 이르기를 해는 아니 나고, 해는 구름 속에 숨어 있을 것이라 고한다. 허나 남편은 "아니오, 이제 곧 보리라!" 한다. 종년 이랑이, 종놈 차섬이가 돌아가기를 강권한다. 오늘은 틀림없이 해가 오르지 않을 것이라 강변한다. 가마 속에 들어앉으니 몽이 어미가 소리 질러 말한다. "어찌 가시려 하오? 얘들은 철이 없나이다." 찬贊과 반反이 적당히 어울려야 긴장감이 높아지는 법. 추위와 긴장감에 오들오들 떨고 있는 작가의 모습이 눈에 선하다. 언젠가 낙산사 주차장 차 안에서 해돋이를 보려 했다. 날은 환한데 해는 보이지 않았다. 해는 이미 다른 방향에서 하얀빛을 뿜고 있었다.

몬저 붉은 기운이 차차 가새며, 해 흔들며 뛰놀기 더욱 자로 하며, 항 같고 독 같은 것이 좌우로 뛰놀며, 황홀恍惚히 번득여 양목兩目이 어즐하며, 붉은 기운이 명랑하여 첫 홍색을 헤앗고, 천중天中에 쟁반 같은 것이 수렛바퀴 같하야 물 속으로서 치밀어 받치듯이 올라붙으며, 항, 독 같은 기운이 스러지고, 처음 붉어 겉을 비추던 것은 모여 소 혀처로 드리워 물 속에 풍덩 빠지는 듯싶으더라.

의유당 남씨는 영조 시대의 인물이고 연암 박지원은 정조 시대의 문장가다. 연암이 약관의 나이 스물아홉에 쓴 글이 있다. 「총석정관일출」이다. 그가 스물아홉 살이면 1765년이니 연암의 글이 「동명일기」보다 7년 먼저 쓰였다. 총석정은 조선시대 시인 묵객들의 '관찰'과 '관조'의 명당이었다. 겸재 정선(1676~1759)도 총석정을 그렸다. 우뚝 솟은 소나무를 껴안고 서 있는 바위들이 해무에 휩싸여 있다. 진정 선경이다. 명문

장 앞에 머리를 숙이면서 연암이 묘사한 해돋이를 구경해보자. 한국고
전번역원의 김명호 선생이 번역한 것이다.

> 길손들 한밤중에 서로 주고받는 말이 먼 닭이 울었는가 아직 울지 않을
> 텐데
> 먼저 우는 먼 닭은 그게 바로 어드메냐 의중에만 있는 거라 파리 소리
> 처럼 희미하네
> 마을 속의 개 한 마리 짖다 도로 고요하니 고요 극해 찬기 일어 마음이
> 으시으시
> 이때 마침 소리 있어 두 귀가 울리는 듯 자세히 듣자니 집닭 울음 뒤따
> 르네
> (⋯⋯)
> 하늘가 어둑해져 갑자기 눈살 찌푸리듯 하늘가 어두워지다가 어영차
> 해 수레 이미 기운이 솟아난 듯
> 바퀴처럼 둥글잖고 독처럼 길쭉한데 뜰락 말락 하니 철썩철썩 부딪치
> 는 소리 들리는 듯
> 만인이 어제처럼 모두 바라보는데 어느 뉘 두 손으로 받들어 단번에 올
> 려놨노

「총석정관일출」의 맨 앞과 맨 뒷부분이다. 전문의 5분의 1도 되지 않
는다. 읽으면 읽을수록 동해의 해돋이에 몰입해 들어가는 글이다. 이
글에는 연암의 지혜와 지식이 함축되어 있다. 연암은 이미 20대에『시
경』과『장자』와 중국의 신화와 전설이 담긴『산해경』과『논어』와『사
기』와『열자』와『춘추좌씨전』과『주역』을 모두 통달한 후에 이 글을 지
었다. 우선 첫 줄에서 닭의 울음을 묘사하고 둘째 줄에서는 닭의 울음
을 파리 소리에 비유한다.『시경』에 실린 '닭이 우는 것이 아니라 파리
소리로다 匪鷄則鳴, 蒼蠅之聲'에서 차용한 것이다. 이뿐만이 아니다. 마지막

구절을 보자. '만인이 어제처럼 모두 바라보는데'는 『주역』 '중천건重天乾' 괘의 구오九五 효사爻辭가 담겨 있다. 이 효사를 공자는 이렇게 푼다. '성인이 나타나시니 만물이 바라본다聖人作而萬物覩.' 여기서 '만물'은 '만인'이요, 성인은 '하늘을 나는 용飛龍'이다. 솟은 해는 나는 용이요, 성인을 의미한다.

오늘 나는 우유니에서 눈으로는 해돋이를 보지 못했다. 의유당과 연암의 글을 받들며 마음으로 더 아름다운, 더 훌륭한 해돋이를 감상했다. 날짜를 이리 잡고 저리 잡아서 초승달과 별은 보았으되 해돋이는 보지 못했다. 닭 대신 봉황이요, 진주 대신 여의주다.

2023년 3월 25일 (토요일, 음력 윤 2월 4일)

오늘부터 1박 2일은 알티플라노 고원지대를 달릴 것이다. 준비물은 뭐니 뭐니 해도 물이다. 고산병을 앓은 사람은 스포츠 음료를 준비하라 권한다. 콜차니 염전 마을에서 버스가 멈췄다. 문은 자그마한데 안은 널찍한 슈퍼에 들렀다. 한글이 표기된 소주가 눈에 확 들어왔다. 반갑다. 한글만 봐도 반갑고, 라면만 봐도 즐겁다. 그미는 990밀리리터라고 표기된 생수 두 병을 샀다. 나는 양손에 하나씩 들고 걸었다. 왜, 하필이면 990밀리리터일까? 500밀리리터 아니면 2리터 아닌가? 스테파니, 그녀라고 이런 걸 알겠는가?

"안녕하세요?" 깜짝이야! 잉카 무늬 망토를 걸친 거무튀튀한 청년이 인사를 한다. 기차역에서 만났던 바로 그 청년이다! 한글이 적힌 소주병만 봐도 반가운데, 한국인을 이곳에서 또 만났으니!! 우연인가, 필연인가? "아, 잘 지냈소?" 두 손을 덥석 잡았다. 서로가 놀랐다. "현지인이 다 됐구먼! 여성분들은?" "여자들은 지금 호텔(?)에서 자고 있고, 저는 우유니 시내(?)를 둘러보고 있습니다." "안부들 전해주게나!" 몇 마디

더 주고받은 후 그와 헤어졌다. 그에게 물 한 병 값이라도 건네지 못한 것이 아직도 꺼림칙하다. 그래, 대한의 젊은이여, 파이팅이다!

| 如是我見 | **기차 무덤에서 중국 시안을 보다**

콜차니 염전 마을에는 기차 무덤이 있다. 기차가 묻혀 있는 건 아니다. 볼리비아의 광산물을 이곳과 저곳으로 실어가기 위한 기차역이었던 곳이다. 낡고 부서지고 썩은 기차 잔해들이 철로 위에 얹혀 있기도 하고 땅바닥에 나뒹굴기도 한다. 기차의 잔해들이 앙상하게 남아 있는 기차 공동묘지이다. 관광객들은 여기저기서 사진을 찍는다. 부서진 기차를 타기도 하고, 기차 지붕 위를 오르기도 한다. 기차의 여기저기에 그려진 그라피티가 오히려 신선하다. 스페인이나 남미 곳곳의 담벼락에 그려진 것과 다를 바 없는 그림과 글씨들이다. 눈에 띄는 게 하나 있

콜차니 염전 마을의 기차 무덤에서 중국 시안을 만나다.

다. 비앙비앙면을 표시하는 '면'이라는 글자다. 획수가 엄청 많은 글자가 '그려져' 쓰여 있다. 그 획수가 50획은 넘으리라. 헤아리다 말았다. 비앙비앙면은 중국 시안을 대표하는 음식이다. 진시황이 즐겨 먹었다. 시안에 가면 먹을 수 있고, 그 글자는 식당 간판 여기저기에 붙어 있다. 내가 먹은 비앙비앙면의 면발은 넓적하고 쫄깃했다. 매웠다. 각종 양념이 함께 들어 있는 비빔면 같았다. 글자 하나가 시간과 공간을 초월하여 기억을 불러 모은다.

| 如是我觀 | 알티플라노 액티비티란!

알티플라노Altiplano는 글자 그대로 '높은alti' '평원plano', 즉 고원을 말한다. 남아메리카 서쪽 해안선에서 오목하게 들어간 지점 동쪽의 중부 안데스 고산지대. 페루의 남동부, 볼리비아의 남서부, 칠레와 아르헨티나의 북부에 걸쳐 있다. 동서 양쪽으로 높은 산지가 멀리 보일 뿐, 알티플라노의 거대한 초원과 사막을 따라 라파스La Paz - 오루로Oruro - 우유니Uyuni로 연결되는 남북 방향의 도로와 철도가 이어진다. 스테파니는 알티플라노를 '사막화 지대'라고 말한다. 사막은 사막이되 아직은 돌이 있고 풀이 어느 정도 자란다는 뜻이다. 그저께 배를 탔던 드넓은 티티카카 호는 알티플라노의 한 모퉁이에 불과하다.

아브라함이 자동차 열쇠를 돌렸다. 일본산 사륜구동 자동차가 브르릉~ 브르릉~ 하면서 매연을 뿜어댄다. 음악 소리가 크다. 아브라함에게 말했다. "톤 다운! 톤 다운!!" 그저 순진한 얼굴에 엷은 미소만 빛난다. 나는 왼손으로 귀를 막고 오른손을 위에서 아래로 흔들었다. 잉카의 음악도 아닌 것이, 케이팝K-POP도 아닌 것이 '톤 다운'되었다. 말은 통하지 않고 몸짓이 통했다. 소금사막을 벗어난 랜드크루저는 달린다. 길은 길이로되 자갈길이요, 모랫길이다. 나무와 집은 자취를 감추고 군락을 이룬 풀만 띄엄띄엄 자리를 잡았다. 보닛 오른쪽에는 여행사 깃발이 꼬리를 흔들고, 왼쪽에는 태극기가 춤을 춘다. 두 깃발의 소리 없는 아우성이 귓전을 스친다. 랜드크루저 네 대만 길이 아닌 길을 달린다. 나는 유리창에 어깨가 부딪히고, 뒤에 탄 세 사람의 어깨는 서로를 맞부딪힌다. 앞자리에서 내 궁둥이는 오르락내리락, 뒷자리에서 머리들은 차 천장을 도리깨질한다.

스테파니가 탄 앞차가 먼지구름을 만들어낸다. 아브라함에게 말했다. "슬로! 슬로!!" 두 손을 위아래로 흔들었다. 그의 얼굴에 미소가 어리며 차간거리가 멀어졌다. 먼지가 사막 위로 가라앉고, 하늘은 파랗고 구름은 하얗다. 차창을 내렸다. 하늘에, 구름에 손짓을 했다. 그들이 차 안으로 들어왔다. 그미와 내 콧속으로 빨려 들어왔다. 덤프트럭이 모랫길을 달려왔다. 창문을 급히 올렸다. 부웅~~ 하고 지나니 구름 터널. 윈도브러시가 우로 좌로 움직였다. 둥그런 반원이 그려졌다. 랜드크루저 세 대가 보이지 않는다. 한 남자에 의지해 두 여자와 두 남자가 달려가고 있다. 차가 고장 나면? 기름이 떨어지면? 헛생각이 새로운 생각을 불러온다.

알티플라노 고원을 서너 시간 달렸건만 사람과 짐승과 나무는 온 데도 간 데도 없구나.

따가운 햇볕은 머리 위에 내리쪼이고, 하얀 구름만 내게 손짓하네.

18퍼센트 산소는 내 코를 뚫어 들고, 중력은 뚱보 모나리자를 만드는구려!

아득히 멀리서 하얀 고깔모자 쓴 이름 모를 산들이 어서 오라 입만 벌리네.

갑자기, 느닷없이 차가 미끄러져 간다. 얼음판 위를 미끄러지는 썰매다. 앞은 까맣고, 뒤도 까맣다. 옆에는 야마들이 풀을 뜯고 농막 하나가 보인다. 아스팔트 길이다. 아브라함에게 말했다. "밟아! 밟아!!" 영어를 못 듣는 그가 한국말을 알아듣겠는가!? 그의 얼굴에 미소가 흐르고 차

는 속도를 냈다. 엄청 빨랐다. 계기판 바늘은 60킬로미터 근처를 왔다
갔다 했다. 'SAN CRISTOBAL' 표지판이 차를 스쳤다.

|如是我見| 산 크리스토발에는 들어가지 못하는 성당이 있다

시골 마을 식당치고 깔끔했다. 잘 정돈되어 있다. 점심을 먹었다. 야마
고기가 보들보들하다. 짭짤함 외에 양념 맛은 없다. 고기 본래의 맛이 맛
깔나게 입안에 머문다. 감자튀김과 감자 으깬 요리가 목구멍을 타고 넘
어간다. 고기의 양이 너무 많다. 남겼다. 노란 콜라 반병을 들이켰다.

이곳 산 크리스토발은 산간벽촌이었다. 은광이 발견되었다. 사람들
이 모여들기 시작했다. 볼리비아인과 동양인이 주류였다. 은광의 발견
자는 일본계 회사였고, 정부와 합작해 회사를 설립했다. 인구가 증가
하니 가톨릭 신자도 늘어났다. 성당은 마을 뒤 야산 중턱에 자리 잡고
있었다. 마을 길은 널찍한 4차선의 아스팔트 도로가 되었다. 도로 옆에
3미터 높이로 열두 개의 알파벳 글자가 세워졌다. 'SAN CRISTOBAL'.
성당은 그 글자들 뒤에 우뚝하다. 시골 마을의 공회당 형상이다. 성당
정면 양쪽으로 5~6미터의 든든한 돌무덤 위에 5층 석탑이 올려져 있
다. 석탑 사이에 철문이 굳게 잠겨 있다. 철문 안에는 종탑이 종들을 달
고 있다. 산토리니의 종탑을 닮았고, 이슬라 네그라의 종탑처럼 생겼다.
성당 본체는 노란 돌로 벽을 둘렀다. 돌들은 자연석 그대로의 모습이다.
지붕은 볏짚이엉이 올려졌다. 아니, 볏짚이 아니라 알티플라노의 야생
초다. 지붕 꼭대기와 모서리에 서 있는 보일락 말락 하는 십자가가 앙증
맞다. 기와지붕이 멋스러운 강화도의 성공회 성당이 머리를 스쳤다.

성당 안으로 들어가면 안 됩니까? 안 됩니다!! 그녀가 설명을 이어갔
다. 성당은 저기 저 산 위에 있었다. 은광 때문에 이곳으로 옮겨왔다. 신
도들은 가까워서 좋았고, 마을 꼬맹이들에게는 놀이터가 생겼다. 신부
님들은 마을 어른들과 어울렸고, 수녀님들은 아이들의 선생님이 되었
다. 모두가 즐거웠고 행복했다. 어느 날 밤, 성당 안에 있었던 성구와 보

물들이 감쪽같이 사라졌다. 도둑이 가져간 것이 분명했다. 한번 가져간 성구와 보물들은 다시 돌아오지 않았다. 성당은 폐쇄되고 아이들의 놀이터는 사라졌다. 담장이 높아지고 철문이 잠겼다. 간신히 일요일에만 철문이 열린다.

덤프트럭 한 대가 산에서 아래로 내달려온다. 정면에 'DAEWOO' 로고가 번쩍번쩍 빛난다. 그미와 나는 로고를 향해 두 손을 흔들었다. 소리를 질렀다. "방가! 방가!!" 운전석 옆의 남녀가 두 손을 흔들었다. 그녀가 입 모양으로 말했다. "곤니치와! 아리가토!!"

스테파니가 내렸다. 우리도 따라 내렸다. 물가에는 파란 풀이 무성하다. 붉은 야마, 하얀 야마, 검정 야마, 얼룩 야마가 식사 중이다. 풀은 높이 자라지 못한다. 날이면 날마다 야마들이 뜯어대니 자랄 틈이 없다. 야마는 풀로 털을 만들고, 나는 그 털로 만든 티셔츠를 입는다. 다리 긴 새들이 주위를 오가며 부리를 움직인다. 길쭉한 다리는 부리를 따라간다. 사람들의 눈이 쏠리고 사진을 찍어대도 그들은 아랑곳하지 않는다. 오로지 먹을 뿐이다. 사람들이 사는 동네가 그리 멀지 않습니다. 야마는 다 주인이 있습니다. 방목할 뿐입니다. 경험 많은 통역자가 설명한다.

한 시간 정도 달렸다. 보이는 건 바위와 자갈과 모래다. 풀 무더기가 듬성듬성하다. 하늘의 하얀 구름 몇 개가 땅에 그림자를 드리울 뿐이다. 멀리 보이는 건 정수리가 하얗고 중턱은 까만 산들이다. 랜드크루저 네 대가 널찍한 마당에 주차한다. 스마트폰 고도계가 말해준다. 발바닥은 해발고도 4,231미터, 저 설산은 6,500미터!

왼쪽과 오른쪽은 바위산. 바위산 가운데로 푹신푹신한 흙길이 나 있다. 땅에 달라붙은 풀이 파릇파릇하다. 스테파니가 설명한다. 저 높은 산의 눈은 만년설입니다. 그 눈이 녹아 지하로 스며들고 개울을 이루어 흐릅니다. 주로 지하로 스며들어 지하수로 흐르다가 땅으로 솟아나는 것이 아까 보신 물웅덩이입니다. 우리가 오늘 만나는 호수들은 다시 강이 되어 바다로 흘러가지 않습니다. 그 자리에서 증발하거나 다시 땅속으로 스며듭니다. 그래서 여기는 강이 없습니다. 몇 개의 호수만 있을 뿐입니다. 40분 정도 가벼운 마음으로 산책을 즐기시기 바랍니다. 그녀가 앞장선다. 땅이 마치 스펀지를 밟듯 푹신푹신하다. 지금까지 자갈과 모래, 그리고 소금만 밟았다. 발바닥이 행복하다. 10여 분을 아무 생각 없이 졸졸 따라 걸었다. 야마 똥이 있으면 건너뛰었고, 물웅덩이가 나타나면 바위를 타고 걸었다. 아파트 2층 높이의 바위를 넘었다. 와아~~ 모두의 입에서 감탄사가 절로 튀어나왔다. 은밀한 곳에 물이 가득하다. 사막화 지대에 푸르름이 가득하다.

바위 너머에 바위들 사이로 호수가 나타났다. 호수가 햇빛에 반짝거린다. 사막화 지대를 달리며 물에, 푸르름에, 동물들에, 새들에 얼마나 굶주렸던가? 통역자가 입술에 검지를 댄다. 모두 조용해졌다. 동물들이 놀라지 않도록. 하얀 야마와 검정 야마와 얼룩 야마가 한가로이 풀을 뜯고 있다. 새들은 물가를 걷다가, 먹이를 찾다가 날아오른다. 우리 일행 외에 인간이란 없다. 인위人為는 없고 무위자연無為自然만 있을 뿐이다. 자연이 자연 그대로이니 '스스로 그러할 뿐'이다. 자연스럽게 생겨난 바위가 땅과 물을 품는다. 물은 풀을 살게 하고 야마는 풀을 뜯는다. 새들은 야마 똥과 물에서 먹이를 찾는다. 야마의 똥과 오줌, 새들의 배설물은 풀에 영양분을 공급한다. 바위 사이를 맴도는 공기는 야마 똥 냄새를 가둔다. 시골의 향기가 그대로 호수 위를 맴돈다.

위는 하늘과 구름과 설산이요, 아래는 아무 생명도 지니지 않는 바윗덩이다. 그 아래 물이 있고, 동물과 식물이 어울려 자연을 이룬다. 물은 보이지 않게 흘러 이곳에 담겼다. 모두가 스스로 그렇게 할 뿐이다. 왼쪽으로 불룩 튀어나온 바위를 돌았다. 풀을 뜯던 회색 토끼들이 뜀박질한다. 친칠라토끼다! 토끼들은 우르르 바위를 타고 오른다. 재빠르기가 다람쥐와 같다. 와우! 토끼 꼬리가 다람쥐 꼬리다. 친칠라토끼 꼬리는 방울이다. 저기 저 친칠라토끼는 꼬리가 다람쥐 꼬리다.

"I'm the Year of Rabbit!" 스테파니에게 말했다. 그녀는 어깨를

알티플라노의 시크릿 가든. 인위는 없고 무위자연만 있을 뿐이다.

으쓱했다. 문화가 다르면 말을 해도 그 말을 알아듣지 못한다. 통역자가 자세히 설명했다. 그녀가 나에게 엄지척했다. 나는 하얀 토끼띠에 태어났다. 올해는 저 친칠라와 같은 까만 토끼해다. 내가 말했다. "Squirrel-rabbit!" 그녀는 "what?"이라 했고, 나는 또박또박 발음해주었다. 처음 듣는 말이지만 이해한다는 표정이다. 하이데거식으로 표현하면 '토끼-다람쥐'가 아니겠는가? 스테파니에게 저 동물의 이름을 물었다. "Rabbit!" 그녀는 확신을 가지고 단호하게 말했다. 아니다. 내눈에는 'Rabbit'이 아니다. 'Squirrel'도 아니다. 내 눈에는 'Rabbit'이요, 'Squirrel'이다. 몸통은 토끼요, 꼬리는 다람쥐다. 토끼 귀는 길고 다람쥐 귀는 짧다. 저 귀는 토끼 귀다. 바위를 타는 건 다람쥐다. 토끼는

AI로 그린 토다람.

오르기 명수이지만 내리막은 젬병이다. 다람쥐는 오르내림에 상관없이 잘 뛴다. 먹는 건 풀이니 토끼다. 다람쥐는 도토리를 주로 먹는다. 똥을 보니 토끼 똥이다. 완전 둘을 섞었다.

저 토끼에게 새로운 이름을 붙여주리라. Squirrel-rabbit? 영어는 영어를 말하는 사람들의 몫이다. 긴 건 싫다. 짧게 줄이리라. 나는 '토다람'이라 하련다. 한문으로는 다람쥐가 송서松鼠이고 토끼는 토兔이니, 송토松兔로 하련다. 소나무 아래서 토끼가 노닌다. 달나라 토끼는 계수나무 아래서 방아를 찧고, 토끼인 나는 소나무 아래서 노닐리라. 소나무는 겨울에도 푸른 잎을 자랑하니 그 밑의 토끼는 사시사철 먹이 걱정을 하지 않아도 될 것이다. 달나라 토끼는 계토桂兔요, 나는 송토松兔로다!

자동차에 오르기 전, 스테파니에게 물었다. 이 호수 이름이 뭐예요? "시크릿 레이크Secret Lake!" 그럴듯하다. 그녀가 덧붙였다. 몇 년 전 함께 온 한국 사람들이 그렇게 지었어요. 나도 그렇게 불러요. 그럴듯하잖아요? 다른 나라 사람들에게도 '시크릿 레이크'라고 말해요.

설산 주위에 먹구름이 일었다. 하얀 구름이 까맣게 변해가고 있다. 그녀는 승차를 재촉한다. 차는 다시 달린다. 뭔가가 뒤에서 쫓아오는 듯 으스스한 기분이 든다. 좌측으로 호수 하나가 보인다. 까만 새 한 마리와 하얀 새 몇 마리가 먹이를 찾고 있다. 검은 하늘 아래 물이 마른 호수는 거무튀튀하다. 물과 진흙이 반반이다. 차가 달리니 우두둑~ 소리가 천장에서 났다. 물방울이 떨어진다. 윈도브러시는 이제야 물방울을 닦는다. 먼지 닦이가 물 닦이가 되었다. 소나기는 엄지손가락보다 더 컸다. 구름과 가까워서 그런가? 추위가 느껴진다. 소나기는 소나기다. 금세 그쳤다. 자갈길 먼지만 털어냈다. 차들은 가까이 달렸다. 먼지가 일어나지 않았다.

차가 바위 협곡에 멈추었다. 사자바위, 용바위, 예수바위, 부처바위…….. 기암괴석들이 높이 솟아올랐다. 시커먼 먹구름이 사자 머리를, 용의 대가리를 휘감았다. 우뚜둑 우투툭~~ 조금 전에는 아마추어요, 이번에는 프로급이다. 시동을 끄지 않고 있던 아브라함은 차를 움직였다. 와이퍼는 정신없이 왔다 갔다 했고, 차는 서서히 움직였다. 유리창에 떨어지는 우박과 빗방울은 민들레 홀씨처럼 흩날렸다. 구름에서는 총알이 퍼붓고, 하늘에서는 불빛과 천둥소리가 요란하다.

| 如是我觀 | 바위 동굴 호텔에서 고산병 8계명을 잊다

차들이 호텔 앞에 멈추었다. 호텔은 산골 마을 너와집이다. 처마는 이마에 닿고 문은 삐거덕거린다. 천둥과 번개와 우박과 소나기가 함께 왔다. 두두두둑~ 투투투툭~ 버번쩍~ 번쩍! 우르르쾅쾅~ 우르르쾅쾅~~ 쾅쾅!! 해발고도 4,800미터의 너럭바위를 뚫고 호텔을 지었다. 이 마을 최고급 호텔이다. 아브라함은 트렁크 네 개를 순식간에 옮겼다. 그는 미소를 지으며 내려도 된다는 신호를 보냈다. 우비를 꺼내 입고, 우산을 머리에 쓰고 차에서 내렸다. 프런트를 향해 냅다 뛰었다. 우산을 털고 우비를 털고 신발에서 빗물을 털었다. 그가 우리의 모습을 보고 웃었다. '이런 비는 비도 아니여! 이런 우박은 우박도 아니여!' 하는 표정을 지었다. 아브라함은 스테파니가 탄 차 꽁무니를 따라 떠났다. 그들은 민박집으로 갔다.

프런트 아가씨가 웃으며 말한다. "Room No 40." 아니, 방이 40개가
넘는단 말인가! '대단하다!'를 머릿속으로 되뇌며 미로를 걸었다. 방문
과 방문 사이를 돌고 도니 널찍한 홀(?)이 나왔다. 안락의자 몇 개와 탁
자가 놓여 있다. 동굴이다. 돌의 무늬가 그대로 노출되어 있다. 설악산
금강굴이 떠올랐다. 또다시 돌고 돌았다. 처음 가는 길은 멀게 느껴진
다. 이윽고 40번 문 앞. 나무토막에 달린 쇠 열쇠로 손잡이 구멍을 찔렀
다. 오른쪽으로 돌렸다. 묵직한 문이 삐이익~ 하면서 열렸다. 천장에는
반투명 아크릴판이 붙어 있다.

천장이 번쩍, 번쩍, 버번~ 쩍!
우박과 소나기가 우두둑, 두두둑, 투투툭!
고개를 드니 안경알에 물방울이 뚝뚝, 툭툭!
고개를 숙이니 정수리에 물방울이 딱딱, 탁탁!
옆을 보니 침대보에 세계지도가 점점 커지고 있다.
"Rain drops falling on my Head!"
그미가 팝송 한 곡을 중얼거리기 시작했다.

나는 다시 미로를 달렸다. 그 방이 그 방이었다. 두 번을 되돌았다.
프런트가 보였다. 그녀가 흥분한 나를 빤히 쳐다봤다. "Change my
Room!" "Rain drops falling on my head!" 그녀도 그 노래를 아는
모양이다. "Sorry!" 그녀는 내게 열쇠를 건넸다. 묵직했다. 송진이 박힌
나무판자에 쇳조각이 달랑거렸다. 그미는 풀던 가방을 다시 싸고, 벗던
옷을 다시 입었다. 밀고 들고 뛰었다. 이사 끝!
    하루 종일 자갈길과 모랫길을 달렸다. 진애塵埃가 몸을 더럽혔지만
마음만은 맑았다. 청정淸淨했다. 태양신이 구원하사, 파차마마가 도움
을 주시어, 예까지 무사히 왔나이다. 마음이 맑아졌으니 몸을 깨끗이
해야 한다. 샤워장으로 들었다. 따뜻한 물이 정수리부터 엄지발가락까

지 노곤하게 만들었다. 20분은 지났다. 몸이 가벼워졌다. 낮 동안 달라붙은 먼지는 모두 씻겨나갔다. 동굴 공연장(?)을 구경하러 갔다. 헬싱키의 반석교회가 떠올랐다. 천연 바위를 뚫고 교회를 만든 바위 동굴교회다. 음향이 최고라 들었다. 하여 세계의 유명한 가수들이 그 교회로 와서 녹음한다고 들었다. 종교적 장식물이 거의 보이지 않던 그 교회에 성령이 충만한 듯했다. 이 호텔의 공연장(?)은 꼐냐와 삼뽀냐를 독주하기 딱 좋은 곳이다. 관객은 열 명 정도, 탁자에는 마테차가 한 잔씩 놓여 있다. ……갑자기 화학약품 냄새가 코로 들어온다. 구역질이 난다. 머리가 어질어질하고 가슴이 두근거린다. 몸이 무겁다. 그미가 말한다. 입술이 푸릇푸릇해! 아, 고산병이란 바로 이런 증세로구나! 해발 4,800미터에서 뜨거운 물 샤워에 시너 향! 고산병 8계명을 잊고 있었다. 호텔 밖으로 뛰쳐나왔다. 해발 4,800미터의 공기여, 가을밤의 공기여! 가슴속이 시원했다. 복식호흡을 했다. 항문까지 들이마시고, 찌꺼기는 입으로 내뿜었다. 하늘을 쳐다봤다. 시커먼 구름 사이로 별들이 반짝거린다. 남쪽의 저 밝은 별은 남극성이리라. 저건 은하수겠지? 키가 조금만 더 컸다면 별 몇 개는 딸 수 있을 텐데! 시너 냄새만이라도 피하니 살 만했다. 상쾌한 기분이 들었다. 며칠 전 호텔은 새 단장을 했다. 더 많은 손님에게 더 큰 만족을 드리기 위해 페인트를 새로 발랐다. 페인트 냄새 덕분에 말쿠 쿠에바에서 별무리 몇 개를 구경했다. 불행 중 다행이다. 80호 방은 아늑했다. 침대는 포근했다. 잠이 스르르 찾아왔다.

2023년 3월 26일(일요일, 음력 윤 2월 5일)

오늘은 새벽 별 보기다. 고산병에 시너 냄새에 육경六境이 지치고 육근六根이 피곤하다. 밤이 새도록 들려오는 알티플라노의 하늘 소리와 땅 소리가 귀를 먹먹하게 했다. 어둠을 밝히는 번갯불에 눈을 떴다가 감고, 감았다 뜨기를 반복했다. 새벽 5시. 고원지대의 장엄한 일출을 보면서 볼리비아의 국립공원 라구나 베르데와 라구나 블랑카와 라칸카부르 화산을 구경할 것이다. 그미의 버킷 리스트가 실현되는 날이다. 빨간 플라밍고를 서식지에서 직관할 것이다.

말쿠 쿠에바의 밤하늘을 경배하지 못했다. 과연 다음에 또 와서 밤하늘을 구경할 수 있을까? 마음을 다잡았다. 새벽하늘을 보러 나가자! 출발 한 시간 전에 호텔 현관을 나섰다. 해골처럼 생긴 돌멩이가 현관문을 잠그고 있다. 영락없는 해골이다. 고인 물이 있다면 마셔야 하나, 마시지 말아야 하나? 마시면 해탈에 다다를 것이요, 마시지 않으면 그만이다. 해골에는 물이 고이지 않았다. 원효는 원효요, 모질耄耋이는 모질이일 뿐이다. 해골을 살짝 당기니 현관문이 스스로 열렸다. 여기 이곳에 무슨 자물쇠가 필요하겠는가? 돌멩이 하나면 충분하지. 말쿠 쿠에바의 새벽이여! 별은 빛나고 은하수는 강물이 되어 남쪽으로 흘렀다. 소나기도 그치고 우박도 그치고 만물이 고요함 속으로 빠져들었다.

위와 아래와 앞과 뒤와 옆, 사방팔방이 암흑 세상이다.
캄캄한 세상이여, 암흑의 천지여!
두 눈으로 별을 찾아 헤매며 두 발로 서너 걸음을 옮긴다.
진흙인가? 돼지 똥인가? 소똥인가? 야마 똥인가? 사람의 그것인가?
신발은 무겁고, 냄새가 코로 올라온다.
비밀의 호수에서 건너뛰었던 바로 그 물건이다.
눈은 하늘의 별을 좇고, 발은 야마 똥을 밟았다.
이상만을 좇지 마라, 발아래를 먼저 살펴라!
조고각하照顧脚下하라!!

어둠을 뚫고 헤드라이트 여덟 개가 걸어왔다. 스테파니가 내렸다. 그녀는 올라! 했고, 나는 안녕! 했다. 아브라함이 손을 흔들었다. 그미와 나도 흔들었다. 그가 트렁크 네 개를 랜드크루저에 실었다. 스테파니가 선두에 달리고 아브라함은 세 번째로 따라갔다. 그녀가 출발하면 그가 출발하고, 그녀가 서면 그도 섰다. 그제도 그랬고, 어제도 그랬다. 오늘도 그럴 것이다. 헤드라이트 여덟 개가 길을 만들고 랜드크루저는 그 길을 따라간다. 엉덩이는 오르락내리락하고, 정수리는 천장에 닿을락 말락 한다. 저 머~얼리 동이 트려나 보다. 구름들 사이로 가냘픈 빛줄기가 흘러내린다.

왼쪽은 낭떠러지다. 오른쪽에는 설산이 바로 눈앞이다. 날이 밝아지니 위험이 눈에 들어온다. 자갈길은 바윗길로 변하고 차 안의 몸들이 서로가 서로에게 부딪힌다. "Be Careful!!" 그미의 소프라노가 날카롭다. 아브라함은 그저 웃을 뿐이다. 오른쪽 설산 아래 움푹한 곳에 하얀 눈이 쌓였다. 내 눈은 하얀 호수라 말하고, 스마트폰은 파란 호수라 대답한다. 차들이 멈췄다. 스테파니에게 물으니 답한다. 해발고도 4,200미터의 호수다. 이 호수는 건기가 되면 '보락스 미네랄 밭'으로 변한다. 보락스가 뭐냐? '붕산'이다. 살균제, 살충제의 원료로 쓰인다. 육중한 트럭이 다가온다. 짐을 가득 실은 트럭이 지나간다. 아침이라 먼지는 나지 않는다. 긁어 담은 보락스를 싣고 가는 것이리라. 볼리비아는 땅을 파면 돈이요, 호수를 긁어도 돈이다. 그들의 삶은 왜 빈곤할까? 왜, 누구 때문인가?

동이 트고 세상이 밝아지니 국립공원 입구다. 초소 옆, 1.5차선 비포장 길에서 차단봉이 차들을 멈추게 한다. 화장실은 5볼리비아노다. 몸을 비울 때마다 돈이 필요하다. 화장실의 입장료보다는 광물자원을 잘~ 관리하는 게 백배 천배 더 '경제적 이득'이 되지 않을까? 스테파니에게 간단히 말해주니 고개를 끄덕거린다. 끄덕거리는 얼굴이 해맑다! 고원지대의 풀섶을 만졌다. 따갑다. 뻣뻣하다. 그 따갑고 뻣뻣함은 탱자나무 가시를 닮았다. 산 크리스토발 성당의 지붕은 이 풀섶으로 이었을 것이다!

| 如是我見 | 홍학이 노래한다, 플라밍고가 춤을 춘다

초소 옆에 안내판이 붙어 있다. 'Reserva Nacional de Andina Eduardo Avaroa'. 기어이 우리말로 하면 '에두아르도 아바로아 국립 공원'이랄까? 나는 이곳 지명이 언제나 헷갈린다. 여행 안내서에는 라 구나 베르데와 라구나 블랑카를 구경한다고 되어 있다. 차 네 대가 모 랫길을 달렸다. 비의 은택에 먼지는 일어나지 않는다. 차들은 비교적 가까이 달렸다. 고장이 나면 뛰어갈 거리는 된다. 설산 위로 햇살이 비 쳤다 사라진다. 구름의 위력이 더 세다. 이름 모를 풀 무더기가 옹기종 기하고, 기암괴석이 살아 있는 고원을 차 네 대가 달린다. 텔레비전에 서 본 오프로드 자동차 경주를 지금 내가 하고 있다. 눈앞에 옴팡한 분 지가 나타난다. 일산호수공원보다 열 배, 백배는 더 넓어 보인다. 그러 나 까마득히 멀리 보인다. 랜드크루저는 엔진 소리를 죽이면서 모랫길 을 달린다. 산으로 둘러싸인 분지에 호수가 생겨났다. 물론 눈이 녹은 물이다. 산허리를 타고 땅속으로 흘러들었을 것이다. 백두산 천지는 둘 레가 가파르다. 여기는 완만하게 너른 평원을 형성하고 있다. 호숫가에 조그만 동산이 있다. 차는 그곳에 줄을 지어 섰다. 이미 미니버스 한 대 가 정차해 있다. 큼직한 안내판에 '라구나 콜로라다Laguana Colorada'라 는 글씨가 또렷하다. 스페인어 '라구나'는 '자연이 만들어낸 작은 연못' 이란다. 이 호수가 작단 말인가? 하기야 티티카카 호에 비하면 작고, 일 산호수공원에 비하면 엄청 넓다. 모든 것은 상대적이다.

동산 위로 올랐다. 길에는 자갈이 깔려 있다. 양쪽으로 조금 큰 돌들 이 길의 경계를 긋고 있다. 자갈 밟는 소리가 사각거린다. 안내소가 맨 꼭대기에 덩그렇다. 스마트폰과 태블릿의 화면을 보기 위해 그늘을 찾 았다. 그늘진 건물 뒤쪽으로 살짝 돌았다. 카메라 아이콘을 찾아 나왔 다. 직원이 손을 벌린다. 화장실 사용료를 내라는 뜻이리라. 나는 'No!' 라 말했다. 자갈길 내리막을 천천히 걸었다. 라구나 콜로라다의 전경을 즐기며 사진을 찍고 비디오에 담았다. 점점 물가로 가까이 내려갔다.

라구나 콜로라다의 아침 풍경. 호수엔 홍학들의 공연이 펼쳐진다.

플라밍고들의 아침 공연이 펼쳐지고 있다. 몇 마리나 되려나?

동쪽 홍학들은 목욕재계가 한창이다.

서쪽 홍학들은 털 다듬기에 정신이 없다.

남쪽 홍학들은 부리를 물속에 박고 이리 뒤지고 저리 뒤진다.

북쪽 홍학들은 날갯짓으로 춤을 춘다. 부리를 맞대고 인사를 한다.

가운데 홍학들은 머리를 쳐들고 *끄르럭~~끄르럭~~꼬르륵~~꼬르륵*
~~ 노래한다.

오세동자에게 물었다. 홍학이 몇 마리나 되느냐?

동쪽에 빽빽, 서쪽에 빽빽, 남쪽에 빽빽, 북쪽에 빽빽, 가운데는 스물스
물하니, 도합이 840마리이옵니다.

화담이 나무랐다. 너는 눈에 보이는 것만 볼 줄 아는구나. 물속에도 딱
그만큼이 더 있느니라. 위만 보지 말고 아래도 보아라! 도합이 1,680마리
이니라!

진이가 끼어들었다.

스승님, 질책하지 마옵소서! 즐거워하는 저 홍학 숫자 헤아려 무엇하

려 하옵니까? 저들의 마음을 헤아리소서! 저들의 기쁨을 가늠하소서! 마음을 먼저 짐작斟酌하소서!! 심부재언心不在焉이면 시이부견視而不見이옵니다.

물가를 거닐던 홍학 몇 마리가 푸드덕거린다. 몇 걸음을 날아 무리 가운데에 내려앉는다. 그때 일고여덟 사람이 재잘거리며 걸어온다. 자갈 밟는 소리가 점점 커져온다. 망원렌즈로 사진을 찍던 통역자가 검지를 입술에 댄다. 그들은 아랑곳이 없다. 중국스러운 재잘거림이 점점 더 커져온다. 이번에는 내가 검지를 입술에 댔다. 그들이 눈을 부라린다. 내가 움츠러들었다. 홍학 몇 마리가 푸드덕거리며 난다. 무리가 따라 하늘로 날아오른다. 그들 덕분에 그미와 나는 홍학의 비상을 보았다.

　　그미는 홍학의 형상을 찍었다, 홍학의 노래를 녹음했다.
　　나는 홍학의 마음을 읽으려 했다, 그러나⋯⋯.
　　그미는 그미의 몫을 했고, 나는 나의 몫을 했다.
　　그들은 홍학의 군무, 홍학의 노래를 보지도 듣지도 읽지도 못했다.

랜드크루저는 또 달린다. 모랫길을 지나니 자갈길이 나온다. 야마가 풀을 뜯다 도망간다. 자갈과 모래가 섞인 신작로가 나왔다. 엉덩이가 조금은 편해졌다. 아브라함은 차의 속도를 올렸다. 그러다 순간 브레이크를 밟는다. 차가 조용히 길가에 멈추어 섰다. 그가 조용히 말했다. 비쿠냐! 왼손으로 도로 건너 풀이 있는 곳을 가리켰다. 비쿠냐!! 그가 또 말했다. 그가 가리키는 손가락을 따라갔다. 풀과 돌과 언덕이 어우러진 평원이다. 그미가 뛰어내렸다. 스마트폰을 열고 두 손가락으로 화면을 당겼다. 비쿠냐 가족들이 놀라 쳐다보고 있다. 그리고 도망쳤다. 그들은 달렸다. 돌과 풀 무더기를 피해 멀리 가버렸다. 순식간에 벌어진 일

비쿠냐. 누구는 보고 찍고, 누구는 보지도 찍지도 못했다.

이다. 나는 비쿠냐를 찾다가 야마들만 몽땅 봤다. 나는 그미의 스마트 폰 속에 있는 비쿠냐를 봤다. 같은 시간, 같은 공간에 함께 있어도 누구 는 보고 찍은 걸 누구는 보지도 못하고, 찍지도 못했다. 열 명 중에 야생 비쿠냐를 찍은 건 그미뿐이다. 아브라함도, 스테파니도, 통역자도 모두 엄지척했다.

랜드크루저는 오르는 척하다가 다시 내려 달렸다. 연기가 모락모락 피어오른다. 수증기다. 해발 4,870미터의 고산지대! 지구에 부스럼이 났 나 보다. 곳곳이 움푹움푹 파인 구멍투성이다. 유황 냄새가 코를 찌른다. 일본의 하코네나 뉴질랜드의 그것보다는 규모가 작고 유황 냄새와 수증 기의 양이 적다. 간헐천 안에는 진흙이 끓고 있다. 라구나 베르데의 지열 지대다. 고개를 넘어가니 지열발전소가 있다. 하얗고 긴 양철 파이프가 산허리를 휘감는다. 전기를 나르는 전선은 아직 보이지 않는다. 메마른

온천욕장에서 몸을 담그는 사람들과 탈의실.

호수가 나타났다. 집이 10여 채 띄엄띄엄 지어져 있다. 널따란 길가에 나
란히 주차했다. 다른 차들도 여기저기에 흩어져 주차되어 있다. 야외 온
천욕이 기다리고 있다. 이젠 고산병이 없는 칠레로 갈 것이다. 뜨거운 물
에 몸을 담가도 되리라. 몸은 지쳤으되 마음은 즐거웠다. 탕 안에는 사람
들이 몸을 풀고 있다. 백인 부부가 내 옆으로 들어왔다. "European?"
그저 한번 물어봤다. 그녀가 말했다. "From Switzerland!" '스위스
도 높은 곳 많은데⋯⋯' 하는 생각이 머리를 스쳤다. 그녀가 되물었다.
"China?" 나는 고개를 저으면서 말했다. "No, Korea!" 옆에 있는 남자
가 엄지척했다. 그리고 나는 탕에서 나왔다. 50여 미터 떨어진 찻집으

로 갔다. 목욕을 하니 차가 그리웠다. 코카차는 고산병에 좋다. 두 잔을
시켰다. 벽돌 찻집 창문으로 온천과 호수를 내려다봤다. 그미는 함께
온 사람들과 이야기하고 나는 몽롱해졌다.

| 如是我思 | **스테파니에게 체 게바라는?**

우유니 소금사막의 국기 광장에서 점심 식사를 하러 걸어갈 때 나
는 스테파니에게 뜬금없이 물었다. "What do you think of Che
Guevara?" 그녀는 대답을 망설이다 뭔가 결심한 듯 말했다. "mm…….
I don't like him!" 내가 다시 물었다. "Why?" 그녀의 말을 요약한다.

'나는 자본주의 미국을 좋아한다. 미국은 세계의 경제를 주도하고 있다. 그런데 볼리비아는 미국을 싫어한다. 의사당 시계탑의 의미를 설명했잖느냐. 나는 나의 삶에서 돈의 중요성을 이미 알고 있다. 그래서 반미주의자인 체 게바라가 싫다. 나는 돈을 벌기 위해 대학에서 5년 동안 관광학을 공부했다. 나는 안정된 직업을 갖고 싶고, 세계 곳곳을 여행하고 싶다.'

그녀는 활발하고 적극적인 성격이다. 그녀는 돈을 벌어 경제적으로 윤택하게 살고 싶어 한다. 그저께 그녀는 비행기를 타지 않고 밤을 지새워 라파스에서 버스를 타고 우유니로 왔다. 한 푼이라도 더 벌기 위해 밤이 새도록 개고생을 했다. 돈을 쓰는 관광객들에게 더 나은 서비스를 제공하기 위해 이벤트를 구상하고, 드론으로 사진도 찍었다. 그래야 이 업계에서 그녀의 가치가 올라가고, 일이 더 많아지고, 수입이 더 늘어날 것이다. 옳은 말이다.

내가 말했다. '너희 나라는 스페인에 250년간 수탈당했다. 금을 비롯한 갖가지 광물과 재화와 백성들의 노동력과 생명이 착취당했다. 파블로 네루다는 너희 조상들이 겪은 수탈의 역사를 시로 썼다. 지금도 정치 지도자와 부자들 뒤에는 서구 열강의 자본가들이 있지 않은가? 공항 마을 사람들의 삶을 어떻게 생각하느냐? 너희가 가진 지하자원과 인적자원과 너희 땅으로 너희는 충분히 잘 살 수 있다. 너희가 가난하다고 생각하는 너의 관점을 바꾸어라. 자본주의니, 사회주의니 하는 문제가 아니다. 북유럽의 국가들을 봐라. 그들도 어떤 의미에서는 사회주의 국가나 다름없다. 특히 스칸디나비아 반도 사람들은 그 어느 자본주의 국가 사람들보다 더 잘~ 살고 있고 행복하다. 사람이 문제다. 특히 정치 지도자들의 부정과 부패가 제일 큰 문제다. 멀리 보지 말고, 바로 너희 나라 안을 봐라. 과연 정치 지도자들이 얼마나 청렴하고, 국민을 위해 무슨 일을 하고 있는가를 봐라. 정치적으로 불안하면 관광도 없고 민주주의도, 자본주의도 없다. 페루의 정치가 불안하여, 내 여행도 한 달이나 늦춰졌다. 국민이 더불어 잘 사는 것에 대해 고민해야 한다. 그것이 민주주의다. 뉴욕의 자본가들이 숨기고 있는 탐욕을 읽어야 한다. 그것은 반미와 다른 차원의 것이다. 조금만 멀리 봐라! 돈을 좇지 마라! 사람을 좇아라! 사람다운 사람이 사람을 구원하는 것이다. 돈이 사람을 구원하는 것이 아니다. 신이 사람을 구원하는 것이 아니다. 사람이 사람을 구원하는 것이다. 너는 젊다. 너무 눈앞만 보지 마라. 보다 멀리 보는 혜안을 가져라.'

넓고 너른 하얀 소금 위를 걸으면서 그녀와 함께 나눈 이야기다. 그녀는 자신의 이야기를 했고, 나는 내 이야기를 했다. 보락스를 싣고 가는 트럭을 보면서 볼리비아 지하자원의 중요성을 다시 말했다. 그녀는 그때 고개를 끄덕였다. 내 말을 얼마나 이해했는지 나는 모른다. 우리는 서로가 서로를 배웠다.

랜드크루저 네 대는 국경을 향해 달렸다. 나는 이틀 후 산티아고에서 알았다. 내 바람막이 점퍼를 찻집에 두고 왔다는 것을. 차를 마시면서 의자에 걸쳐놓은 걸 깜빡한 것이다. (아뿔싸, 아브라함에게 줬다면 좋았을 것을!) 도중에 또 호수 앞에 멈추었다. 차가운 빗방울이 후드득거렸다. 세상이 어두워질 듯했다. 우리는 후다닥 차에 올랐다. 고개 하나를 넘으니, 날이 다시 밝아졌다. 알티플라노의 날씨는 아무도 모른다. 워낙 시시각각으로 변하니 도무지 알 수가 없다. 산 위에 송신탑 비슷한 것들이 보인다. 군인들이 왔다 갔다 한다. 그렇다고 국경을 표시하는 철조망 같은 장애물은 보이지 않는다. 차들이 잠시 멈추었다. 스테파니가 여권을 들고 막사 안으로 뛰어 들어갔다 금방 나왔다. 볼리비아 출국심사를 마쳤다. 5분 정도 랜드크루저를 타고 달렸다. 이번에는 펄럭거리는 국기 모양이 바뀌었다. 건물 앞에 차가 섰다.

랜드크루저는 2박 3일 동안 고원 사막을 달리고 달렸다. 운전기사 아브라함은 젊어 보였다. "get married?" 그는 영어를 모른다. 나는 스페인어를 모른다. 그미의 손짓과 발짓으로 그가 총각임을 알았다. 함께

웃었다. 그에게 통하는 말은 오로지 'go'와 'stop' 둘밖에 없다. 그것도
손짓과 발짓을 동시에 하면서! 그러나 그로부터 느낀 불편함은 단 하나
도 없었다. 그는 항상 즐거운 표정을 지으며 운전한다. 야마가 보이면
왼손으로 운전대를 잡고 오른손으로 손가락질했다. 옆에 앉은 내가 사
진을 찍으려 하면 속도를 늦추고, 해가림판을 올려주었다. '비쿠냐'가
족이 나타나자, 차를 세워주었다. 잠깐 쉬는 사이에 그에게 약간의 사
례를 했다. 그는 말없이 고개를 끄덕이며 웃었다. 헤어지면서 그미도
그에게 10달러를 건넸다. 둘은 간단한 포옹으로 인사를 마무리했다. 돌
아갈 때 졸지 말고 안전 운전을 부탁했다. 그미는 두 손을 한쪽 볼에 대
고 졸리는 시늉을 했다. 그리고 두 팔로 'X'자를 긋고, 'No!'라고 말했
다. 알아들은 듯했다. 국경을 넘기 전, 나는 스테파니의 손에 20달러를
쥐어주었다. 그녀는 밝은 얼굴로 '땡큐'를 연발했다. 100달러는 줬어야
하는데……

　우리는 캐리어를 끌고 칠레 입국 심사장으로 들어갔다. 베레모를 쓴
세관원이 통역자에게 뭔가 강압적인 느낌으로 말하고 있다. 칠레 입국
심사가 까다롭다고 여행 안내서에 적혀 있었다. 주위는 풀도 나무도 없
는 바위산이요, 국경경비대 군인들만 오락가락했다. 만약 입국이 거절
된다면? 스테파니와 아브라함은 이미 떠나버렸다. 볼리비아는 포근했
는데, 칠레는 차가움이 몸으로 다가왔다. 세관 심사대 앞에 짐을 끌고
줄을 섰다. 무거운 캐리어 두 개를 심사대에 올렸다. 베레모의 부하들
이 다가왔다. 트렁크 지퍼를 열라고 손짓한다. 베레모는 웃으며 그들
뒤를 왔다 갔다 한다. 감시하는 눈초리다. 세관원은 두 손을 트렁크에
집어넣는다. 두 손으로 그 안을 헤집으며 그미와 나를 힐끗거린다. 나
는 그냥 웃어줬다. 그미는 '땡큐!' 했다. 그가 트렁크에서 손을 뺐다. 다
음 트렁크도 마찬가지다. 그의 손이 트렁크 안을 뒤집었다. 또 힐끗거
렸다. 나는 웃었고, 그미는 또 '땡큐!' 했다. 패스라는 눈짓이 흘러나왔
다. 백팩을 심사대에 올렸다. 손짓으로 가라는 사인이 왔다. 탐지견들

이 좌우로 왔다 갔다 했다. 짐을 칠레에서 온 버스에 실었다. 안도의 한숨이 나왔다.

이번에는 사람을 심사할 차례다. 여권을 들고 유리 칸막이 앞에 섰다. 여권을 안으로 넘겼다. 법무부 직원이 그미와 나를 위아래로 훑는다. 웃어줬다. 사진을 대조하고 스탬프를 쾅쾅 찍었다. 여권을 받아들고 화장실 쪽으로 갔다. 베레모가 웃었다. "커피?" 하고 그미에게 물었다. 그미는 손가방에 든 홍삼 캔디 한 움큼을 그에게 주었다. 커피를 달라는데 캔디가 갔다. 옆에 있는 사람이 스틱 커피 몇 개를 그에게 주었다. 그는 '그라시아!'를 연발했다. 세 사람은 모두 즐거운 표정을 지었다. 준 사람은 즐겁고, 받은 사람은 행복했다. 버스에서 알았다. 베레모는 한국의 '삼박자 커피'를 원했다.

버스는 짐과 사람들을 한꺼번에 싣고 미끄러졌다. 차가 가는지 오는지 구분되지 않았다. 그저 미끄러져 내려가고 있다. 잠자기 편한 길이요, 잠자기 편한 의자다. 한 시간 반 동안 버스는 비단길을 달렸다. 흙벽돌집들이 나타났다. 사람들이 보이기 시작했다. 길은 점점 넓어지고 집은 점점 높아졌다. 유리창 달린 빌딩들이 차 옆을 스쳤다. 버스가 칠레의 첫 도시 칼라마 거리를 달린다. 칼라마는 구리의 도시다. 아이들은 뜀박질하고, 어른들은 거리를 활보한다. 사람들이 살아가는 냄새가 물씬 풍긴다. 도시의 냄새가 난다. 유리 건물 앞에 버스가 섰다. 비즈니스호텔 분위기다. 건장한 남자들이 내려와 로비에서 인사하고, 문밖에서 담배를 피워 물며 잡담한다. 블루칼라 노동자들이다. 체크인에 족히 한 시간은 걸렸다. 프런트 위를 쳐다봤다. 'Hotel Diago de Almagro!' 알마그로는 피사로에 밀려 황금을 찾아 따뜻한 남쪽 나라로 떠났던 인물이 아닌가! 통역자에게 물었다. "이 알마그로는 그 알마그로가 아닙니다."

시는 체 게바라를 쿠바로 이끌었고,
아프리카로 보냈으며, 볼리비아로 가게 했다.
남아메리카의 구석구석에 그의 노래가 울리고,
조국은 혁명을 이루었다.

라 체스코나에
네루다의
한국어 시가
있다

6

2023년 3월 27일 (월요일, 음력 윤 2월 6일)

엊저녁 식사비를 결제하러 프런트에 갔다. 방 번호를 말했다. 식당에서 아직 계산서가 넘어오지 않았단다. 직원은 식당으로 걸어갔다. 10여 분이 걸렸다. 그는 돌아와서 컴퓨터를 이리 뒤지고 저리 뒤졌다. 23.5달러를 결제하는 데 25분이 걸렸다. 1달러 결제에 1분? 통역자가 말했다. 쟤들과 일하려면 속이 터져요. 미안합니다.

| 如是我見 | **안데스의 옆구리를 날다**

비행기에는 광산 노동자와 그 가족들로 만석이다. 그들을 태우고 왔던 비행기가 다시 산티아고로 돌아간다. 오는 사람이 내리자마자, 가는 사람의 탑승이 시작되었다. 기내 청소는? 안데스 위에 떠다니는 구름 몇 개가 발아래로 흘렀다. 오른쪽에는 태평양이 보인다. 바다가 검푸르다. 안데스의 기슭은 돌과 자갈들의 무덤이다. 꼭대기는 하얗고, 군데군데 호수가 파랗다.

나는 한 마리의 나비다.
나는 한 마리의 붕새다.
바다는 하얀 파도가 밀려가고 밀려오고 또 밀려간다.
앨버트로스는 하얀 날개를 너울거리고, 갈매기는 검은 날갯짓이 바쁘다.

고래는 베링 해로 뜀박질하고, 홍어는 넘실넘실 흑산도로 넘어간다.

남극의 빙하는 녹아내려 파타고니아를 스쳐 알래스카로 흘러든다.

비글 해협을 지나온 비글 호는 해류를 타고 갈라파고스에 다다른다.

갈라파고스화된 갈라파고스는 갈라파고스화된 동물들을 키워낸다.

다윈의 눈이 빛나고, 종의 기원이 되고, 진화론이 되었다.

천년만년을 쌓았다 녹은 빙하는 칠레 땅을 스치고 지난다.

바다는 고래에 밟히고 홍어에 밀리고 바람에 밀려 해안을 때린다.

검은 바위는 천만 억만의 진애로 부서져 시인의 코로 들고 입으로 들고 눈으로 빨려든다.

몸속의 티끌은 서로 엉켜 글자가 되고 단어가 되고 문장이 되고 시가 된다.

시는 체 게바라를 쿠바로 이끌었고, 아프리카로 보냈으며, 볼리비아로 가게 했다.

남아메리카의 구석구석에 그의 노래가 울리고, 조국은 혁명을 이루었다.

군인들은 대통령궁을 폭격했고, 장군은 정권을 잡았다.

이슬라 네그라의 시인이여, 칠레의 슬픔이여!

산티아고. 대통령궁 근처. 버스에서 내렸다. 아옌데 동상 앞에 섰다. 동상 전면 이력서 위에 꽃다발 두 개가 걸려 있다. 그녀에게 물었다. 아옌데에 대한 그대의 생각은? 가이드가 답했다. 피노체트는 나쁘다. 그가 나쁘다는 데에는 모두가 동의한다. 아옌데에 대해서는 평가가 엇갈린다. 내가 물었다. 그대의 생각은? 그녀가 답했다. 말할 수 없다. 나도 그녀도 더 이상 말을 이어가지 않았다.

길을 건넜다. 20~30미터를 걸었다. 길 건너 '80'이라는 글자 아래의 문을 가리키면서 말한다. 저 문으로 아옌데가 드나들었습니다. 내가 물

살바도르 아옌데의 동상 앞면에 꽃다발 두 개가 걸려 있다.

칠레의 대통령궁. 아옌데는 여기서 자기 나라 공군기의 폭격에 죽었다.

었다. '80'이라는 숫자의 의미는 뭐요? 아옌데와 무슨 상관이 있는 거요? 그녀의 말은 들리지 않았다. 한국말이 들렸다. 지번일 거요! 버스에서 통역자가 마이크를 잡았다. 네루다가 살았던 집으로 갑니다.

| 如是我聞 | 5년 전 현지 가이드에게 들은 이야기

"1973년 9월 11일, 칠레 공군기가 저 대통령궁을 폭격했습니다. 그리고 대통령은 그곳에서 죽었습니다." 나는 되물었다. "칠레 공군기가 칠레 대통령궁을 폭격해요?" 어찌하여 자국의 공군기가 자국 대통령의 집무실을 폭격할 수 있단 말인가? 지구 반대편 어느 나라에서 벌어

진 일에 1979년 10월 26일의 사건과 12월 12일의 사건, 그리고 1980년 5월의 일이 주마등처럼 스쳤다.

아옌데는 1970년 9월 4일, 시인 파블로 네루다의 지지에 힘입어 대통령에 당선된다. 그는 국민투표에서 '2퍼센트의 넉넉함'으로 경쟁자를 누르고 1위를 차지한다. 하지만 과반 득표에 미치지 못했다는 이유(36.6퍼센트)로 의회의 손에 그의 운명이 맡겨진다. 의회는 그의 손을 들어주었다. 역사는 이를 '칠레의 혁명'이라 쓰고 있다. 당시 GDP 기준으로 볼 때, 칠레는 954달러로 중진국 반열에 오른 국가였다. 그러나 국가의 부 대부분을 소수의 부유층이 차지했고, 국민 대다수는 극빈층에 머물러 있었다. 국가의 수입원 대부분을 차지한 탄광과 구리광산을 다국적기업이 소유했고, 노동자들은 낮은 수준의 보수밖에 받지 못했다. 대통령은 이들 광산을 국유화했다. 또 그는 다국적기업과 미국과 부자들이 소유한 사유지 25퍼센트 정도를 모두 국유화하는 정책을 시행했다. 이 정책들은 국민적 지지와 후원에 힘입어 성공적으로 추진되었다. 이러한 개혁의 성과는 국민총생산을 8퍼센트 이상 성장하게 했으며, 물가 인상률은 37퍼센트에서 15퍼센트로 떨어졌으며, 8.3퍼센트에 달했던 실업률도 4.8퍼센트로 낮아졌다. 국민들의 생활수준도 향상되었다. 아옌데 정부는 지방선거에서 전폭적인 지지를 받았다. 아옌데의 지지율 또한 상승하고 국민들의 환호를 받았다.

이에 반발한 우파 지지자들은 태업을 조장하고 파업을 유도했다. 더불어 미국의 봉쇄정책에 의한 생활필수품의 부족은 다시 인플레이션을 가중시키고, 국민들의 생활은 다시 그가 집권하기 이전 상태로 되돌아가는 듯했다. 국민들은 불안했고, 미국의 지원을 등에 업은 군부는 기회를 엿보았다. 아옌데 지지자들 중 몇 명이 총에 맞아 죽었고, 거리는 혼란스러워졌다. 그는 라디오를 통해 연설했다. "공군이 이미 라디오 송신탑을 폭격했습니다. 슬프기보다는 차라리 실망스럽습니다. 어제까지 조국을 지키겠다고 맹세한 군인들이 조국과 헌법을 지키려는 장군과 군인들을 무참히 살해했습니다. (……) 조국의 노동자 여러분, 저는 칠레와 칠레의 운명에 대한 믿음이 있습니다. 칠레 만세! 인민 만세! 노동자 만세!"(나무위키 '살바도르 아옌데' 참조) 이는 그의 마지막 연설이 되고 만다. 그리고 시민군이 대통령과 그의 가족을 지키기 위해, 대통령의 안위를 지키고자 대통령궁을 둘러쌌다. 송신탑을 폭격한 공군기가 이번에는 대통령궁을 폭격했다. 대통령궁은 파괴되고 대통령도 거기서 죽었다.

'민주주의는 때로는 피로 목욕을 해야 하는 것이다.'(나무위키) 육군 총사령관이었던 피노체트가 쿠데타를 일으켜 대통령으로 집권한 17년 동안 칠레 국민 1,100만 명 중 100만 명이 해외로 도피했고, 10만 명이 연행되었으며, 3만 명이 해외로 추방되고, 4만 명이 불법으로 구금되고 고문당했으며, 죽거나 실종된 사람이 3,000명을 넘었다. 심지어 아옌데의 시신은 온데간데없었고, 그들은 시인 네루다의 장례식장에 몰려든 문인들까지 감금하고 폭행했다. 네루다의 유해도 그가 묻히고자 했던 이슬라 네그라가 아닌 다른 곳에 묻어버렸다. 네루다가 살았던 산티아고의 집은 불길에 휩싸였고, 군인들은 그가 쓴 물건을 약탈해갔다. 피노체트는 육군정보부를 개편하여 국가정보국 디나DINA를 창설했는데, 그 요원들은 저승사자로 불렸다. 끌려간 이들에 대한 고문과 폭력은 물론이고 죽은 자들을 안데스 정상으로 실어 날랐다는 증언까지 나왔다. 고문과 학살의 잔혹성은 크메르루주를 능가하리라는 것이 칠레 인권 탄압 보고서의 내용 중 일부다. 그는 '남미의 나치'로 불리는가 하면, '성모 마리아의 은총을 받은 존재'로 신격화되기도 했다. 집권하는 동안 공금횡령, 무기 수출입, 코카인 밀수출 등을 통해 그는 거금을 긁어모았다. 그렇게 모은 돈을 자신을 후원한 미국의 은행에 차명 계좌 128개로 나누어 보관했고, 2006년 홍콩의 한 은행에서는 1억 6,000만 달러 상당의 금 9톤이 그의 이름으로 보관되어 있다고 발표하기도 했다. 1979년 10월 26일. 북반구의 어느 나라 대통령이 부하의 총에 맞아 죽자, 그는 곧 '국가 애도의 날'을 선포하고 칠레의 전 국민으로 하여금 그가 가장 존경하고 추앙했던 그 나라 대통령의 죽음을 애도하도록 했다.

『네루다의 우편배달부』에는 네루다가 아옌데를 지지하는 장면이 에피소드처럼 지나간다. 아옌데의 조카이자 소설가인 이사벨 아옌데의 소설 『영혼의 집』, 『운명의 딸』 등에도 아옌데 대통령과 관련된 사건과 기록이 여기저기에 보인다. 유튜브에서 「오늘 산티아고에 비가 내린다」라는 다큐멘터리도 볼 수 있다.

| 如是我見 | 아르마스 광장의 석상과 어슬렁대는 개들

산티아고는 1541년 스페인의 정복자 페드로 데 발디비아에 의해 '산티아고 데 누에보 엑스 트레모'라는 이름으로 건설되었다. 아르마스 광장 주변에는 칠레의 수도로서 각종 기능을 담당하는 관청이 모여 있고, 성당은 그 중심에 있다. 마푸체족 추장의 석상 앞에서 마푸체족과 모아이족에 대해 설명한다. 마푸체족은 스페인이 이곳에 들어오기 전에 주로 파타고니아 지방에 살고 있었다. 또 모아이족은 여기서 3,500킬로미터 떨어진 태평양의 이스터 섬에 살던 사람들이다. 이스터 섬에 가면 모아이족을 상징하는 석상이 많다.

광장 구석으로 밀려난 마푸체족 추장의 석상.

광장은 새벽 비에 촉촉하다. 덩치가 큰 개들이 어슬렁거린다. 아침을 굶었나 보다. 족히 열 마리는 되어 보였다. 개 한 마리가 한 여성의 가방에 코를 댄다. 그녀는 가방을 위로 올리면서 몸을 피한다. 개는 그녀를 따라가고 그녀는 설명하고 있는 가이드에게 달라붙었다. 개가 그녀의 가방을 낚아챘다. 그녀는 으아악~ 비명을 지르고 주저앉았다. 가이드가 개에게서 가방을 빼앗았다. 개를 때리지 마십시오. 동물보호법에 의해 처벌받습니다. 개는 다시 아르마스 광장을 어슬렁거리면서 느리게 돌아다닌다.

버스는 발파라이소를 향해 달린다. 왼쪽으로는 바닷물이 까만 돌을 두들기니 하얀 거품이 솟구치고, 물방울은 다시 바닷물이 된다. 갈매기

들이 날고, 고깃배들이 파도를 탄다. 여기에 구멍을 뚫고 1만 3,000킬
로미터만 가면 ㄱㄹ뫼가 나올 텐데⋯⋯.

　버스 뒷좌석에서는 웃음소리와 박수 소리와 괴성이 어우러졌다. 나
도 모르게 그녀들 쪽으로 눈을 돌렸다. 캔맥주가 그녀들 입에서 물구나
무를 서고 있다. 속초 대포항에서 맡았던 어시장 냄새가 났다.

　"웬 대왕오징어 냄새?" 그미가 속삭였다.

　"아침부터 웬 술 파티?" 내가 말했다.

　"아냐, 저이들이 사는 동네는 지금 밤이야~." 그미가 말했다. 나는 그
미의 발상에 놀라고 그녀들의 술판에 놀랐다. 가이드가 마이크에 대고
크게 말했다. 환기시키겠습니다. 환기라는 말은 공기를 바꾼다는 말이
요, 분위기를 바꾼다는 말이기도 하다. 그는 이어 말했다. 칠레에서는
버스에서 음주하면 형사처벌을 받습니다. 경찰서로 가겠습니다. 뒤쪽
여성 네 분은 여권을 준비해주세요! 버스 안이 갑자기 조용해졌다. 버
스 창문이 열리고 태평양의 바닷바람이 시원하게 들어왔다. 버스는 경
찰서에 가지 않고, 바닷길을 따라 북쪽으로 달렸다. 공기는 맑아지고,
차 안은 조용해졌다. 태평양에서 불어오는 바람결에 파도 소리가 들려
왔다.

| 如是我聞 | 돈 냄새를 맡을 줄 아는 사람들

　옛날 옛적 호랑이가 담뱃대를 무는 시절이었다. 흑산도에서 홍어를
잡아 목포어시장에 내다 파는 청년과, 목포에서 그 홍어를 삭혀서 이
도시 저 도시로 팔아 먹고사는 형님뻘 되는 사람 둘이서 여행을 왔다.
그들이 비행기를 타고 왔는지, 비글 호를 타고 왔는지, 아니면 대붕의
깃을 잡고 날아왔는지 아는 사람은 아무도 없었다. 먼지처럼 바람처럼
흘러 다니다 보니 여기까지 온 것이다. 소고기, 양고기, 빵, 햄버거⋯⋯.
이제 목구멍으로 넘어가질 않았다. "워메, 갓김치 좀 먹으면 조컷네!"
"겨자에, 초고추장에 회 한 사발이 그립소!" 그들은 물어물어 중앙시장

이란 데를 찾아갔다. 겨자를 회에 발라 먹고, 매콤한 초고추장에 비벼 먹고, 불그죽죽한 와인도 한 병씩 걸치고 배를 두드리면서 말했다. 워 메 배부른 거, 왜 이리 싸다냐??

배가 부르면 잠도 잘 왔다. 동생이 잠자리를 걷어차고 형에게 말했다. 내일 새벽에 어시장에 갑시다. 왜? 구경 좀 하려고요! 두 사람은 코를 골면서 잘도 잤다. 드르렁, 크르렁, 크흐~! 끄흐~! 푸~푸~뿌~!! 천둥이 지나면 바람이 불었다. 전화벨이 울렸다. 도대체 무슨 말인지 알 수 없었다. 동생이 프런트에 갔다 왔다. 당장 방을 빼랍니다. 당장 나가랍니다. 옆방 사람들이 난리가 아니랍니다. 두 사람은 짐을 싸 들고 어시장으로 달려갔다. 행인지 불행인지 어시장은 그리 멀지 않았다. 달음박질 10분 만에 도착했다. 목포에서, 홍도에서 바닷가를 달린 실력이 몸에 배어 있었다. "워메, 고기들이 허벌나게 큰다……!!" "워메, 저것 봐, 홍어를 쓰레기통에 내동댕이쳐분당께??" "홍어 썩는 냄새가 진동허구만! 워머, 저 비싼 거슬!!??" 홍어잡이, 홍어 장사 20년이면 강산도 두 번 변한다. 그들에게는 촉觸과 감感이란 것이 있다. 돈이 있는 곳을 아는 '촉'하고 그것을 돈이라고 느낄 줄 아는 '감'이란 것 말이다. 호랑나비에게 달린 촉보다 더 예민하고 벌이 맡을 수 있는 감보다 더 날카로운 감이란 거 말이다. 이런 촉감이 그들에게는 하나가 아니다. 발가락 끝에서 머리털 끝까지 달라붙어 있다. 발톱 밑에 숨어 있고, 손톱 밑에 숨겨져 있고, 머리카락에 달랑달랑 붙어 있다.

그들과 함께 칠레에서 온 홍어가 상갓집 식탁에서 홍도 홍어를 밀어내고 그 자리를 차지하게 되었다. 칠레 홍어는 목포에서 시작하여 전국으로 퍼져나갔다. 대전을 찍고 서울로 올라오고, 부산과 포항을 찍고 강릉을 거쳐 속초에 상륙했다. 상갓집에서 이 이야기를 들은 대포항 아줌마가 득달같이 산티아고로 달려왔다. 대왕오징어를 매점매석했다. 속초 앞바다의 오징어가 슬슬 자취를 감추는 터라 칠레 앞바다에서 잡힌 대왕오징어가 속초에서 비닐에 포장되었다. 비닐에 포장된 대왕오징어는 방방곡곡의 동네 슈퍼로 갔고, 어느 여인은 남미 여행 가방에 그것을 고이 간직해 왔다. 칠레에서 잡힌 대왕오징어가 한국에 갔다가 다시 칠레로 온 것이다.

| 如是我見 | **네루다가 살았던 집**

다시 5년 후로 돌아온다. 버스는 대학가로 접어들었다. 칠레 대학교 인지 산세바스찬 대학교인지, 분위기가 대학가다웠다. 옛적 동숭동 서울대학교 문리대 분위기랄까? 칠레 대학교라면 네루다의 모교다. 그는 소장품과 책들을 이 학교에 기증했다. 대학은 그의 기증품을 모두 창고에 처박아버렸다. 그는 당시 총장의 정치적 결정이라 쓰고 있다. 그는 정치인이자 시인이다. 어쩌면 그의 시가 그를 정치인으로 끌어들였는지도 모른다. 아옌데 대통령이 사망하고 12일 후 네루다는 군부가 보낸 앰뷸런스에 실렸다. 이슬라 네그라에서 산타마리아 병원으로 강제 이송되었다. 그날 밤 그는 죽었다. 그 사실을 아는 사람은 소수에 불과했다. 그가 왜 죽었는지 아는 사람은 전혀 없었다. 비 오는 날, 그의 시신은 군부에 의해 조용히 매장되었다.

2023년 2월 14일 〈연합뉴스〉 기사 제목이다. '칠레 저항시인 네루다, 쿠데타 직후 독살됐다'. 사진은 네루다가 아내와 함께 기자회견을 하고 있다. 기사 내용은 이렇다. '네루다가 피노체트 정권이 들어선 지 12일 만에 69세의 나이로 산타마리아 병원에서 죽었다. 피노체트 군부는 그가 전립선암으로 사망했다고 발표한 바 있으나, 네루다의 사인 규명을 위한 전문가위원회는 그의 어금니에서 독성 박테리아를 발견했다.'

나는 시인 네루다가 살았던 집을 보러 간다. 그의 삶의 흔적을 호흡하러 간다. 여기, 라 체스코나가 그가 젊은 시절을 보낸 육신의 흔적이라면, 태평양의 파도가 일렁이는 이슬라 네그라는 그의 시적 영혼이 태어난 자궁이다. 「모두의 노래」가 태어난 곳이다. 저녁나절 2차선 도로는 아이들이 뛰어놀고 어른들은 산책하는 한가한 길이다. 언덕을 바라

보고 버스는 서고, 우리는 내렸다. 차선이 없는 길을 걸었다. 인도이자 차도인 골목이다. 담벼락에 승용차 몇 대가 붙어 있고, 가로등 하나가 덩그렇다. 평범한 골목이다. 5분쯤 걸어갔다. 골목 끝이 다가왔다. 골목 끝에는 커다란 당산나무(?)가 버티고 있고, 그 아래에 시멘트 계단이 있다. 왼쪽으로 하늘과 바다를 상징하는 푸른색 담벼락 그림들이 눈에 훤히 들어왔다. 지금까지 걸어온 골목의 분위기와 전혀 다른 느낌이다. 돛단배와 외계인의 형상과 계단이 두드러졌다. 하얀 처마 밑 파란 담벼락 창틀에 철사로 만든 하얀 장식물이 앙증스럽게 대롱거렸다. 선線들만의 꾸밈이다. 매달린 것은 정사각형이다. 사각형 안에 원이 있고, 그 원 안에 새싹의 모습이 있다. 새싹의 이파리는 사람의 두 눈이요, 새싹의 줄기는 코요, 입술이다. 그 얼굴은 웃고 있다. 얼굴을 둘러 여덟 개의 꽃 이파리가 각각 다른 형상을 보여준다. 사각형 밑에 직사각형을 붙였다. 하얀 글씨가 파란 바탕에 또렷하다. 'LA CHESCONA'. 월요일인데도 문은 굳게 잠겨 있다. 천연석 돌담이 하얀 철문을 더욱 두드러지게 했다. 돌들은 그 형상을 그대로 간직하고 있다. 큰 것, 작은 것, 세모난 것, 네모난 것, 각이 너무 많아 셀 수 없는 것, 그리고 둥근 것, 울퉁불퉁한 것, 밋밋한 것, 반질반질한 것, 거칠거칠한 것, 부조화의 조화가 라 체스코나의 담벼락이다. 돌담 옆에 파란 색깔이 그 농담濃淡으로 파도가 출렁인다. 뒷걸음질했다. 올려다봤다. 언덕에 2층 양옥집이 나무 숲속에 아늑히 자리 잡고 앉아 있다. 벽은 온통 바다다. 거실 유리창에는 커튼이 드리워져 있다. 젊은 시절 네루다는 이 유리창을 통해 산티아고를, 칠레를, 그리고 세상을 바라보았다. 나는 심호흡을 했다. 그리고 그의 영혼의 흔적 몇 톨을 가슴에 담았다.

버스는 달려 산티아고 시내를 조망하는 곳으로 갔다. 통역자는 산티아고의 강남이라 말한다. 나는 산티아고의 성북동이라 말했다. 공원은 깔끔하고 백인들은 뜀박질한다. 산티아고의 번화가와 빌딩들이 한눈에 들어왔다. 부자 동네다운 풍광이 보였다. 나는 대학가에 자리 잡은

라 체스코나의 상징물이 굳게 잠긴 하얀 철문 위에 대롱거린다.

네루다가 젊은 시절에 살았던 집. 담벼락에 파도가 출렁거린다.

라 체스코나가 더 좋다.

산티아고의 길거리는 퇴근 인파로 북적거렸다. 그미와 나는 퇴근 인
파와 어울려 길을 걸었다. 세계의 모든 인종이 다 모인 듯했다. 뉴욕의
타임스퀘어 거리를 걷는 듯했다. 세 블록을 지나 슈퍼마켓에 들렀다.
그미와 나는 청포도 한 팩으로 저녁을 때웠다. 일찍 자고 일찍 일어나
리라. 침대에 뛰어올랐으나 잠에 들지 못했다. 태블릿을 꺼냈다. 메모
를 정리하고 닫았다. 그래도 말똥말똥하다. 다시 태블릿을 열었다. 그
리고 5년 전 기억을 되새김질했다.

| 如是我見 | 발파라이소라는 도시

발파라이소는 칠레 정치사를 장식한 두 인물이 태어난 곳이다. 한 명

은 선거에 의한 정치혁명을 이뤄낸 아옌데이고, 다른 한 명은 바로 그 정치혁명을 쿠데타로 뒤엎어버린 피노체트다. 같은 공간에서 태어나 한 사람은 폭격하는 사람이 되었고, 다른 한 사람은 그 폭격으로 죽은 사람이 되었다. 시인 네루다가 정치적 탄압을 받을 적에 바로 이 도시에 숨어 지내기도 했다. 발파라이소는 항구다. 지금도 산티아고의 외항 역할을 하고 있다.

에스컬레이터(푸니쿨라)를 타고 언덕을 오른다. 반달 모양으로 펼쳐진 해안이 태평양을 품고 있다. 크고 작은 배가 항구의 여기저기에 흩어져 있다. 산비탈에는 아름답고 화려한 집이 즐비하다. 담은 높고 골목은 넓어서 차가 늘어서 있다. 지대가 낮고 바다가 가까운 비린내 나는 곳에는 오두막이 다닥다닥 붙어 있다. 나무는 보이지 않고 담도 없다. 길이 바로 대문이다. 저 멀리 산비탈에는 향기가 하늘로 오르고, 이 아래 오두막에선 화장실의 악취와 사람 몸에서 풍기는 냄새가 난다. 골목을 걸었다. 시야는 가려지고 담장은 높아진다. 골목은 좁아지고 높아지는 담장에는 그림이 화려하다. 미로의 길은 서로가 서로를 연결하고, 서로가 서로를 잉태한다. 아이들이 지나간다. 아이들은 신기한 눈으로 우리를 응시한다. 골목은 그라피티 천국이다. 돌고 돌아도, 오르다 내리고 내리다 올라도 담장에는 글씨와 그림뿐이다. 예술가들의 혼이 살아 있다. 항구의 배들은 부~웅 뿌~웅 하면서 울부짖는다.

2023년 3월 28일(화요일, 음력 윤 2월 7일)

엊저녁 청포도는 다디달았다. 안데스의 햇볕을 먹고 자란 꿀포도는 육신을 꿀잠으로 인도했다. 잠에서 깨어나니 새벽 3시 30분. 백팩에서 책을 꺼냈다. 파블로 네루다의 시집 『너를 닫을 때 나는 삶을 연다』. 표지를 열고 메모했다.

To: Pablo Neruda Museum
From: OH, Jooseop(jsoh******@******com)
Mar 28, 2023

가벼운 마음으로 다시 아침잠을 청했다. 한 시간 정도 잤다. 몸은 가뿐하고 기분이 맑아졌다. 식당은 북적거렸다. 비즈니스맨과 비즈니스우먼들이 바쁘다. 리마나 라파스에서 느끼지 못했던 북적임이 호텔을 채우고 있다.

8시 30분에 출발한 버스가 육중한 철문으로 빨려 들어간다. 와이너리 여직원이 왔다. 우리는 그녀를 따라 이곳과 저곳을 구경했다. 포도가 열린 밭을 보았고, 청포도 몇 알을 따 먹었다. 달다. 빙~ 둘러서서 와인을 시음했다. 지하 저장고로 내려갔다. 서늘한 바람이 옷깃을 스쳤다. 브랜드는 '악마Diablo'다. 이유가 있다. 지하 와인 저장고에 도둑이 많이 들었다. 설립자 돈 멜쵸Don Melchor는 도둑 방지를 위해 브랜드를 '카시에로 델 디아블로Casillero del Diablo(악마의 와인 창고)'라 했다.

점심 식사가 준비되는 동안 나는 가이드인 캐롤리나 슈미트Carolina Schmidt에게 다가갔다. 그녀에게 책을 내밀었다. 이 책을 이슬라 네그라의 박물관에 기증해달라! 그녀가 물었다. 당신이 이 책을 번역했느냐? 당신이 출판사 사장이냐? 내가 답했다. 나는 네루다를 좋아하고, 그의 문학을 좋아하는 독자일 뿐이다. 그녀는 어디론가 사라졌다. 내가 점심 식사를 마친 후 그녀가 말했다. 나는 얼마 전까지 산티아고 네루다 박물관에서 일했다. 산티아고 네루다 박물관에 근무하는 친구에게 전화했다. 그에게 좋다는 연락을 받았다. 이슬라 네그라는 멀다. 그리고 나도 일이 바쁘다. 이 책을 산티아고 네루다 박물관에 기증하겠다. 친구의 허락을 받았다. 나는 두 손을 내밀며 말했다. "Thank You very much! Gracias!" 그녀가 답했다. "No Problem!" 내가 말했다. 이 책을 기증하고 진열된 것을 사진으로 찍어 이메일로 보내달라. 그러면 너

한국어로 번역된 네루다의 시집을 캐롤리나에게 맡겼다.

무너무 고맙겠다. 내 이메일 주소를 냅킨에 적어 책갈피로 꽂아주었다. 그녀가 답했다. "No Problem! Ok!" 나는 그녀에게 노란 책을 넘겨주었다. 그리고 서로 웃으며 포즈를 취했다. 커피를 마시던 사람들이 모두 박수를 쳤다. 와! 와! 이 약속의 증인이 열 명이나 되었다. 그녀가 덧붙여 말했다. 산티아고에 한 번 더 오시라. 그러면 산티아고 네루다 박물관에 들러 이 책을 볼 수 있을 것이다. 이슬라 네그라에 함께 가자. 그땐 꼭 나에게 연락해라!

그녀에게서 이메일이 왔다.

From: "Carolina Schmidt" ⟨carolinasch******@******com⟩

To: ⟨jsoh******@******com⟩;

Subject: Foto de Neruda's

"Hi mister Oh Joo Seop, the book si finally i the corrects hands.

He ido Darío Oses, the principal of Neruda's Foundation Library."

그리고 내가 그녀에게 건넸던 시집 한 권을 들고 있는 중년 남자의 사진이 함께 날아왔다. 이메일을 담고 있는 노트북을 껴안았다. 한참을 부둥켜안았다. "Gracias! Gracias!" 2주 후에 다시 이메일이 날아왔다.

Hello, i'm glad about You book. Yes, of course you can use the picture. I'm a poeta todo. Yo can serch My name Carolina Schmidt ando My pen name Sine Dime. I hope You can visita Chile son and I can drive You as a guide to the 3 houses of Neruda.

남미에 또 갈 수 있으려나? 그녀를 다시 만날 수 있으려나? 그녀와 함께 네루다 박물관 세 곳을 소요유할 수 있으려나? 『너를 닫을 때 나는 삶을 연다』를 만날 수 있으려나?

산티아고의 네루다 박물관장이 내가 기증한 네루다 시집(한국어판)을 들고 있다.

붉은 나뭇잎 사이로 하얀 설산이 얼굴을 내민다. 피츠로이다!
느릅나무 이파리 사이로 옥색 호수가 반짝반짝 빛난다. 카프리 호다!

그대로는 녹지 마라, 현룡見龍이면 재전在田이다.
대인을 만나야 하늘로 날아오를 수 있다.

파타고니아의
카프리 호수와
모레노 빙하

7

2023년 3월 29일(수요일, 음력 윤 2월 8일)

나는 파타고니아Patagonia로 간다. 파타고니아라는 지명은 마젤란이 항해할 때 거인Patagon의 원주민이 살고 있을 거라는 생각에서 붙여졌다. 파타고니아는 남미 대륙의 남위 38도 이남 지역을 일컫는 말이다. 파타고니아 서부는 칠레의 영토요, 동부는 아르헨티나의 영토다. 3월 하순, 우리는 봄이라 부르고 파타고니아는 가을이라 부른다. ㄱ ㄹ 뫼는 개나리와 벚꽃이 피어날 것이요, 파타고니아는 단풍이 울긋불긋할 것이다.

　남곽 부인이 말한다. "남쪽은 따뜻한 나라야!"
　북곽 부인이 말한다. "남쪽은 추운 나라야!"
　서곽 부인이 말한다. "남쪽은 따뜻하기도 하고, 춥기도 해!"
　동곽 부인이 말한다. "남도 옳고, 북도 옳고, 서도 옳다!"
　그래, 그렇다. 어디는 봄이고 어디는 가을이다. 어디는 여름이고 어디는 겨울이다.

　산티아고를 이륙한 비행기는 오른쪽에 태평양의 넘실대는 파도를, 왼쪽엔 거대한 안데스 기슭을 다큐멘터리 영화처럼 펼쳐놓는다. 한 시간쯤 지났다. '까만 도시' 위를 지나간다. 네루다는 자신의 어린 시절을 보냈던 도시 '테무코'를 '시커먼 동네'라 부른다. 어린 그의 눈에는 흙도 나무도 까맣게 보였다. 지금은 공기마저 까맣다. 아직도 나무를 난방 연료로 사용하기 때문이다. 저 시커먼 어둠 속에서 새엄마의 사랑(?)을 받으며, 아버지와의 갈등을 이겨내며 고등학교를 마쳤다. 그리고 그는 산티아고 칠레 대학에서 불문학을 전공한다. 시인이 된 그는 1927년 미얀마(당시 국명은 '버마') 랑군 주재 명예 영사가 되어, 동남아의 여러 도시에 머물면서 외교관 역할을 해낸다. 그의 자서전에는 국가 간의 갈등과 연인들과의 에피소드가 듬뿍 담겨 있다.

| 如是我讀 | 이슬라 네그라여, 그리움이여!

잡지사 기자 안토니오 스카르메타(1940~)는 파블로 네루다의 번잡한 사생활을 취재하라는 명을 받고 이슬라 네그라로 들어간다. 그가 잡지 기사 대신에 쓴 글이 소설 『네루다의 우편배달부』다. 이슬라 네그라는 시인이 육신의 삶을 살았고, 우편물을 받았고, 시를 쓰고 산문을 썼던 바로 그곳이다. 태평양의 바다를 바라보며 마음을 가다듬고, 바위와 몽돌에 부딪히는 파도의 거품과 바다의 출렁임을 관조했다. 뱃머리 조각상을 모으고, 세계의 이곳과 저곳의 조개껍데기를 모아들여 벽과 선반을 장식했다. 바다와 파도와 조개들은 언어의 조탁彫琢 과정을 거쳐 문장으로 태어났고, 문장들은 시를 탄생시켰다. 그곳이 바로 이슬라 네그라다. '땅을 빼앗긴 대신 언어를 얻었다.' 네루다의 말이다. 스페인어로 쓰인 네루다의 작품은 노벨 문학상을 받고 전 세계에 알려졌다. 시인에게 조국의 땅과 바꿀 수 있는 그 무엇이 있다면, 바로 언어와 문자였던 모양이다.

어부의 아들 마리오는 아버지와 함께 배를 타고, 아버지와 함께 고기를 잡는 일에 싫증을 느낀다. 마리오는 집을 박차고 거리로 나서, 독립을 선언한다. 우편배달부! 월급은 쥐꼬리! 그러나 그는 제복을 입고, 모자를 쓰고, 우편 가방을 어깨에 둘러맨 모습에 반했다. 우편물의 수취인은 단 한 사람! 갖추어야 할 조건은 자신 소유의 자전거! 시인은 바다와 뱃머리 조각상과 조개껍데기에서 시어와 그 시어가 상징하는 메타포를 훔쳐낸다. '메타포란 한 사물을 다른 사물과 비교하면서 말하는 방법이다.' 하늘이 울고 있다면 무슨 뜻일까? 비가 온다는 거잖아요. 그게 바로 메타포야. '생각을 하려고 제자리에 가만히 앉아 있단 말인가? 시인이 되고 싶으면 걸으면서 생각하는 것부터 시작하라고. 혹시 존 웨인처럼 걷는 것과 껌 씹는 걸 동시에 못하는 거야? 당장 포구 해변으로 가라고. 바다의 움직임을 관찰하면 메타포를 만들어낼 수 있을 테니까.' 마리오는 우편배달부요, 시인은 스승이다.

칠레는 제국주의와 거대 자본가들의 손아귀에서 벗어나지 못하고 있었다. 풍부한 광물자원은 모두가 그들의 몫이었고, 정권을 거머쥔 자들은 그들이 흘리고 간 떡고물을 주워 먹고, 그들이 흘려준 달콤한 꿀물을 들이마시고 있었다. 그들과 결탁한 몇몇 자본가의 배는 불렀으나, 국민 대부분은 빈곤과 굶주림에 허덕이고 있었다. 시인의 가슴에 시를 위한 메타포는 멀리 날아가고, 칠레라는 조국의 앞날과 정치적 상황이 그의 가슴을 짓누르고 있었다. 마리오는 베아트리스와 함께 사랑의 늪에서 허우적거리고 있었다. 거리에는 벽보가 붙었다. 대통령 선거 포스터에는 살바도르 아옌데라는 이름과 그의 웃는 얼굴이 붙었다. 마리오는 시인의 집으로 달려갔다. 그간 배달하지 못한 우편물을 자전거 짐칸에 한가득 싣고, 우편 가방에 한가득 담아 페달을 힘차게 밟아 달렸다. 9월 4일 밤. 칠레 최초로 투표 혁명이 일어났다.

3년 후, 산티아고 거리는 군인들이 장악하고 공군 폭격기는 방송국 송신탑을 폭격했다. 다른 더 큰 목표물을 위한 예행연습인 줄은 아무도 몰랐다. 방송국을 장악한 군부는 화창한 봄날에 '오늘 산티아고에 비가 내린다'라는 일기예보를 내보냈다. 암호였다.

마리오는 우체국으로 달려갔다. 체 게바라의 초상화를 떼어냈다. 가슴에 품었다. 아옌데의 초상화는 걸렸던 자리에 그대로 두었다. 마리오는 시인에게 날아든 전보와 우편물을 가방에 담았다. 군인들이 이미 이슬라 네그라를 포위하고 있었다. 그는 파도 마루를 넘고, 파도 골을 돌아 바다를 헤엄쳤다. 마침내 시인 앞에 섰다.

"이봐, 편안히 죽을 수 있게 절묘한 메타포 하나 읊어보게."

"아무 메타포도 생각나지 않아요, 선생님. 하지만 제 얘기를 잘 들으세요."

시인은 숨을 몰아쉬었고, 헐떡거렸다. 마리오는 소리 나지 않게 아우성을 질러댔다. "선생님, 제발 죽지 마세요. 제발 죽지 마세요!" 시인은 연행되듯 병원으로 실려 갔다. 1973년 9월 23일, 네루다는 산타마리아 병원에서 최후를 맞았다. 그의 사인은 아무도 몰랐다. 그저 죽었을 뿐이다. 하늘은 검디검은 비를 뿌려댔다. 콘도르는 날지 못했다. 시인의 주검은 이슬라 네그라로 돌아오지 못했다. 시인의 무덤은 군인들이 결정했다. 주검은 몇 년이 지난 후에야 이슬라 네그라로 돌아올 수 있었다.

영화 「일 포스티노 IL POSTINO」는 소설 『네루다의 우편배달부』를 바탕으로 한다. 무대는 이슬라 네그라가 아닌 이탈리아의 카프리 섬이다. 같고 다른 점은 독자가 읽고 보고 느껴볼 일이다.

산티아고에서 이륙한 비행기는 푸에르토몬트 PMC에 투덜거리며 내린다. 만원 승객의 반쯤은 내리고, 나머지는 좌석에 앉아 있어야 한다. 승무원들이 왔다 갔다 하면서 좌석을 체크한다. 30여 분을 기다렸다. 새로운 승객들이 좌석을 찾아 앉는다. 그들은 대부분 겨울 등산복 차림이다. ㄱㄹ뫼에서 속초 가는 버스를 탄 기분이다. ㄱㄹ뫼를 출발한 버스는 홍천에서 승객들을 내리고, 속초 가는 승객들을 다시 싣는다. 가을에 속초 가는 사람들은 설악산 단풍을 구경할 것이다. 이 비행기의 승객들은 파타고니아의 단풍을 구경할 것이다. PMC는 파타고니아로 가는 관문 역할을 한다.

| 如是我見 | **비행기 좌석은 행운을 몰고 온다**

사람들이 소란해진다. 창밖을 내려다봤다. 비행기 날개 아래로 장

비행기에서 본 파타고니아. 하얀 설산이 바다를 이루었다.

관이 펼쳐진다. 하얀 설산이 바다를 이루고 있다. 파타고니아의 설산이 발아래 가득하다. 하얀 구름이 설산을 휘감는다. 설산 아래 호수가 반짝거린다. 기장의 안내 방송이 흐른다. 내 귀에는 '레프트 사이드Left Side!'라는 말만 들어왔다. 오른쪽에 앉은 나는 어찌할 것인가? 왼쪽에 앉은 운 좋은 승객들은 사진을 찍었다. 나는 오른쪽을 보고 사진을 찍었다. 여행은 운運이 7이요, 기技가 3이다. 인생도 운칠기삼運七技三이다. 파레토의 법칙은 8 대 2다. 서양인들이 운에 더 기댄다.

　버스가 호텔에 다다랐다. 목조 건물. 프런트도 널찍하고 방도 넓다. 해는 석양을 향해 내려가고 호텔 앞 호수는 춤을 춘다. 호수에서 튕겨 나온 햇빛은 눈이 부시다. 바람은 호수에서 왔다가 산으로 가고, 산에서 왔다가 호수로 돌아간다. 머리카락은 제자리를 잡지 못하고 춤을 춘다.

푸에르토 나탈레스 거리를 걸었다. 차는 다니지 않고, 사람들은 모두 웅크리고 걷는다. 물리적인 기온의 차이보다 몸이 느끼는 온도가 훨씬 더 춥다. 바람 탓이리라. 바람이 설산의 차가운 기운을 데리고 온다. 나뭇가지가 한쪽으로만 뻗어 있다. 바람 탓이리라. 트레킹 혹은 겨울 등산 복장을 한 사람이 대부분이다. 집은 모두 단층 혹은 복층이다. 식당에 들어갔다. 아직은 이른 시간인데도 사람들이 북적인다. 시끌벅적하다.

| 如是我思 | 배부름과 알코올은 잠을 부른다

여행자, 동네 사람, 흑인, 백인, 황색인이 북적북적, 와글와글하다. 음식은 2인분씩 나뉘어 나온다. 숯불로 구워낸 고기가 화톳불에 올려져 식탁 위에 올라온다. 소고기, 돼지고기, 양고기, 칠면조 고기 등등이 나온다. 소와 돼지의 각 부위별로 나온다. 갈비에서 내장까지 나온다. 주먹 크기의 감자 두 개와 양파와 채소가 한가득이다. 2인분이 ㄱㄹ뙤의 4인분보다 많다. '악마의 붉은 포도주' 한 잔을 곁들이니 배는 부르고 잠은 쏟아진다. 열심히 먹었다. 절반도 먹지 못했다.

슈퍼에 들렀다. 그미가 헐레벌떡 뛰어왔다. 엄청난 것을 찍었다며 스마트폰을 보여준다. 모두 모여 액정을 들여다봤다. 호박을 들고 있는

파타곤 호박! 파타곤 동물도 있으려나?

서곽 선생. 제대로 서지도 못하고 무릎을 펴지도 못하고 있다. 엄청 무거워 보였다. 점원은 옆에서 웃고 있다. 비슷한 크기의 호박이 그 옆에 진열되어 있다. 그에게 물었다. 무겁습니까? 한 30킬로그램은 족히 될 듯합디다. 파타고니아에는 파타곤 호박이 자란다. 파타곤 동물도 있으려나?

호수 위를 스쳐온 빙하의 차가움이 창문을 두드린다. 오래된 목조 호텔 창문이 투덜거린다. 덜거덩덜거덩, 비거덕비거덕, 삐거덕삐거덕한다. 졸음이 달아나고 정신이 말뚱말뚱해진다. 그미는 찍은 사진을 지우고 정리하느라 눈과 손가락이 바쁘다. 나는 태블릿 메모를 열었다. 적는 자만이 살아남을 수 있다!

2023년 3월 30일(목요일, 음력 윤 2월 9일)

어제 저녁 식사는 성찬이었는데 오늘 아침 식사는 별로다. 차림이 별로라는 말이 아니다. 입에 당기지 않는다는 말이다. 잘 차려진 호텔 뷔페 조찬은 멀리하고, 요구르트 한 사발과 커피 한 잔으로 마무리한다. 호텔 창가에서 호수를 바라봤다. 아직 어둠이 가득하다. 동쪽 언덕東坡을 사랑했던 어느 시인의 시가 떠올랐다. 나는 오늘 그 시인의 관조법觀照法을 따르리. 생각의 사마타止를 얻고 마음의 위빠사나觀에 이르리라!

│如是我觀│ 생각을 멈추고 사물을 관조하라

橫看成嶺側成峰, 遠近高低各不同. 不識廬山眞面目, 只緣身在此山中.

고개를 기울여보면 고갯마루가 보이고, 옆으로 갸우뚱거려보면 산봉우리가 보이네. 멀리서 보고 가까이서도 보고, 높은 곳에서 보고 낮은 곳에서도 보면, 그 모습 각각 다르게 보인다네. 우리가 여산의 진면목을 볼 수 없는 것은, 내 몸과 마음이 그 산속에 묻혀 있기 때문이라네.

버스에 짐과 몸과 마음과 생각을 실었다. 해는 솟아오르지 못하고 검은 구름만 하늘을 가리고 있다. 여기저기 동네 불빛이 한가롭다. 트레킹 복장의 여성이 인사를 한다. 모두 박수로 그녀를 환영했다. 그녀의 미소가 해맑다! 운전기사를 소개한다. 두 명이다. 한 사람은 운전하면서 손을 높이 들어 흔들고, 또 한 사람은 운전석 옆에서 일어나 고개 숙여 인사한다. 모두 박수와 환호를 보냈다. 운전기사가 두 명인 이유는 간단하다. 하루 종일 한 사람이 운전하기 힘들기 때문이다.

세상은 차츰 밝아오고, 서쪽 하늘에 파란빛이 돈다. 비는 내리지 않을 모양이다. 어르신들한테 들었다. 서쪽이 밝으면 그날 비는 오지 않는다. 여기는 남반구다. 그 말이 맞을지는 알 수 없다. 어쨌든 비가 내리거나 내리지 않는 것은 하늘의 일이다. 비가 오면 우비를 입고 거닐고, 눈이 내리면 눈을 맞으면서 돌아다니고, 바람이 불면 바람 속에서 헤맬 것이다. 햇볕이 내리비추면 따스한 가을볕을 즐길 것이다. 그게 소요유다. 버스는 동네 불빛을 벗어나 어둠을 헤집고 달린다. 현지 가이드가 손을 들어 창가 하늘을 가리킨다. 콘도르가 버스 주위를 맴돈다. 그녀가 말한다. "Condor! Breakfast!" 내가 되물었다. "What? Condor? Breakfast?" 영어 단어 몇 개로 의사소통이 될 리가 만무하다. 통역자가 말한다. 콘도르같이 육식하는 새들은 아침에 아스팔트 위에서 먹이를 찾는다. 뭐? 아스팔트 위에서 먹잇감을 구한다고? 저 콘도르는 엊저녁에 로드킬을 당한 산짐승과 들짐승의 사체를 찾고 있다. 퓨마여, 여우여, 야마여, 사슴이여, 토끼여! 불빛을 좇지 마라. 네가 좇는 두 개의 빛줄기에 죽음이 숨어 있단다!

버스가 자리를 잡고 선다. 그녀가 먼저 내린다. 비닐로 코팅한 신분증이 그녀의 머리 뒤로 나풀거린다. 정류장도 아니요, 휴게소는 더더욱 아니다. 나도 뛰어내렸다. 초겨울의 한기가 그대로 코를 통해 들어온다. 걸음을 옮기니 자갈 밟는 소리가 요란하다. 엊저녁에 내린 서릿발의 기운이 운동화 속 발가락까지 들어온다.

하늘은 구름 한 점 없이 맑다.
크게 보면 산봉우리가 셋이요, 작게는 헤아릴 수가 없다.
온통 눈을 뒤집어쓰고 있다.
산허리는 아침 햇살에 붉은 것인가, 단풍에 붉은 것인가?
저쪽 호수는 하얗게 반짝이고, 이쪽 호수는 파랗게 반짝거린다.

이름 모를 나무 한 그루가 우뚝하다.
나뭇잎 붉기가 설산을 불태운다.
나뭇가지들은 왼쪽에서 오른쪽으로 뻗었다.
나는 입을 크게 벌려 한 움큼을 들이켜고, 두 눈을 감았다.
토레스 델 파이네 국립공원이 들어왔다.

흥분이 가라앉기도 전에 버스는 다시 달린다. 공원 안내 간판이 파랑
다. 세로로 'VILLA RIO SERRANO'라는 글씨가 주렴처럼 매달렸고, 가
로로 'COMUNA TORRES DEL PAINE CHILE'라는 글씨가 툇마루처
럼 기둥들을 지탱하고 있다. 가운데 기둥 오른쪽은 장방형의 네모가 풍
광을 담아낸다. 이리 보면 봉우리 셋이 그 안으로 들어오고, 저리 보면
하나만 그 안으로 들어온다. 강은 왼쪽에서 오른쪽으로 천천히 흘러내
린다. 강원도 정선의 쉬기대를 닮았다. 파노라마로 사진을 찍었다. 저
설산이 녹아 흐르는 물이리라.

설산은 하얗고 강물은 파랗다.
설산의 하얀 물이 파랗게 흐른다.
흐르는 듯, 멈춘 듯 고요하기 그지없다.

가을걷이 마친 들판에는 서릿발이 하얗다.
소와 말과 양들은 가실 풀을 뜯고 인가는 한적하다.

파타고니아의 만추.

파란 강물 위로 하얀 물안개 소복소복 피어오른다.

예가 어찌 선경仙境이 아니겠느냐?!
예가 어찌 무하유지향無何有之鄕이 아니더냐?!
북쪽에서 날아온 대붕이 하늘 아래 소逍하고 요遙하며 유遊하는구나!!

멀고 높은 언덕 두 곳에서 파이네 그란데Paine Grande를 이리 보고 저리 보았다. 국립공원의 바깥을 빙빙 돌면서 감상하고 나서 보다 가깝고, 보다 낮은 곳에서 올려다볼 것이다. 국립공원 안쪽으로 깊숙이 들어갈 것이다. 버스는 계곡을 타고 내려 강을 건너는 다리를 지날 것이다. 국립공원의 오장육부 속으로 깊숙이 들어갈 것이다. 마른 풀에 달라붙은 서릿발이 갈대꽃이 되어 흔들거린다. 버스는 자갈길을 터덜거리며 달린다. 설산은 더 가까이 다가왔고, 단풍잎은 더욱 새빨갛다. 호수 물은 출렁이며 바람은 살랑거린다. 검은 고목이 띄엄띄엄 나타난다. 속이 검은 나무가 있나? 그녀에게 물었다. 나무가 원래 까만가요? 그녀가 답했다. 몇 년 전에 큰~ 산불이 났습니다. 까만 나뭇등걸은 산불 조심하라는 경고장입니다. 낙산사와 오봉산이 모조리 타버린 모습이 머리를 스쳤다. 이제 20여 년이 지나 낙산사도 낙산사다워졌다. 그러나 여기는 풀과 교목이 나뭇재를 덮어버리지 못하고 있다.

버스가 휴게소로 들어간다. 이곳에 사는 동물들의 사진이 보인다. 야마, 퓨마, 산양, 여우 등의 얼굴이다. 그 밖에 20여 종의 동물이 살고 있다. 새들의 모습이 그려진 간판도 보인다. 콘도르가 맨 위에서 날고 부엉이, 딱따구리가 보인다. 왼쪽 위에 스페인어와 영어가 함께 쓰여 있다. 'ARMONIA ENTRE ESPECIES'는 크게, 'HARMONY BETWEEN SPECIES'는 보다 작게 적혀 있다.

빙하수가 세차게 흘러내리는 강을 건넜다. 출렁다리도 아니고, 그렇다고 시멘트 다리도 아니다. 현수교가 강을 가로질러 있다. 'MIRADOR LAGO GREY⇒'라는 조그만 표지판이 안내한다. 그레이 호수 전망대는 저수지 둑이다. 저수지가 엄청나게 크다. 물 색깔은 옥빛. 둑 아래 자갈밭을 걸었다. 엄지손톱만 한 하얀색과 까만색의 자갈밭이 발등까지 쑥쑥 들어간다. 조개껍데기는 보이지 않는다. 바닷물은 아니다. 호수 저편에 우뚝 솟은 설산이 양쪽으로 나지막한 설산 둘을 거느리고 있다. 낮은 곳에서 보니 훨씬 웅장하고 높아 보인다. 설산들의 높이와 크기의 차이가 훨씬 뚜렷하다. 군데군데 빙산이 흘러내린 흔적이 보인다. 바위들이 흉터처럼 까맣다. 멀리서는 보이지 않은 것들이 가까이서는 더 많이 보인다. 호수 아래쪽에서 올려 부는 바람이 사람을 기우뚱하게 한다. 서 있는 것, 숨 쉬는 것이 쉽지 않다. 갑시다! 남자의 목소리에 '엄청 추워요!' 하는 여성의 목소리가 들린다. 사람들이 서두른다. 올 때는 이런저런 설명을 듣느라 호수와 설산에 놀라면서 바삐바삐 걸었다. 돌아갈 때는 천천히 느리게 걸어가리라. 빨간 잎 나무? 느릅나무가 아닐까? 일행의 꼬리가 보이지 않는다.

'오를 때 보지 못한 단풍의 빛깔, 내릴 적에 보았노라!'

버스는 또 달렸다. 버스의 속도가 느려졌다. 터덜댐과 흔들림이 순해졌다. 운전기사가 바뀐 모양이다. 이번에는 버스가 호숫가에 섰다. 높은 곳으로 올랐다. 호수 가운데에도 설산이 있다. 회색이다. 하얀 설산과 회색 설산이 서로를 맞대고 있다. 우유니 소금사막이 큰 경대라면, 이 호수는 손거울이다. 호수 가운데에 조그만 섬 하나가 떠 있다. 그 섬에 통나무집 몇 채가 자리 잡았다. 세인트로렌스의 천섬마냥 아름답다. 세인트로렌스는 섬이 1,000개이지만, 여기는 단 하나다. 세인트로렌스는 부호들의 별장이지만, 여기는 여행자들을 위한 호텔이리라. 아래로 내려갔다. 호수 물이 신발을 적셨다. 산의 흔적이 물위에 흩어진다. 위에서 보니 설산이 둘이요, 아래에서 보니 설산이 하나다.

버스는 다시 산길을 달렸다. 자갈길을 돌고, 오르고, 내리기를 반복했다. 설산은 어디를 가나 보였다. 호수도 어디를 가나 있다. 다만 그 크기와 모양이 달랐다. 설산 아래 호수, 호수 뒤에 설산. 크게는 같고 세밀한 것은 같지 않다. 대동大同이요 소이小異다. 움막, 아니 농막처럼 생긴 전망대에 올랐다. 유리창에는 이런저런 딱지가 다닥다닥 붙어 있다. 여인은 한껏 자세를 취하고, 남자는 사진을 찍는다. 설산과 호수와 풀들과 여인과 남자가 스티커들 사이에 들어왔다. 자연에 사람 흔적이 덕지덕지하다. 그래도 어울린다.

이리 보니 예수의 형상이요, 저리 보니 그리스도의 형상이다.
앉아 보니 부처의 모습이요, 일어서니 석가모니의 모습이다.
펄쩍 뛰니 플라톤 형상이요, 폴짝 뛰니 소크라테스 형상이다.
당겨 보니 공자 모습이요, 밀어 보니 노자 장자의 모습이다.

그미가 돌밭을 이리저리 걷는다. 풀덤불을 만진다. 앗, 따가워! 깔라빠떼를 만졌다. 멀리하면 장모님 방석이요, 가까이하면 시어머니 방석이다. 떨어지면 겨울밤 솜이불이요, 가까이하면 고슴도치 겨울나기다. 사람의 삶 또한 불가원不可遠이요, 불가근不可近이다. 알티플라노가 해발고도 4,000~5,000미터라면, 버스를 타고 하루 동안 돌아다닌 칠레의 국립공원은 해발고도 200~300미터이다. 볼리비아 설산의 높이가 6,000~7,000미터라면, 이곳의 설산은 그 절반쯤이다. 알티플라노가 적도에 가깝다면, 여기는 남극에 가깝다. 여기는 남위 51도 근처. 버스는 이제 광활한 대지를 달린다. 하늘에는 콘도르 두 마리가 먹이를 찾고 있다. 저녁이 가까워진 모양이다. 산기슭에서 야마와 비쿠냐와 토끼들은 마른 풀을 뜯고, 콘도르와 퓨마와 여우는 그들을 노린다. 인간은 그들의 고기와 털을 노린다. 풀은 그들이 싼 똥과 오줌을 먹고 자란다. 돌고 도는 것이 칠레 국립공원의 삶이다.

왕복 2차선 아스팔트 도로를 달리다 버스가 멈추어 선다. 가이드가 내린다. 여기가 국경인가? 볼리비아와 칠레의 국경은 삼엄했다. 칠레 입국 절차는 까다로웠다. 세관원들도 시끌벅적했다. 이곳은 가림막대 두 개가 왕복 2차선 도로를 막고 있을 뿐이다. 칠레와 아르헨티나를 가르는 국경이다. 여권과 PDI(칠레 경찰이 발행한 입국사증)를 창구 안으로 밀어 넣었다. 여직원이 빵긋 웃는다. 도장이 꽝! 소리를 내고 여권이 다시 내 손으로 돌아왔다. 출국 절차가 끝났다. 가림막대가 열리고 버스는 10여 분을 더 달렸다. 사람들은 버스에서 내리고 짐은 내리지 않았다. 털북숭이 개가 어슬렁거린다. 군용 막사처럼 생긴 곳으로 들어갔다. 여권을 창구로 밀어 넣었다. 직원은 여권을 이리저리 뒤적거리다 도장을 꽝! 찍는다. 입국 절차가 끝났다. 사람들은 입국심사를 받고 짐은 세관심사를 받지 않았다. 국경은 맞닿아 있는 나라들의 사이가 어떠한지를 말해준다. 볼리비아와 칠레는 삼엄한 관계 혹은 뭔가 풀지 못한 숙제가 남아 있는 관계라면, 칠레와 아르헨티나는 그저 그런 관계다. 갈 사람은 가고 올 사람은 오라! 뭐 이런 느낌이다.

이제는 아르헨티나다. 칠레의 버스와 운전기사들과 가이드가 우리와 함께 아르헨티나 길을 달린다. 궁금했다. 통역자에게 물었다. 기사들과 가이드도 같이 갑니까? 그가 설명했다. 기사들과 버스는 우리를 아르헨티나 호텔에 내려주고 되돌아갑니다. 가이드는 아르헨티나 파타고니아도 안내할 겁니다. 그녀는 칠레와 아르헨티나의 국적을 모두 가지고 있어서 일하는 데 지장이 없습니다.

버스는 두어 시간을 더 달렸다. 드디어 깔라빠떼의 불빛, 도시의 불빛이 도로와 집과 빌딩들을 밝힌다. 'XELENA' 로고가 불을 밝힌 호텔에 내렸다.

2023년 3월 31일 (금요일, 음력 윤 2월 10일)

오늘 아침은 느긋하다. 호텔 뒤에 호수가 있다. 어젯밤에 봐두었다. 가벼운 산책으로 부풀어 오른 배를 편안하게 하자. 호텔을 왼쪽으로 돌았다. 나무들 사이로 보이는 구름과 호수와 들판이 모두 새빨갛다. 호수 건너편에 큰불이라도 난 듯하다. 구름이 붉으니, 호수는 더욱 붉다.

'파타고니아 드림스PATAGONIA DREAMS'는 달린다. 중앙 차선이 없는 왕복 2차선 도로를 좌로 돌고 우로 돌고, 오르락내리락 달린다. 바위와 풀과 자갈과 모래가 들판에 가득하다. 나무는 보이지 않는다. 나는 그 이유를 모른다. 바람 탓인가, 추위 탓인가? 분명 고도 탓은 아니다. 묻지 못했다. 추측해본다. 산기슭에는 나무들이 살고 있다. 단풍도 아름답다. 들판은 평지인데도 나무가 없다. 산기슭에는 흙이 퇴적되어 있고, 사막화된 들판에는 나무가 뿌리를 내릴 만한 흙이 없기 때문이 아닐까? 한 시간 반 정도 달렸다. 버스는 휴게소로 들어간다. 크고 작은 버스가 초만원이다. 버스가 많다기보다 휴게소 마당이 좁다. 휴게소 앞에

휴게소 앞에 세계 주요 도시까지의 거리가 적혀 있다.

개울물이 흐른다. 흐르는 속도가 빠르고 수량도 가득하다. 손가락을 담
갔다. 얼음을 만진 기분이다. 물빛이 옥색이다. 창고형 건물의 빨간 지
붕에 'HOTEL LA LEONA'라는 하얀 글자가 선명하다. 강가 쪽으로 기
다란 철봉이 하얀 수레바퀴 사이에서 아르헨티나 국기를 매달고 있다.
펄럭이지는 않는다. 휴게소 건물 앞에 팻말들을 짊어진 말뚝이 우뚝하
다. 세계 유명 도시의 이름과 거리가 표기되어 있다. 맨 위에서 두 번째
가 서울이다. 1만 7,931킬로미터! 칠레 산티아고는 2,994킬로미터다.
산티아고도 꽤나 멀다. 하기야 칠레의 국토 남과 북의 거리는 4,200킬

로미터보다 길지 않는가? 도쿄는 2만 1,041킬로미터다. 아니, 도쿄가 서울보다 멀다는 건가? 가이드에게 물었다. 답이 나왔다. 내 생각은 태평양을 횡단하는 거리이고, 표지판의 거리는 대서양을 횡단하는 거리다. 지구는 둥글다. 서쪽으로 가면 서울이 도쿄보다 멀고, 동쪽으로 가면 더 가깝다. 멀고 가까운 것은 어느 방향으로 가느냐의 문제다.

'파타고니아 드림스'는 계속 달린다. 우리도 함께 꿈을 꾸며 달린다. 설산과 호수를 배경으로 사진을 찍는다. 어제 온종일 봤던 풍광이 아직도 이어지고 있다. 감탄의 소리는 어제보다 크지 않다. 하루 동안 익숙해졌다.

|如是我觀| 인간의 나이란, 생명이란?

아르헨티나의 센데로 피츠로이SENDERO FITZ ROY. 깔라빠떼 군락지가 칠레 국립공원보다 더 빽빽하다. 살짝 만져봤다. 역시 따갑다. 아카시아 가시에 찔린 듯했다. 보들보들하고 가녀린, 이름을 알 수 없는 풀들이 그 사이사이에서 자라고 있다. 작은 꽃을 피워내고 있다. 그 꽃은 민들레를 닮았다. 깔라빠떼가 그들을 보호하고 있다. 아니, 그 풀들이 깔라빠떼를 요새화했다. 공생은 아닌 듯하다. 고사목들은 다리가 되어주기도 하고, 쉼터가 되기도 한다. 그들은 여러 팔을 벌려 서 있기도 하고, 홀로 꿋꿋이 버티고 있기도 하다. 길가에 하얀 눈이 보이기 시작한다.

멀리는 설산이요, 흐르는 물은 빙하수다.
설산은 창끝 닮아 뾰쪽하고 강물은 뱀처럼 꼬불꼬불하다.
느릅나무 단풍은 그 붉기가 용광로요, 깔라빠떼는 고슴도치다.

내려가는 사람이 올라! 하니 오르는 사람도 올라! 한다.
나무의 드러누운 등걸을 밟고, 쓰러진 고목 밑을 기어간다.
붉은 나뭇잎 사이로 하얀 설산이 얼굴을 내민다. 피츠로이다!

느릅나무 이파리 사이로 옥색 호수가 반짝반짝 빛난다. 카프리 호다!

하얀 설산 아래 붉은 양탄자, 붉은 양탄자 아래 옥빛 호수.
높은 산은 희고, 낮은 산은 붉고, 호수는 비취의 물결이 인다.
삼라만상은 형상이 제각각 다르고, 색깔은 스스로를 뽐내누나.

두류산 남쪽 기슭이 북명이요, 카프리가 바로 남명이로다.
가을날 벗과 함께 오르니 산도 붉고 물도 붉고 사람 마음도 붉다.
대지인大知人은 산과 물과 사람 마음이 모두 붉다 노래했거늘,
소지인小知人에겐 어이하여 모두가 다르게 보이는가?

맛은 마른 햇반이요, 냄새는 ㄱㄹ뫼 김밥이다.
카란초와 나는 삶을 위해 먹고 마신다.
오늘의 가을은 내일의 봄이 되리니.

산악 가이드의 내리막 걸음은 산악자전거다.
풍광은 어디메요, 헐떡임은 내 가슴이로다.
허벅지는 당기고, 무릎은 삐거덕댄다.

그녀가 하이파이브, 나도 하이파이브!
"How old are you?" "73!" "You are a strong man!!"
그녀의 위로에 힘이 솟구친다.

그녀가 이어 말한다. 여권을 보여주세요. 확인해야겠어요. 내 주민등록번호 앞자리는 '52'로 시작된다. 내 생일이 1년 늦게 기록되어 있음을 설명했다. 그녀는 이해하지 못하는 낯빛을 보였다. 통역자를 불렀다. 그녀가 납득했다. 다시 묻는다. '2023-1951=72!' 왜, 73세라고 하

옥색으로 빛나는 카프리 호수.

는가? 우리의 나이 셈법을 설명했다. 아버지 몸에서 엄마의 자궁으로
와 임신이 되었다 함은 생명이 시작되었다는 의미이다. 때문에 우리는
전통적으로 태어난 해에 한 살을 덧붙인다. 엄마의 배 속에서 10개월
동안 있다가 세상에 나왔으니 태어나자마자 한 살이다. 이게 우리가 가
진 생명에 대한 인식이다. 그래서 내 나이는 '2023-1950=73'인 것이
다. 나는 그녀의 종교를 물었다. 가톨릭! 그렇다! 가톨릭에서 낙태를 금
지한 것도 태아를 하나의 생명, 한 인간으로 인정하기 때문이다. 당신도
이제부터 나이에 '1'을 더해라! 아니면 열 달이라도 더해라!! 그녀는 고

개를 끄덕였다. 수긍한 듯했다. 화제를 돌렸다. 이번 주 내내 비가 왔다. 지난번에 온 한국 팀은 비 때문에 등산을 못했고, 피츠로이와 카프리의 정경을 보지 못했다. 내일도 비가 올 것이다. 오늘 이토록 날씨가 좋으니 당신은 럭키가이다! 내가 되물었다. "레알?" 그녀가 말한다. "슈어!" 내일 비가 오나, 안 오나 어디 두고 볼 일이다. 지금은 하늘에 비를 품은 구름이 전혀 보이지 않는다. 그녀를 믿어도 될까?

| 如是我思 | **갈꽃 머리 소녀가…**

식당 입구 간판에 양이 불길 속에서 미소를 짓는 모습이 그려져 있다. 문을 열고 들어선다. 오른쪽에 커다란 유리 상자가 있고, 그 안에 양 네 마리가 네 발을 벌리고 거꾸로 걸려 있다. 그 가운데에는 장작불이 세지도, 그렇다고 약하지도 않게 타고 있다. 기름기가 양의 등줄기를 타고 흘러내린다. 은은하게 타고 있는 장작불에 훈제되어가는 모습이 아름다워 보이지는 않는다.

종업원이 와서 사람 숫자를 헤아린다. 콜라, 와인? 남곽 선생이 와인 두 병을 추가 주문했다. 양고기가 쟁반에 담겨 나온다. 다른 직원이 숯불을 들고 온다. 숯불 위에 양고기 쟁반을 얹는다. 적당히 따뜻한 양고기와 붉은 와인이 어우러지면서 두 다리의 피곤함이 슬슬 녹아내린다. 건배! 모두 잔을 들었다. 열흘 정도 서먹서먹했던 분위기가 갑자기 화기애애해졌다. 아침과 저녁으로 간단한 인사만 나누었던 일행이 이런저런 이야기로 꽃을 피웠다.

호텔로 가는 셔틀버스를 타기 위해 초저녁의 읍내 거리를 걸었다. 가로수는 모두가 당산나무처럼 덩치가 크다. 나뭇잎이 가지에서 떨어지기 싫어하는 모습이 역력하다. 단풍나무 계열이리라. 말라버린 단풍나무 이파리는 새싹이 터야 가지에서 떨어진다. 때문에 동양의 귀신들은 단풍나무 몽둥이를 무서워한다. 청와대 개방 행사 전에 단풍나무 가지를 들고 경내를 돌아다녔다는 뉴스가 나온 이유다. 거리에는 동네 사람보다 여행객이 훨씬 더 많다. 모든 것이 붉다. 가로수 이파리도 붉고, 함께 걸어가는 사람들의 얼굴도 불그스레하고, 건너편에 뛰어가는 어린 아이들의 얼굴은 더 붉다.

호텔 방 커튼을 열어젖혔다.
호수의 수면이 온통 붉다.
창틀 아래서 흔들리는 갈대가 붉다.
저녁노을 바람에 갈꽃 한 움큼이 누웠다 일어서기를 반복한다.

단발머리 나풀거리며 소녀가 달린다. 갈밭 사잇길로 들어선다.
갈밭머리에 갈꽃이 한 움큼 움직인다. 소녀가 갈꽃을 안고 있다.
유난히 붉은 가을 햇살이 소녀의 갈꽃 머리에서 반짝인다.
갈꽃이 호숫가를 걸어간다.

소녀의 모습이 어둠 속으로 사라진다.
「소나기」가 올 모양이다.
윤 초시네 손녀가 내 등을 감싸 안았다.

2023년 4월 1일 (토요일, 음력 윤 2월 11일)

온 천지가 캄캄하고 빗줄기가 퍼붓는다. 그녀의 말이 옳다! 화기가 애애하다 보면 이야기가 많아진다. 남곽 여사와 북곽 여사의 말이 들려온다. 잉카 무늬 티셔츠에 관한 이야기인 듯하다. 베이비 알파카에 대한 논쟁이다. 진짜와 가짜, 진품과 가품에 대한 논쟁이다. 어딘들 진짜만 있겠는가? 자기 눈에 진짜면 진품일 거요, 가짜로 보이면 가품일 것이다. 진짜와 가짜는 다 내 마음속에 있다.

'파타고니아 드림스'는 빗속을 뚫고 달린다. 어제 달렸던 길 같기도 하고 아닌 것 같기도 하다. 들판에 야마 몇 마리가 아침 식사를 하다가 도망간다. 살기 위해선 삼십육계가 최고의 전략이다. 페리토 모레노 빙하를 향해 버스는 달린다. 북곽 선생이 말한다. 페리토 모레노? 모래내 가는 걸로 합시다!! 페리토 모레노면 어떻고 은평구 모래내면 어떤가. 전망대처럼 생긴 곳에 버스가 섰다. 비는 거의 그쳐가는 느낌이다. 하늘을 향해 손바닥을 벌렸다. 구름이 마지막으로 털어내는 몇 방울의 비가 떨어진다. 'PARQUE NACIONAL LOS GLACIARES'라는 글자가 선명하다.

30여 분을 더 달렸다. 하늘은 청명하다. 여기저기 흩어진 하얀 구름이 하늘색을 더욱 푸르게 한다. 이리 봐도 저리 봐도 하얀 산이다. 선착장에 도착한다. 유람선 옆구리에는 아르헨티나 국기 여섯 개가 펄럭인다.

선미에 자리를 잡았다. 배가 만들어내는 하얀 길이 호수를 가른다. 아르헨티나 국기는 찢어질 듯 펄럭인다. 푸른 하늘 아래 하얀 산, 설산 아래를 감아 도는 하얀 구름. 바위는 까맣고 나무 이파리는 붉다. 파타고니아의 단풍은 오로지 붉은빛이다. 울긋불긋은 없다. 옥색의 빙하 호수 위에 하얀 유빙. 이리 보면 눈덩이요, 저리 보면 얼음덩이다. 이리 보면 하얗고, 저리 보면 파란빛이다. 배의 속력이 빨라진다. 갑자기 시동을 끄고 정지! 무슨 일인가? 선장의 안내가 조용히 흐른다. 통역자에게 달려갔다. 왼쪽 바위를 봐라. 콘도르가 집을 짓고 살림을 차리고 있다. 배 안의 모든 카메라가 그쪽을 향한다. 나는 콘도르 집을 발견하지 못했다. 통역자도 봤다 하고 그미도 봤단다. 그럼 나만 못 본 건가? 눈을 감으니 보였다. 콘도르가 새끼들에게 먹이를 먹여주는 모습이 눈에 들어왔다.

배 시동이 걸렸다. 배는 물을 가르면서 달린다. 물은 양쪽으로 나뉘었다가 다시 하나가 된다. 이곳은 또 하나의 송네 피오르 Sone Fjord다. 풍광이 닮았다. 분위기도 똑같다. 양옆은 바위 절벽이요, 바위에는 이끼가 다닥다닥 붙어 있다. 설산의 녹은 물이 가느다란 폭포를 이루면서 호수

폭이 5킬로미터나 되는 페리토 모레노 빙하.

로 떨어진다. 폭포가 흩날리기도 한다. 크게 보면 닮았다. 잠깐 보아도 닮았다. 오래 자세히 보면 다른 점이 많다. 우선 물이 다르다. 모레노는 빙하가 녹은 호수다. 송네 피오르는 바다가 내륙 깊숙이 파고든 길고 가는 만이다. 모레노는 민물이고, 송네 피오르는 바닷물이다. 모레노에는 민물에 사는 생명이 살 것이요, 송네 피오르에는 바다 생물이 살 것이다. 송네 피오르에서는 항구나 포구의 생선 냄새가 난다. 모레노에서는 그런 냄새를 맡지 못했다. 송네 피오르의 물빛은 바다색 그대로다. 모레노의 물빛은 옥색을 띠고 있다. 송네 피오르에서는 유빙을 보지 못했다. 계절 탓인지는 모른다. 모레노에는 유빙이 떠 있다. 모습이 같기도 하고, 다르기도 하다. 더는 모른다.

잠룡의 모습을 한 유빙. 몇 년 전에는 저 위에 퓨마가 살고 있었다고 한다.

| 如是我觀 | 현룡재전 見龍在田이요, 이견대인 利見大人이라!

거대한 유빙이 나타났다. 유빙의 형상이 달팽이를 닮았다. 거북이를 닮았다. 아니다. 용이 물을 박차고 비상하려는 모습이다. 아니다. 잠룡이다. 아직은 물속에 잠긴 용이다. 양어깨에 흙이 묻어 있다. 물에 가까운 쪽은 옥색을 머금은 파란빛을 내고 있다. 가이드가 설명한다. 몇 년 전에는 저 유빙 위에 퓨마가 살고 있었다. 유빙이 빙하에서 떨어져 나올 때 아마 그 위에 있었던 모양이다. 공원 측에서 그 퓨마를 구출해 자연으로 돌려보낸 적이 있다. 그녀가 묻는다. 유빙 위는 하얗고 아랫부분은 파란색으로 보인다. 색깔이 다른 이유는? 유빙 어깨에 흙이 묻었다. 그건 맞다. 하지만 동문서답! 그녀가 설명한다. 수천수만 년 동안 눈과 얼음의 무게로 인해 수분 속의 산소가 빠져나갔기 때문이다. 얼음 속 산소의 양이 얼음의 색깔을 다르게 한다!

배가 볼품없이 생긴 유빙에 가까이 섰다. 선원들이 작살로 유빙을 깼다. 그물망으로 몇 개를 건져 올렸다. 승객들은 그 유빙 조각을 들고 사진을 찍는다. 유빙 조각 몇 개가 선실 안 매점으로 왔다. 얼음 바구니에 담겨 전시된다. 바로 그 옆에는 파란 병의 보드카가 놓였다. 보드카를 잔으로 판다. 한 잔에 10달러다. 유리잔에는 유빙 조각이 들어 있다. 그 얼음 조각은 몇백 년, 몇천 년, 몇만 년 전에 내린 눈일까? 그 얼마만큼의 시간을 간직하고 있을까?

배가 천천히 산 쪽으로 다가간다. 고목에 단풍의 빛이 검붉다. 호수의 수면은 하얀 물안개가 솜이불이다. 저 솜이불 위에 누우면, 누군가가 저 검붉은 비단 이불을 덮어줄까?

배가 시동을 걸고 유턴하여 30분을 달려 육지에 정박한다. 새끼줄로 묶은 사다리가 육지와 배를 연결한다. 18~19세기 동유럽에서 이민 온 사람들이 살았던 흔적을 볼 것이다. 가이드가 컨테이너 두 개쯤 되는 낡은 집 앞에 섰다. 내 귀에 들어온 건 '카우'라는 단어 하나뿐이다. 통역자가 설명한다. 이곳이 국립공원으로 지정되면서 이민자들이 강제 퇴거를 당하게 되었다. 그들이 데려온 소들이 야생 방목되어 이곳의 자연환경을 파괴하고 있다. 돌아오는 길에 소똥을 밟았다. 산기슭에서 소 몇 마리가 우리를 쳐다본다. 배가 달리니 빙하가 또 보인다. 스페가시니 빙하다. 작지만 귀엽다.

배가 또 육지에 닻을 내린다. 오늘의 하이라이트다. 작년엔가 어느 방송에서 청년 세 명이 무너지는 빙벽을 보고 감탄한 바로 그 빙하다. 'PARQUE NACIONAL LOS GLACIARES'라는 글자 아래 빙하에 대한 설명이 있다. 빙벽의 높이다. 제일 높은 곳이 70미터, 제일 낮은 곳이 50미터. 너비는 5킬로미터다. 빙벽에서부터 저 멀리 보이는 높은 산봉우리 서너 개까지 온통 빙하로 덮여 있다. 그 산들의 높이는 각각

만년설은 바람에 흩날리고.

2,053미터, 2,130미터, 2,950미터로 표시되어 있다. 저 산들이 아무리 높다 해도 말쿠 쿠에바의 반도 안 된다. 그러나 저 산들은 만년설을 이고 살고 있다.

모레노면 어떻고 모래내면 어떠냐?
모레노는 빙하가 흐르는 호수요, 모래내는 물이 흐르는 개천이다.
모레노엔 빙하가 수면에 떠 있고, 모래내는 물이 모래 밑으로 흐른다.

옥빛 물결, 고목나무, 나뭇가지에 매달린 빨간 단풍.
호수와 안개, 안개와 구름, 구름과 하늘, 구름과 눈은 빙하를 만든다.

빙하는 골짜기를 파고 흘러내려 유빙을 띄운다.

빙벽은 무너져 호수에 둥실둥실 떠다닌다.

너의 형상은 달팽이요, 거북이요, 퓨마다. 아직은 물에 잠긴 용이다.

그대로는 녹지 마라, 현룡見龍이라야 재전在田이다.

잠룡潛龍은 아직 유용하게 쓸 수가 없다.

하루 종일 열심히 일하고 끊임없이 노력해야 한다.

대인을 만나야 하늘로 날아오를 수 있다.

너무 높이는 날지 마라, 후회할 날이 있을지니……!!

모레노 빙벽 앞 건너편에 계단이 설치되어 있다. 계단의 숫자는 헤아리기 어려울 정도로 많다. 나는 계단 전망대를 돌고 돌고, 내리고 오르기를 반복했다. 한 시간여를 돌고 돌면서 빙벽의 장엄함을 보았다. 저 2,950미터의 산까지 걸어서 갈 수 있으려나? 빙벽이 무너지는 소리는 듣지 못했고 무너지는 모습도 보지 못했다. 빙벽이 너무 많이, 너무 자주 무너져 내려서 문제다.

호텔로 돌아왔다. 커튼을 열었다. 바로 앞에서 소녀의 노오란 머리칼이 흔들렸다. 디카페인 커피 한 잔을 옆에 두고 태블릿을 열었다. 「소나기」는 오지 않을 모양이다.

2023년 4월 2일 (일요일, 음력 윤 2월 12일)

4시. 눈을 비비고 무거운 몸을 일으킨다. 입맛이 없어도 먹어야 한다. 먹어야 체력이 보충되고, 체력이 보충되어야 정신이 맑아진다. 정신이 맑아야 좋은 것이 보이고, 아름다운 것이 들린다.

호텔 문을 나서니 별이 총총. 빽빽하고, 스몰스몰하다. 하늘로 스마트폰을 올렸다. 화면에는 더 많은 별이 더 밝게 빛난다. 남위 52도에서 새벽 별 보기 운동을 하고 있다. 버스에 올랐다. 통역자가 확인한다. 여권, 지갑, 핸드폰! 다 잘 챙기셨어요? 공항에 가는 버스를 탈 때마다 확인한다. 기사 아저씨, 불 좀 켜주세요!

> 어머나, 내 장갑 한 짝이 없어졌어!
> 이 금 장갑이 니 것이냐?
> 이 은 장갑이 니 것이냐?
> 아침부터 웃었다. 즐겁게 웃었다.

| 如是我思 | 어차피 비행기에 실리는 무게는 같다!

탑승 수속대에 줄을 섰다. 동곽 선생이 화물 벨트에 트렁크를 올렸다. "17.5킬로그램!" 그의 짐은 7.5달러만큼 더 무거웠다. 옆 수속대로 갔다. 그리고 카드로 7.5달러를 결제했다. 아르헨티나 항공은 정확하고 엄격하다. 1인당 화물로 보낼 수 있는 무게는 15킬로그램이다. 서곽 선생이 바로 그 벨트에 트렁크를 올렸다. "15.0킬로그램!" 항공사 아가씨가 멋쩍은 미소를 짓는다. 뒤에 줄을 서고 있는 일행이 웃는다. 대단한 손저울이십니다! 남곽 선생은 옆 수속대의 화물 벨트에 트렁크를 올린다. "18.6킬로그램!" 하지만 그는 오버차지 티켓을 받지 않았다. 이현령비현령耳懸鈴鼻懸鈴이다. 귀에 걸면 귀걸이요, 코에 걸면 코걸이다. 나머지 사람들의 트렁크는 15.0킬로그램에서 500그램이 넘거나 500그램이 부족했다. 아르헨티나 항공의 수학은 참 편리하고도 어렵다. 괴델도 풀지 못하리라.

'17.5킬로그램>18.6킬로그램=15.0킬로그램!!' 괴델인들 이런 수학을 풀어낼 수 있을 것인가? 대단한 수학을 하는 항공사다. 암튼 한 사람은 울고, 또 한 사람은 웃고, 또 한 사람은 썩소를 당한 아침이다. 검색대를 통과해 2층으로 올라갔다. 일행은 모두 양손에 작은 꾸러미를 들

희망봉은 가깝고 서울은 멀다.

고 계단을 올랐다. 계단을 오르자마자 왼쪽에서 커다란 지구 그림이 나를 반긴다. 남미 대륙을 중심에 두고 왼쪽은 태평양이, 오른쪽은 대서양이 버티고 있다. 오른쪽 대서양 바로 건너편, 한 뼘도 안 되는 거리에 희망봉을 꼬리로 달고 있는 아프리카가 놓여 있다. 남미의 동쪽 해안과 아프리카의 서쪽 두 해안선은 닮았다. 거꾸로 닮았다. 도자기 그릇이 깨어지면서 떨어져 나간 모습이다. 오른손 중지를 깔라빠떼에 붙이고, 양팔을 쭈~욱~ 뻗었다. 왼손 가운뎃손가락 끝이 사이판에 닿을락 말락 했다. 희망봉은 가깝고 서울은 멀다. 중심을 어디에 둘 것인가가 핵심이다.

나는 땅을 딛고 서 있는 것인가, 땅에 매달려 있는 것인가?
왜, 우주로 떨어지지 아니한 것인가?

머리 쪽이 위쪽인가, 발바닥이 위쪽인가?

비행기를 타고 떠올라가는 것인가, 떠내려가는 것인가?

체중이 150킬로그램은 됨직한 여성이 드디어 게이트 가림막을 젖힌다. 승객들은 짐 보따리를 들고 끌고 승강구를 통과한다. 트렁크에 담지 못한 물건을 따로 기내용 보따리로 만든 것이다. 선반에는 짐을 올릴 공간이 턱없이 부족하다. 여행객에게 짐을 15킬로그램만 허용했는데 승객들이 가지고 가는 짐의 무게를 모두 합하면 어차피 같을 것이다. 비행기가 움직이기 시작했다. 산과 대지는 광활하고, 호수는 넓고, 강은 구불구불 흐른다. 호수는 물을 받아들이되 내보내지 않는다. 바다도 물을 받아들이되 내보내지 않는다. 파타고니아의 물웅덩이는 바다인가, 호수인가? 해납백천 海納百川인가, 호납백천 湖納百川인가? 호납백지하수 湖納百地下水인가??

비글 호는 갈라파고스로 가는 중이다.
비글 해협은 창조론에서 진화론으로 가는 길목이다.
창조론에서 진화론으로 넘어가는 가마우지의 목구멍이다.

우수아이아의
비글 해협과
땅끝마을

8

| 如是我觀 | **빼앗긴 섬에도 봄은 오는가**

왼쪽으로 넓은 강인지, 좁은 바다인지가 보였다. 항공지도에 '비글 해협'이라 표시된다. 다윈이 비글 호를 타고 이 해협을 지나 갈라파고 스로 갔다 하여 붙여진 이름이다. 바보 다윈(!?)은 배를 타고 이 해협을 지났고, 현명한 나(?!)는 비행기를 타고 여기에 왔다.

창조론은 아직도 옳고, 진화론은 아직도 의심받는다.

다윈도 나도 하느님에 의해 창조된 미물인가?

인因과 연緣으로 인해 뭉쳐진 영물인가?

뒤집으려면 확실히 뒤집어라!!

해발고도 1,300미터의 올리비아를 중심으로 좌와 우 다섯 봉우리가 우수아이아를 휘감고 있다. 올리비아와 오형제, 정상은 하얗고 중간 높이의 돌들은 검다. 그 아래 검붉은 단풍이 우수아이아 시내를 포용하고 있다. 배산임수背山臨水! 명당 중의 명당이다. 공항에서 바라보는 우수아이아는 포근하다. 장관이다. 여기에 8만 3,000여 명이 살고 있다. 여행객도 그 정도는 되는 것 같다. 비글 해협 건너편은 칠레 땅. 칠레의 산들도 위는 하얗고, 그 아래는 붉은빛이다. 우수아이아는 검붉은색 아니면 하얀색이다. 해안을 따라 산책한다. 어디서나 볼 수 있는 항구다. 군함도 보인다. 해안 길 가까이 나무로 만든 배 한 척이 갯바위에 얹혀 있다. 비글 호 모형이라 한들 누가 뭐라 하겠는가. 어선보다 여객선이 더 많이 왔다 갔다 한다. 5분 정도 더 걸었다. 계단 양쪽에 꽃이 심겨 있다. 계단 위에 'Ushuaia' 일곱 글자가 바다를 배경으로 서 있다. 글자 하나가 내 키보다 크다. 둘이 찍고, 혼자 찍고, 다 함께 찍었다. 외국인이 모여들었다. 양손을 벌리는 사람, 턱 아래에 엄지와 검지를 대는 사람, 두 손으로 하트를 표시하는 사람, 한 손으로 하트를 나타내는 사람, 걸터 앉는 사람, 폴짝 뛰는 사람……. 의상과 얼굴의 색깔이 다르니 총천연색 파노라마다. 형상도 각양각색이다.

도시가 시끌벅적하다. 군악대 복장을 한 무리가 연주하며 행진한다. 군중이 모여 있는 곳. 무대가 설치되어 있고, 무대 뒤에서는 커다란 전광판이 번쩍거린다. 200~300미터 떨어진 곳에서도 사람들이 웅성거린다. 성당 분위기다. 부활절 집회다. 여기는 군대 냄새가 풍긴다. 군인 복장의 건장한 중년이 마이크를 잡는다. 구호를 외치고 오른손을 두 번 번쩍번쩍 든다. 그것을 따라 하는 사람도 있고, 우두커니 서 있는 사람도 있다. 군복 입은 사람들의 목소리가 우렁차다. 통역자에게 물었다. 무슨 집회입니까? 그가 대답했다. '포클랜드 되찾기 운동'입니다. 나는 나비를 타고 하늘로 오른 듯, 앨버트로스를 타고 바다 위를 나는 듯, 펭귄의 등을 타고 비글 해협을 유영하는 듯했다. 그미가 이상화를 읊고, 나는 갱가 賡歌(임금이 부르는 노래를 이어받아 신하가 부르는 노래)를 읊조렸다.

지금은 남의 땅, 빼앗긴 들에도 봄은 오는가?
지금은 남의 땅, 빼앗긴 섬에도 가을은 오는가?

나는 온몸에 햇살을 받고, 푸른 하늘 푸른 들이 맞붙은 곳으로,
가르마 같은 논길을 따라 꿈속을 가듯 걸어만 간다.
나는 온몸에 햇살을 받고, 푸른 하늘 하얀 산이 맞붙은 곳으로,
가르마 같은 해안 길 따라 꿈속을 가듯 걸어만 간다.

오형제봉. 다윈도 이 봉우리들을 보았을 것이다.

입술을 다문 하늘아, 들아.

내 맘에는 나 혼자 온 것 같지를 않구나!

네가 끌었느냐, 누가 부르더냐, 답답워라. 말을 해다오.

입술을 다문 하늘아, 설산아, 섬들아, 바다야!

내 맘에는 나 혼자 온 것 같지를 않구나!

네가 끌었느냐, 누가 부르더냐, 답답워라. 말을 해다오.

아서라, 아서라, 이 사람들아!

여기 모여 외친다고 삼만 리 너머 런던에 들릴 수 있겠는가?

북 치고 나팔 불고 행진한다고 빼앗긴 섬이 그대들 품으로 다시 돌아오

겠는가?

네 탓 하지 말라, 내 안의 탐貪과 진瞋과 치癡를 원망하라!

포클랜드는 아르헨티나의 남단에 위치한 티에라델푸에고 Tierra del Fuego 섬에서 동쪽으로 480킬로미터, 그리고 영국으로부터는 1만 2,000킬로미터 떨어진 외딴섬이다. 1592년 영국의 존 데이비스 John Davis 선장이 서양인으로는 최초로 이 섬을 발견했고, 그 후 네덜란드인들도 이 섬을 발견했으나 영국의 존 스트롱 John Strong 선장이 1690년 1월 27일 이 섬에 상륙해 포클랜드 Falkland 자작의 이름을 따서 '포클랜드 섬'이라 명명했다.

19세기 들어 포경 산업이 활발했던 미국도 이 지역에서 고래잡이에 열을 올렸다. 스페인으로부터 독립한 아르헨티나는 이 섬에 총독을 파견해 통치하다가 실익이 없다고 판단한 뒤 방치했다. 영국은 남극권에 속한 여러 섬에 대한 영유권을 선언하고 포클랜드 근처에서 해양 지질 탐사를 실시했다. 1977년 미국의 에너지성은 이 부근에 약 2,000억 배럴의 석유가 매장되어 있다고 확인했다. 1980년 11월에 영국이 아르헨티나에 이 섬을 홍콩과 같이 일정 기간 조차한 후 반환하는 협상안을 제시했으나, 현지 주민과 영국 내의 반발을 사기도 했다. 그러는 와중에 아르헨티나는 페론 정권을 무너뜨린 군부 내의 정치적 혼란과 국민경제 파탄으로 인해 통치자가 여러 번 바뀌다가 1981년 12월 군부의 강경파인 육군참모총장 갈티에리 Leopoldo F. Galtieri가 집권하는 데 성공했다. 갈티에리는 군부 내 강경파인 해군 사령관 호르헤 아나야 Jorge Anaya의 주장을 받아들여 1982년 1월 6일 포클랜드 공격안을 확정해놓았다. 갈티에리는 정치적으로 페론주의자들의 공세, 경제적으로 국민총생산의 20퍼센트에 달하는 부채로 인해 외환위기에 직면하자 국민들의 시선을 외부로 돌릴 필요성을 느꼈다. 아르헨티나 군부 독재 정권은 1982년 4월 2일 포클랜드를 공격해 영국의 렉스 헌트 총독으로부터 항복을 받았다.

당시 영국의 총리는 '철의 여인' 대처. 그쪽도 정치적으로나 경제적으로 어렵기는 마찬가지였다. 대처는 내각의 반대를 무릅쓰고 전쟁을 선언한다. 1만 2,000킬로미터 떨어진 조그만 섬을 두고 영국과 아르헨티나가 벌인 '포클랜드 전쟁'이다. 그때 빼앗긴 섬을 되돌려달라고, 재탈환하자고 외쳐대는 것이 우수아이아 항구의 집회다. 통역자가 말한다. 그때 전쟁하지 않았으면, 협상으로 돌려받을 수도 있었을 텐데…….

집회를 향해 뛰어갔다. 단상이 마련되어 있고, 뒤에는 커다란 화면이 설치되어 있다. 장송곡처럼, 혹은 행진곡처럼 들리는 음악이 연주된다. 사람들은 두 손을 앞으로 모아 가만히 서 있다. 국기 게양대에는 반기가 걸려 있다. 집단의 이름을 표시한 깃발 10여 개가 조용하다. 바람 한 점 없다. 포클랜드에서 전사한 군인들에 대한 묵념이리라. 건장한 남자가 마이크 앞에 섰다. 차분한 목소리로 연설을 한다. 모인 사람들은 박수로 답한다. 사람들 사이는 성글다. 사람들의 얼굴도 성글다. 이들의 집회는 차분했다. 집회를 마치고 대부분 그 자리에서 흩어졌으나 군악대를 앞세운 열성파는 다시 거리 행진에 나선다. 몇몇 사람이 그 뒤를 따른다. 한 시간 동안 점심을 먹고, 네 시간 동안 비글 해협 탐험을 마치고 돌아왔다. 그들의 시가행진은 계속되고 있었다. 명당 우수아이아는 일요일 하루 종일 소란하고 시끄럽다. 한쪽은 잃어버린 섬을 되찾자 행진하고, 다른 한쪽은 예수께서 부활하신다 행진한다. 한쪽은 형형색색의 깃발을 들고 펄럭거린다. 다른 한쪽은 시들어버린 나뭇잎을 흔든다. 한쪽은 군악대를 따르고, 다른 한쪽은 신부님을 따른다.

남대서양 남쪽 꼬랑지 근처에 조그만 섬이 몇 개 흩어져 있다.
누구는 포클랜드라 하고, 누구는 말비나스라 이름 붙였다.
섬들은 양들이 평화롭게 풀을 뜯고 사는 땅이요,
바다는 펭귄과 고래와 바닷고기들이 사는 터전이다.

제국의 뱃사람이 지나가다 들렀다.

선장은 깃발을 꽂고, 이름을 붙였다.

여기저기에 흩어져 있는 땅과 섬들을 줍줍하며 바다를 누볐다.

사람들이 살면 내쫓거나 죽였고, 짐승과 곡식과 광물은 모두 차지했다.

식민 생활에서 벗어난 자들은 환호했다.

눈뜬 자들은 제국의 앞잡이가 되었고, 눈감은 자들은 또 다른 노예가
되었다.

눈뜬 자들은 총과 칼을 움켜쥐고 권력을 찬탈했다.

눈뜬 자들은 눈감은 자들에게 총을 겨누었다.

제국은 땅에서 광물로, 바다에서 고래잡이로 돈을 벌었다.

제국은 바다 밑도 뒤졌다.

그곳에는 석유가 매장되어 있다.

섬을 빼앗기면 석유도 빼앗긴다.

양키 신문은 'The Empire Strikes Back'이라 했고,

아르헨티나 신문은 섬을 탈환했다 선전했다.

군부 독재도 저항하는 국민의 눈은 두려웠다.

국민들은 위대한 군부가 섬을 되찾았다 환호했다.

축구선수들은 월드컵 경기장에서 들었다.

독재 군부가 전쟁에서 져버렸음을!!

대처를 잘한 대처는 80퍼센트의 지지로 신경제를 밀어붙였고,

대처를 잘 못한 갈티에리는 권좌에서 물러났다.

이긴 자는 되살아나고, 진 자는 쫓겨난다.

'USHUAIA, fin del Mundo!' 내 키의 1.5배 정도 되는 나무로 만든 간판의 글자들이다. 가운데를 장식한 우수아이아 시의 전경 사진이 아름답다. 그 밑에 스페인어가 쓰여 있다. 통역자에게 물었다. '우수아이아인들은 여러분을 환영합니다.' 옆에 서 있는 이름 모를 나무가 노란 이파리를 반쯤은 떨구고 있다. 가을이 깊어가나 보다. 항구 쪽으로 몇 걸음 걸었다. 유람선 두 척이 한가롭다. 고깃배는 보이지 않는다. 컨테이너 화물선이 자그맣다. 컨테이너 몇십 개가 쌓여 있다. 비글 해협을 우두커니 바라봤다. 바다는 출렁이고, 파도는 적당히 일고, 갈매기는 날아다닌다. 나는 '해협의 고독을 추억한다'.

일행에 이끌려 건널목에 섰다. 신호등이 빨간색이다. 차들이 맘 놓고 달린다. 우리는 기다린다. 내 눈은 신호등 위로 향한다. 전깃줄이 얽히고설켜 있다. 그 위로 알아볼 수 있는 글씨가 보인다. 'ISABEL disco'. 이사벨? 페르난도의 아내요, 여왕이요, 콜럼버스의 후원자다. 그래, 간판에 붙을 만하다! 이사벨 여왕과 디스코? 어울리는 조합인가? 디스코 클럽이 대낮에 밝기도 하다. 사람들도 왁자지껄하다. 대낮에도 디스코 클럽을 운영하나? 통역자에게 물었다. 이사벨 디스코? 뭐 하는 뎁니까? 그가 대답했다. 내일 한번 갈까요?

| 如是我讀 | **다윈을 그리다**

다윈을 태운 영국의 탐험대는 대서양에서 태평양으로 나아가는 항로로 이 좁은 뱃길을 이용했다. 1832년 12월 17일부터 1833년 1월 28일까지 약 40일간 비글 호는 이곳 비글 해협에서 탐사 활동을 벌였다. 피츠로이 함장은 6년 전에도 이곳을 탐사한 적이 있었다. 그때 원주민들에게 배 한 척을 도난당했다. 화가 난 그는 성인 남자 두 사람과 남녀 어린아이 둘씩을 본국으로 데려갔다. 남자 한 명은 천연두로 목숨을 잃었

고, 나머지 세 명을 이번 항해에 데려왔다. 그들을 원주민들에게 돌려 보냈다. 비글 호가 떠날 무렵 '지미'라는 이름을 얻은 남자가 손수 만든 화살촉 몇 개를 함장에게 선물했고, 친하게 지냈던 두 사람에게는 해달 가죽을 선물했다. 그는 보트를 자신이 만들었다고 자랑하기도 했다. 함 장은 그들이 원주민들의 행복한 생활에 보탬이 되리라 생각했다. 『찰 스 다윈의 비글 호 항해기』에는 대략 이렇게 우수아이아의 풍광을 묘 사하고 있다.

'원주민들은 얼굴을 빨간색, 흰색, 까만 줄로 화장해서 연극 「마탄의 사수」에 나오는 귀신들과 아주 비슷했다. 붉은 천을 주자 곧장 목에 매 었고, 나를 친구로 받아주었다. 노인과 나는 걸어가면서 서로 가슴을 세 번씩 세게 쳐서 친구가 되었다……. 비글 해협의 경치는 아주 특이 하고 장려했다. 이곳의 산은 높이가 3,000피트이며, 날카로운 톱니 모 양이었다. 물가에서 갑자기 솟아난 산의 1,400~1,500피트까지는 어두 운 숲으로 덮여 있었다. 신기하게도 나무가 생장을 멈춘 선이 마치 해 초가 파도에 밀려와 남겨놓은 선과 같았다.'

> 비글 호는 갈라파고스로 가는 중이다.
> 비글 해협은 창조론에서 진화론으로 가는 길목이다.
> 창조론에서 진화론으로 넘어가는 가마우지의 목구멍이다.

| 如是我見 | **비글 해협의 주인은…**

가이드가 말한다. 어제까지는 바람 때문에 배가 출항하지 못했 다. 여러분은 럭키다! 티켓을 받아 'Tolkeyen Patagonia Ushuaia Explorer'라 이름을 붙인 배에 올랐다. 노랑머리, 검은 머리, 하얀 머리 사람들이 함께 탔다. 어린아이들이 뛰고, 청춘들이 뽀뽀하고, 중년은 부끄러이 손을 붙잡고, 모질耄耋이들은 먼~ 바다와 하늘만 쳐다본다. 바다는 파랗고, 들은 붉고, 산은 하얗고, 구름도 하얗다. 하늘은 바다 색

가마우지와 바다표범이 이곳의 주인이다.

깔보다 더 파랗다. 선장은 탑승자들에 흥을 북돋운다. 승객이 많아 신
이 난 모양이다. 앨버트로스가 어쩌고저쩌고, 바다표범이 어쩌고, 펭귄
이 어쩌고, 가마우지가 저쩌고……. 나는 모를 뿐이다. 그래도 이들이
이 근처에서 무리를 이루어 잘 살고 있다는 것만은 알 수 있다. 유람선
이 달린다. 엔진이 꺼진다. 배는 섬 바로 앞에 멈추어 선다.

　가마우지가 날아오르고, 날아 앉고, 서로 부리를 비벼대고, 서로가 서
로를 밀쳐대고, 도망가고, 쫓고, 야단법석이다. 그들의 울음소리 이외
에는 아무것도 들리지 않는다. 여기 바다가마우지는 펭귄을 닮았다. 자
그만 펭귄이다. 그들의 똥이 바위가 되고, 바위가 섬이 되었다. 배가 엔
진을 켠다. 그래도 저들은 상관하지 않는다. 가마우지와 유람선은 이미
친구가 되었다. 배가 섬을 반 바퀴 돌았다. 섬의 뒤쪽인지 앞쪽인지 또

멈추었다. 엔진은 조용해지고, 바다표범들의 꽥꽥~ 끅끅대는 소리만
요란하다. 바다표범들이 드러누워 있다. 싸우는 놈들은 싸우고, 자는
놈들은 자고, 바닷속으로 뛰어드는 놈들은 다이빙하고, 섬으로 오르는
놈들은 기우뚱댄다. 가마우지들이 쪼아대도 꿈쩍하지 않는 놈도 있다.
자는 건가, 죽은 건가, 즐기는 건가?

자연은 스스로 그러할 뿐이다.
그러하게 놔두어야 자연이다.
자연에 너무 가까이 가지 마라.
가까이 가면 자연은 더 멀어진다.
더욱 가까이 가면 자연은 사라진다.

배가 새와 바다표범이 없는 섬에 닻을 내린다.
조상들 삶의 흔적이 여기와 저기에 남아 있다.
오두막이 있고, 거적이 덮여 있고, 밀랍 인형이 서 있다.
바람은 거세게 불고, 돌담은 흔적도 없다.

배는 다시 시동을 걸고 달렸다. 오형제봉이 오늘도 이곳 비글 해협을
내려다보고 있다. 다윈이 지나갈 때도 그러했고, 지금 내가 지나갈 때
또한 그러하다. 그게 자연이다. 배가 빨간 등대가 보이는 돌섬 부근을
천천히 맴돈다. 영화에 등장하여 유명해진 등대다. 물새들이 노는 바위
에 해협을 지나가는 배들을 위해 빨간 등대를 세웠다. 빨간 등대를 하
얀색이 삼등분하고 있다. 등대는 불빛을 멈추었다. 오늘은 등대 위의
검은 구름 사이로 햇빛이 두 줄기 빛을 보낸다. 하늘빛이다. 바위에서
물새들이 춤을 춘다. 배는 다시 속력을 내고, 아르헨티나 국기가 몸살
을 한다. 끄트머리가 찢겨나간다.

배에서 내려 사다리를 걸어 내려오다 헐떡이는 삶을 보았다. 바다표

영화에 등장하여 유명해진 빨간 등대.

범 한 마리가 숨을 헐떡거린다. 덩치가 나보다 두 배는 더 크다. 갯바위
와 시멘트 덩어리 사이에서 죽어가고 있다. 아니, 살아가고 있다. 저걸
어쩌나? 조바심이 함께 보는 사람들의 입에서 흘러나온다.

| 如是我思 | **크기와 싱싱함에 놀라다**

　하늘 보고 감탄하고, 바닷새들 보고 놀라고, 섬의 바다표범을 보고 삶
에 활기를 얻고, 드러누운 바다표범을 보고 죽음에의 헐떡임을 보았다.
인간도 동물도 먹어야 산다. 이제껏 육지에서 뛰는 동물과 땅을 날아다
니는 닭과 채소를 주로 먹었다. 오늘 저녁은 남극해에서 태어나고 살아
온 생명을 나의 생명에 보충하리. 남극해의 활력이 나의 생명에 가득
채워지면⋯⋯. 식당 주인이 우리를 반겼다. 킹크랩, 슈퍼 그랑데! 한 마

남극해의 킹크랩은 랍스터보다 쫄깃했다.

리는 두 사람 몫이다. 남자 종업원이 바구니에 킹크랩 몇 마리를 담아
왔다. 지금 막 바다에서 건져 올린 듯했다. 색깔은 검붉고, 털은 가시처
럼 솟았고, 발들의 움직임은 그 힘을 잃지 않고 있다. 금방이라도 내 손
을 물어뜯을 기세다. 두 손으로 두 집게발을 들고 사진을 찍었다. 무거
움이 느껴진다. 족히 4~5킬로그램은 되리라. 킹크랩 다섯 마리가 주방
으로 실려 갔다. 와인 두 병과 콜라 다섯 병을 주문했다. 빨갛게 쪄진 킹
크랩이 커플당 한 마리씩 놓였다. 통통한 다리부터 뜯었다. 쫄깃쫄깃한
맛이 대게보다 더하다. 와인 한 병을 더 주문했다. 함께한 식구들의 입
과 눈이 행복하다. 볶음밥이 나왔다. 한국인의 게 먹는 법을 배웠나, 여
기서도 게딱지에 밥을 넣고 비벼 먹나? 묻지 못했다. 우리만을 위한 서
비스라 생각했다. 더욱 행복했다. 그미와 나는 킹크랩 한 마리를 다 먹
지 못하고 남겼다. 대명항 대게보다, 괌에서 먹은 랍스터보다 쫄깃하
다. 남극해의 싱싱한 맛이 그대로 살아 있다. 커플당 100달러를 내고,

나는 130달러를 지불했다. 오늘 와인 값 계산은 내 몫이다. 호텔로 돌아오는 길거리에 킹크랩 가게가 즐비했다. 낮에는 그리 많아 보이지 않았는데, 조명 탓이리라. 호기심이 발동했다. 가격은 비교해야 한다! 호객하는 여인에게 물었다. "How much, B~i~g one? US Dollar?" 자기 손바닥에 쓴다. $80! "Weight? kg?" 그녀는 답하지 못하고 망설인다. 손가락 셋을 벌렸다, 넷을 벌렸다 한다. 콜라에 와인 값을 더하면 그게 그거였다. 어쩌면 이 가게에서 볶음밥은 먹지 못할 것이다.

| 如是我聞 | **바다에 사는 최고의 새**

영어의 앨버트로스Albatross는 스페인어 'Albatros'에 's'를 하나 더 붙인다. 이 새는 슴샛과의 바닷새로 거위와 비슷한데, 몸길이는 90센티미터 정도이고 날개를 펴면 그 길이가 2미터 정도다. 국어사전에는 앨버트로스를 신천옹信天翁이라 적고 있다. '信天翁'이라는 한자를 군이 풀어보면 '하늘을 믿고 기운이 솟구쳐 오르는 늙은이' 정도가 된다. 어쨌든 대단한 새다. 비글 해협 탐험 때 선장이 앨버트로스 어쩌고저쩌고 하는 것으로 보아 이 근처에 많이 살고 있는 모양이다. 혹시 나도 모르는 사이에 내 눈을 스쳐 지나갔는지도 모를 일이다. 나는 앨버트로스에서 대붕을 떠올린다. 대붕보다는 훨씬 작다. 대붕의 날개는 펼치면 구만리나 된다. 골프에서도 앨버트로스를 말한다. 골프는 멋스러운 일을 새에 빗대어 말한다. 버디, 이글, 앨버트로스 등등. 나는 앨버트로스라는 걸 한 번도 해본 적이 없을뿐더러 주위에서 그것을 했다는 이야기도 들은 적이 없다. 다만 날아가는 기러기를 골프공으로 맞혀 떨어뜨리는 건 현장에서 보았다. 그는 1년 후에 국회의원이 되었다. 골프에서 새는 정말로 행운인가 보다.

앨버트로스 호텔도 그러하지 않을까? 2박 3일 동안 머문 앨버트로스 호텔에 대해 이야기해보자. 우선 방 배정에 30분도 넘게 소요되었다. 방을 배정받고, 도어록에 열쇠를 꽂았다. 빨간불이 반짝반짝한다. 문이 열리지 않는다. 여분으로 받은 다른 열쇠를 꽂았다. 천천히 뺐다. 빨간 불이 두 번 번쩍이고, 삐~이 하는 소리가 났다. 문이 열렸다. 양손으로 캐리어를 밀고 들어서니 벽이 가로막는다. 양옆으로 밀던 캐리어를 앞과 뒤로 밀고 들어갔다. 어린이용 크기의 하얀 침대 두 개가 덩그렇하다. 핸드 캐리어 둘 곳을 찾아 헤맸다. 화장실 문을 열었다. 하얀 욕조가 자그맣다. 물을 받았다. 콸~콸~콸~ 하얀 욕조가 노랗게, 아니 불그스레하게 물들어간다. '녹물이 아닐까?' 하는 의심이 든다. 물을 잠갔다. 아무리 녹초가 되었어도 녹물에 몸을 담글 수는 없지 않은가!

커튼을 살짝 열었다. 바로 코앞이 주차장! 파킹롯뷰Parking Lot View 호텔이다. 주차장 뒤편에는 5층 건물이 다닥다닥 붙어 있다. 벽을 올리다가 만 건물이다. 철근이 뾰쪽뾰쪽하다. 캐리어는 벽에 붙여놓고, 사람은 빠져나왔다. 컴컴한 로비에 함께 온 사람들이 모여 있다. '아니, 반지하방이야!', '녹물이 나와', '왜 이렇게 방이 작아?' 등등 웅성웅성하는 소리가 들린다. (7080이여, 반지하의 낭만과 수도꼭지에서 흘러내리는 녹물을, 그날들을 추억할지어다~!!) 통역자가 프런트 직원의 말을 한국말로 옮겨주었다. 호텔로서는 빨간 물이 나오는 걸 어찌할 수가 없다. 우리는 산에서 흘러내리는 물을 그대로 사용한다. 자연 그대로의 물이다. 이곳의 가을과 겨울에는 불그죽죽한 물이 흐른다. 우리는 그 물을 사용한다. 와우, 우리는 우수아이아의 울긋불긋한 단풍 물에 몸을 담그게 되는구나!! 그럼 봄에 오면 파릇한 녹색 물이려나?

옛날 그 옛날 일본에 파견되었을 때의 기억이다. 하코네에서 온천수를 팔았다. 물이 아니고, 알록달록한 색깔의 덩어리를 팔았다. 그걸 욕조에 넣으면 각양각색의 온천수가 된다. 특정 지역, 특정 온천의 성분을 덩어리로 만든 것이다. 나는 그것으로 이 지방, 저 지방의 온천을 집에서 즐긴 적이 있다. 그 생각이 났다. 우수아이아의 앨버트로스 호텔은 나뭇잎 색깔에 따라 호텔 방에 공급하는 물의 색깔이 다른 호텔이다. 대단한 호텔이다! 앨버트로스급 호텔이다! 기네스북에라도 올리자! 파릇한 이파리가 돋아나는 봄에도 와보고 싶은 우수아이아여!! 나는 나른한 몸을 붉은 단풍 빛깔이 물들여진 천연수에 담갔다. 경수硬水인지, 연수軟水인지 잘 모르겠다. 비누가 잘 녹지 않는 것으로 봐서 경수에 가까운 듯했다. 아무튼 비누로 몸을 닦아내긴 했다. 방의 크기는 유럽 중심가의 호텔을 베껴온 걸까?

그래도 잠은 잘 잤다. 호텔 조식 시간이다. 사람들이 북적북적, 인산인해다. 음식을 차려놓은 곳으로 갔다. 줄을 섰다. 음식을 담는 접시가 찻잔 받침처럼 생겼다. 이들은 소식가인가, 여러 접시를 먹는 것인가? 음식을 담아가는 사람들을 봤다. 그들 손에는 식판이 들려 있었고, 식판에는 접시 몇 개에 음식이 담겨 있었다. 딱딱한 빵 두 개, 캔에 담겼던 복숭아 두 조각을 각각 다른 접시에 담았다. 앉을 자리를 찾았다. 창가에 2인용 식탁이 닦여지고 있다. 기다렸다 앉았다. 복숭아는 달아도 너무 달았다. 토스터 앞에 줄을 섰다. 줄이 줄어들 기미를 보이지 않는다. 포기! 커피 한 잔을 들고 왔다. 말들이 식탁을 사이에 두고 오고 가고 날아다니고 뛰어다닌다. 말들의 국적을 나는 도저히 알 수가 없다. 딱딱한 빵을 나이프로 쪼겠다. 커피 잔을 입술에 대면서 항구를 내려다봤다. 검은 구름, 흰 구름 사이로 해돋이 햇살이 빛을 발한다. 오로라다! 움직이지 않는 오로라다! 그 붉은색이 휘황찬란하다. 방으로 뛰어갔다. 카메라를 들고 그 오로라를 찍었다. 앨버트로스 호텔 조식은 정지된 오로라로 대신한다. 비글 해협에서 선장이 앨버트로스에 대해 이야기했다. 아마도 그 앨버트로스가 보낸 선물이리라!!

나에게 오로라는 다툼(?)의 뒷일이다. 10여 년 전쯤이다. 초겨울 노르웨이를 여행하다가 그미와 다투었다. 아주 사소한 일이 말에 말을 이어가다 보면 싸움으로 번진다. 다툼의 뒤끝은 냉랭하다. 저녁도 먹지 않은 채, 춥디추운 노르웨이의 어느 산골 산장에서 잠을 청했다. 그래도 두툼한 이불은 푹신하고 따스했다. 나는 잘 잤다. 화를 삭이지 못한 그미는 잠을 이루지 못하고 커튼 속에서 먼 산을 바라봤다. 갑자기 호수

위와 산등성이로 불빛이 흘렀고, 공연장 조명 같기도 하고 번개 같기도 한 오색찬란한 빛이 하늘을 수놓았는데…… 그 황홀한 불빛에 밤을 지새웠다. 아침 식탁에 마주 앉은 그미의 눈이 팅팅 부어 있었다. 나는 생각했다. 싸움의 후유증인가? 그미의 입술이 아주 조금 움직였다. "나, 오로라 봤다!!" 나는 화가 났다. "오로라!? 깨워야지!!" 다툼 덕분에 그미는 오로라를 봤다. 나는 언제 오로라를 볼 수 있으려나? 오늘 아침 오로라로 대신할까?

로비에 한국말이 날아다닌다. 방을 바꿔달라. 원 베드는 싫다. 반지하면 어떻고, 주차장 뷰면 어떠냐? 침대가 좁아 잠을 못 잤다. 밤에 화장실 가느라 캐리어를 밟았다. 나는 발로 찼다. 아파서 죽는 줄 알았다. 녹물에 샤워를 했다. 나는 단풍 물에 샤워했다. 비누가 빽빽하더라. 나는 아예 샤워를 안 했다. 나는 목욕도 하고 샤워도 했다! 이런 곳에서 우리는 하룻밤을 더 보낼 것이다. 하루 종일 통역자의 얼굴이 밝지 않았다. 저녁 때 호텔 프런트에서 스페인어로 심각한 말들이 오고 갔다. 정확한 의미는 몰라도 분위기가 그렇게 느껴졌다. 마음의 집착을 내려놓아라放下着! 그리하면 그대에게 복이 있나니!! 천연수 단풍 물에 샤워를 했다. 좀 꺼림칙하다. 그미는 500밀리리터 생수 한 병으로 토끼 세수를 했다.

2023년 4월 3일 (월요일, 음력 윤 2월 13일)

오늘은 남미의 땅끝마을 가는 날! 버스는 삐뽀 마을을 지난다. 삐뽀는 감옥에서 탈출했다가 붙잡혀 죽은 죄수의 이름이다. 왜 하필 죄수, 그것도 탈옥한 후 붙잡혀 죽은 죄수의 이름을 딴 마을이 생겼을까? 홍길동이었던가?! 더 이상은 모른다. 'USHUAIA Tren del fin del mundo'. 삼각 지붕 아래에 쓰인 글자들이다. 땅끝마을로 가는 기차역이다. 두 아들을 앞에 세우고 엄마가 사진을 찍는다. 아이들의 미소가 해맑다.

삐뽀 마을에서 죄수 잡기 놀이를 했다.

기차역은 기차역이다. 나무 담장 안에서 기차들이 꽤~액 꽤~액 소리를 질러댄다. 증기기관차 여러 대가 출발 준비를 하고 있다. 빨간 기관차에서 기관사가 왔다 갔다 하고, 조그만 연통에서는 수증기가 솟구친다. 철길로 수증기가 뿜어 내린다. 수증기가 기관차를 덮는다. 지금은 전망대, 그때는 감시초소가 우뚝하다. 붉은 단풍밭 위로 눈을 살짝 둘러쓴 검고 하얀 설산이 우뚝하다. 전형적인 늦가을 풍경이다.

'FERROCARRIL AUSTRAL FUEGUINO'라는 글씨가 선명한 역사 안으로 들어갔다. 개찰구 위에는 태극기가 오른쪽에서 두 번째 칸에 걸려 있다. 성조기와 일장기도 보인다. 통역자가 자랑한다. 본인이 가이드 일을 할 때 걸어놓은 작품(!)이다. 개찰구를 빠져나오니 삐뽀 복장의 두 사람이 포즈를 취한다. 그미와 나는 두 사람 안쪽으로 섰다. 그리고 우리는 죄수들의 멱살을 붙들었다. 죄수를 기차에 태워 데려갈 것이다. 죄수들도 행복하고 우리도 즐거웠다. 기차의 좁은 방에 네 사람이 몸을 구겨 넣었다. 요란한 기적 소리와 함께 기차는 협궤를 달린다. 털거덩거리다가 달리고 달리다가 털거덩거린다. 쓰러진 고목들, 서 있는 고목들, 단풍을 품은 숲들, 풀을 뜯는 말들을 지나, 흐르는 빙하수를 따라 기차는 달린다. 나무 옆을 달리고, 나무 밑을 달리고, 개울은 건너고, 강을 끼고 달렸다. 20여 분을 달렸다. 기차는 휴식을 취하고 사람들은 가을 단풍 속을 산책한다. 사진을 판다. 개찰구에서 찍은 사진이다. 한 장에 10달러! 사진을 사고 트레킹을 즐기고 다시 죄수들이 탄 칸에 올랐다.

이 기차들은 원래 석탄이나 목재를 실어 날랐는데, 이제는 관광객 죄수들(?)을 싣고 달린다. 기차는 오르막길에서 숨이 차서 쾌액쾌액거리고 내리막길은 조용히 달렸다. 원시림 속을 뚫고 달리고, 평원과 강가를 달렸다. 초원의 말들은 풀을 뜯을 뿐이다. 야마는 눈에 띄지 않는다. 언제나 어디서나 산은 눈을 뒤집어쓰고 있다. 버스로 갈아탔다. 5분 만에 푸른 바다가 펼쳐진다. 숲속을 빠져나오자마자 바다다. 와우, 땅끝마을이다!!

| 如是我思 | **유명하다고 볼거리가 많지는 않다**

탁 트인 해협. 모래밭과 자갈밭이 바다까지 펼쳐진다. 버스에서 내린 나는 뛰었다. 땅끝마을 우체국을 향해서 뛰었다. 언제 도착할지 모르는 엽서를 보내기 위해서! 우체국 문은 굳게 닫혀 있었다. 우체국의 크기는 컨테이너 두 개를 붙여놓은 정도!! 주위에는 이런저런 상표가 덕지덕지 붙어 있다. 우체국을 이어서 가느다란 철로 만든 다리가 10여 미터 길게 뻗어 있다. 그 끄트머리에 비글 해협에서 봤던 빨간 모형 등대가 서 있다. 우수아이아 땅끝마을을 요약하면 이렇다! 세계 각국에서 온 상표가 덕지덕지 붙은 컨테이너 두 개가 엉성한 철다리 위에 덩그렇다. 우체국장 할아버지는 나오지 않았다. 연로한 그는 그날 몸 상태에 따라 나올 수도, 나오지 않을 수도 있다. 그것은 누구도 모른다. 다만 그가 나오고 싶으면 나오고, 나오고 싶지 않으면 안 나올 뿐이다. 오늘은 몸이 아프신가 보다. 부디 건강하기만을 바랄 뿐이다. 그 할아버지의

사람들은 땅끝마을 우체국에서 언제 도착할지 모르는 엽서를 부친다.

과업을 이을 사람이 없는 걸까? 그미는 지구 땅끝마을에서 자신이 자신에게 할 말을 구상하고 왔다. 빨간 우체국에서 부칠 엽서에 쓸 말을 준비했다.

나는 니가 고맙다!
70년을 잘 살아왔다.
70년을 날고, 뛰고, 걸어서 여기까지 왔단다!
땅끝마을이여!!
빨간 우체국이여!!
素心.

나는 엽서에 쓸 말을 잊어버렸다. 준비는 했다. 나는 아르헨티나 국기 바로 아래에 붉은 깃발을 달았다. 그미는 사진을 찍었다. 깃발에는 '소심素心'과 '모질耄耋'이라는 네 글자를 유성 펜으로 썼다. 내가 달아놓은 빨간 깃발을 찍어 보내주시는 분이 있으면 식사도 함께하고 이야기를 나누리라! 해남 땅끝마을에도 함께 가리라! 주위를 둘러보았다. 아르헨티나 국기 게양대 옆에 'UNIDAD POSTAL FIN DEL MUNDO'라고 적힌 간판이 서 있다. 부에노스아이레스 3,040킬로미터, 남극 3,945킬로미터라고 적혀 있다. 그리고 세계 주요 도시까지의 거리가 방향과 함께 그려져 있다. 서울이라는 글자는 아직 없다. 서울까지 거리가 얼마나 되려나?? 괜스레 궁금해진다. 바다에 손을 넣었다. 그리 차갑지 않다. 그렇다고 수영을 할 정도의 온도는 아니다. 짭짤하고 끈적거리는 바다 느낌뿐이다. 이리저리 바닷가 자갈밭을 거닐었다. 단 몇 분일지라도! 나는 3,945킬로미터 떨어져 있는 남극을 생각했다. 시인이 펼친 상상의 나래를 타고 나는 남극으로 간다.

"파타고니아 위로 흐르는 물, 천천히 흐르는 물소리를 들었니?"
나는 대답한다.
"네, 들었습니다."
그리고 내게 묻는다.
"지 먼 동네에서 산양 한 마리가 얼음색 돌 하나를 핥는다. 울음소리 안 들리니? 파란 강풍이 안 보이니? 그 손에서 달은 하나의 컵이란다. 군대는 안 보이니? 원한에 차 있는 바람의 손가락이 파도를 만지고 텅 빈 반지로 삶을 만지는 거 안 보이니?"

네루다의 시 「모두의 노래」 중에서

가이드가 출발 시간을 알리고, 통역자는 버스 타기를 재촉한다. 기대가 크면 실망 또한 더 크다. 그리도 유명한 땅끝마을이 이런 곳인가? 우리가 일반적으로 사용하는 글자나 단어나 의미가 대중의 명성이나 이름에 의해 너무 과장되거나 확장되거나, 심지어 왜곡된 경우가 있다.

> 동무여, 이제 나는 바로 보마
> 사물 事物과 사물의 생리 生理와
> 사물의 수량 數量과 한도 限度와
> 사물의 우매 愚昧와 사물의 명석성 明晳性을
>
> 그리고 나는 죽을 것이다
>
> 김수영의 시 「공자의 생활난」 중에서

나는 김수영이 이 시를 쓸 때 '군군신신부부자자 君君臣臣父父子子'라는 구절을 염두에 두지 않았을까 생각한다. 김수영은 무엇을 바로 보려고 하는 것일까? '임금이 임금이라는, 신하가 신하라는, 아버지가 아버지라는, 자식들이 자식들이라는 그 생리와 수량과 한도와 우매와 명석성을 알고 나면 나는 죽어도 좋다'라고 나는 풀어본다. 연구자들에게서 엉터리라는 말을 들을지라도.

나는 방금 세상의 땅끝마을을 구경했다. 길어야 30분 정도? 나는 무엇을 보고, 어떤 느낌을 받았는가? 과연 이 땅끝마을과 이 빨간 우체국이라는 사물의 생리와 수량과 한도와 우매와 명석성을 꿰뚫어볼 수 있었던가? 다만 그 단어들이 가진 '명성'에 휘둘리지 않았는가? 인간의 문화를 보았는가? 자연의 생리를 보았는가?

덴마크 해안에서 보았던 인어상은 어떠한가? 여기보다 더 사람들이 북적거린다. 수줍게 앉아 있는 인어상 건너편 공장들이 연기를 내뿜고 있다. '인간에게 몸이 흙으로 변한 뒤에도 영원히 사는 영혼이 있단다. 우리가 인간의 땅을 보려고 바다에서 올라가듯이, 인간의 영혼은 우리가 결코 보지 못할 아름다운 미지의 장소로 올라간단다.' 그렇게 말한

안데르센의 「인어공주」가 있기에 그토록 많은 사람이 인어상을 찾는
다. 튀르키예 해안에 트로이 유적지가 있다. 그리고 송진 냄새 나는 목
마가 있다. 목마 속으로 사람들이 오르락내리락한다. 「일리아스」 속 문
장의 유려함과 그리스 신들 간의 갈등과 그것들이 우리에게 주는 의미
를 새기지 않으면 유적은 그저 돌무더기일 뿐이다. 유적을 밟고, 목마
속으로 들어가 영화 「트로이」가 어떻게 시각 이미지로 형상화되고, 「일
리아스」가 문장으로 어떻게 풀어내는지를 상상하면 더욱 재미날 것이
다. 우수아이아 땅끝마을, 덴마크의 인어상, 트로이 유적…… 그것들이
지닌 생리와 수량과 한도와 우매와 명석성을 읽어내려 노력하리라. 관
광이 바로 그런 것이니까.

가이드 루시아노의 뒤를 따라 우수아이아 국립공원을 트레킹한다.
흙을 밟고, 데크를 밟으면서 걷는 산책 일정이다. 그가 설명한다. 저 멀
리 보이는 산의 눈이 덮인 부분은 칠레다. 그 아래 붉은 단풍이 든 곳부
터는 아르헨티나다. 칠레와 아르헨티나의 국경은 눈과 나무의 차이다.
겨울에 눈이 나무에 쌓이면 칠레 땅이 되는 건가? 루시아노가 나무에
달린 노란 버섯(?)을 딴다. 원주민들은 이것을 빵이라 부른다며 쪼개 먹
는다. 맛있다는 표정이다. 그가 옆에서 신기해하는 남곽 여사에게 먹어
보라 권한다. 통역자가 기겁한다. 절대 먹으면 안 됩니다!! 지난번 팀에
서 이걸 먹고 배탈이 난 적이 있습니다. 현지인은 먹어도 되지만 여행
객은 먹으면 안 되는 것이 있다. 똑같은 것인데 먹어도 되는 사람이 있
고, 먹으면 절대 안 되는 사람이 있다. 가벼우나 빠른 걸음으로 국립공
원을 여기저기 구경했다. 아르헨티나 땅을 밟으며 칠레 땅을 구경했다.
센다 미라도르 라파타니아SENDA MIRADOR LAPATANIA에서 설산과 호수와
붉은 단풍을 즐겼다. 전망대라 그럴까? 바람이 사람 서 있는 것조차 힘
들게 한다. 서둘러 버스로 돌아왔다. 부실한 호텔 조식 때문에 슬슬 배
가 고프다.

나무에 버섯빵이 주렁주렁.

| 如是我見 | **사물을 언어와 외관으로 판단하지 마라!**

"오늘 점심은 디스코 클럽에서 먹습니다." 통역자의 말이다. 디스코 클럽은 호텔 맞은편이다. 건널목도 없는 2차선 도로다. 눈을 양쪽으로 돌리면서 안전하게 건너면 되는 길이다. 호텔 앞 자작나무가 단풍이 들락 말락 한다. 이사벨 디스코는 2층에 있다. 디스코를 추면서 먹는 식당인가? 아르헨티나는 탱고 아닌가? 그럼 이사벨 탱고가 옳은 게 아닌가? 계단을 올랐다. 두 눈을 씻고 또 씻고 봐도 현란한 불빛이 번쩍거리지는 않는다. 사람들이 하얀 식탁보를 두른 식탁에 앉아 두 손에는 포크와 나이프를 들고 있다!

이사벨 디스코는 디스코 클럽이 아니다. 식당이다. 평범하면서도 깔끔한 식당이다. 턱에는 수염이 가지런히 정리되어 있고, 얼굴은 하얗고, 머리는 까맣고, 키는 185센티미터가 넘어 보이는 청년이 나타났다. 잡지나 패션쇼에서 보는 미남이다. 함께 앉은 여성들이 놀란다. 얼굴로 놀라지만, 입으로는 표현하지 않는다. 음식을 주문했다. 콜라 한 병씩을 더 주문했다. 노란 콜라는 없다.

먼저 주먹 두 개를 합친 것보다 더 큰 빵에 나이프가 한가운데에 꽂혀 나왔다. 뭔가 섬뜩했다. "This is Disco?" 그가 고개를 좌와 우로 흔든다. 아니라는 것이 확실하다. 칼로 빵을 갈라 쪼갰다. 겉바속촉!! 빵은 김을 모락모락 피워냈다. 밀가루의 향을 품고 있다. 고소하다가 촉촉하다. 단맛은 거의 없다. 모두 엄지척했다. "Show me your Disco!" "Just a moment!" 그는 웃으면서 주방 쪽으로 걸어갔다. 그리고 얼굴 가득 웃음을 머금고 돌아왔다. 까만 철판 하나를 들고 나타났다. 그러니까 춘천닭갈비집에서 볼 수 있는 철판이다. 크기는 그런 철판의 3분의 1 정도다. 그러나 깊이는 더 깊다. 크기가 작아서 더 깊어 보이는 건가? "This is Disco!!" 그가 디스코를 들고 있는 모습을 찍었다. 사진에는 그의 팔에 새겨진 의미를 알 수 없는 타투 그림도 함께 들어갔다. 그러니까 궁금했던 것, 디스코 Disco는 철판 요리다.

그가 주방 쪽으로 간 사이에 아르헨티나산 붉은 와인에 입술을 살짝 적셨다. 디스코 요리가 나왔다. 푹~ 삶은 양고기와 겉바속촉의 감자와 각종 채소가 디스코를 가득 채워 되돌아왔다. 양고기와 감자를 으깨며 입 호강을 하고, 어제 탔던 배를 닮은 'Tolkeyen Patagonia Turismo'가 정박해 있는 항구를 보며 눈 호강을 한다. 배가 부르니 머리는 쉬고 싶다. 졸린다! 시에스타를 즐기고 싶다. 그미는 거리 구경을 가자 하고, 내 육신은 호텔 침대로 가자 한다. 눈이 감기는데 두 다리는 그미를 따른다. 야간 행군인가, 한낮의 우수아이아 거리 구경인가? 바닷바람은 먼지를 흩날리고, 머리카락은 디스코를 추었다. 시인의 '마젤란 해협 중심에서'가 바람을 타고 노란 낙엽과 함께 내게로 왔다.

때로 몽롱한 상태에서 끙끙대며 자문한다.

내가 어디서 왔는지, 대체 어떤 구석에서 등장한 건지, 오늘은 무슨 요일인지, 낮에는, 밤에는 무슨 일이 생기는지.

네루다의 시 「모두의 노래」 중에서

항구의 거리는 한산하다. 어제 떠들썩했던 곳들도 조용하다. '포클랜드 되찾기 운동'도 조용하고, 예수님의 부활을 기리는 거리 행진도 없다. 우수아이아 중심가로 올랐다. 골목 바람은 세차게 불고 햇볕은 따스하다. 토산품 가게에 들렀다. 레드스톤Red Stone으로 만든 토끼 인형이 귀엽다. 가격을 물었다. 700달러!? 와우, 거의 보석 수준이다. 아르헨티나의 레드스톤은 행운을 주는 돌이다. 구경만 했다. 다른 토산품 가게에 들렀다. 냉장고 벽에 붙일 펭귄 마그네틱 두 개를 샀다. 가게를 나섰다. 계단으로 펭귄 네 마리가 걸어 내려왔다. 영락없는 사람 걸음걸이다. 벽화 앞에 그미가 섰다. 펭귄 오형제가 오형제봉에서 우수아이아 시내로 걸어오고 있다. 목은 노랗고, 배는 하얗고, 등은 까맣다.

펭귄 오형제가 오형제봉에서 우수아이아로 내려온다.

| 如是我夢 **가을의 소리를 듣다**

반지하의 호텔 방으로 돌아왔다. 목욕을 할 것인가, 샤워를 할 것인가, 그것이 고민이다. 천연수 단풍 물이 방까지 흐르는데, 오늘은 목욕도 샤워도 하지 않았다. 0.5리터 생수 한 병에 토끼 세수로 만족했다. 새우잠을 잤다. 세 시간은 잔 듯하다. 깨어났다. 자정이 막 지난 시간이다. 커튼을 살며시 열었다. 달빛이 창을 넘어 방 안으로 들어온다. 아직 보름달은 아닌 듯. 달이 휘영청 밝으니 별이 자취를 감추었다. 그래도 남십자성은 그 빛을 잃지 않았다. 주차장 너머의 담벼락이 괴기스럽다. 예羿가 쏘아 보낸 화살인 듯, 관우가 휘두르는 청룡언월도인 듯, 이백의 손에 들린 술잔인 듯, 도무지 알 길이 없다. 무서움이 몰려와 커튼을 닫았다. 반지하실 창밖에는 가을의 소리가 소곤거린다. 귀뚜라미 날갯짓 소리인가, 낙엽이 걸어가는 소리인가, 귀신 씻나락 까먹는 소리인가?

그미가 내게 말했다. 이것이 무슨 소리요? 나가 한번 살펴보시오. 내가 대답했다. 달과 별이 환히 빛나고, 은하수는 하늘 한가운데를 가로지르고 있소. 사방에는 사람 발걸음 소리도 없고, 오로지 소리는 올리비아 오형제가 품은 붉은 느릅나무 사이에서 납디다. 그미가 중얼중얼 말했다. 아, 슬프도다! 이것은 가을의 소리가 아닌가! 어이하여 예까지 왔는가? 대개 가을의 형상이란 그 색깔은 붉디붉고, 안개는 부슬부슬한데 구름은 걷히는 것만 같도. 그 모습은 밝고 맑아 하늘은 드높은데, 해가 반짝거리는 듯하도다. 그 기운은 오싹하여 사람의 살과 뼈를 저미는 것만 같은데, 그 뜻은 쓸쓸하여 산과 개울이 적막한 듯하구나. 그래서 그 소리는 처량하고 애절하여 울부짖고 울분을 펴는 것만 같구나. 모름지기 가을이란 음陰이요, 금金이라. 이는 천지의 의로운 기운이라 하니, 항상 엄숙함을 마음으로 삼아야 하는도다. 하늘은 사물에게 봄에 싹이 돋게 하고, 가을에 열매를 맺게 한다. 석과碩果는 불식不食이다. 윤기 나게 붉던 낯빛이 마른 고목같이 되고, 검던 머리가 허옇게 되는 것이 마땅하다 하거늘! 어이하여 그대는 금석의 자질도 아니면서 초목과 더불어 번영함을 다투려 하는가? 어찌 그대는 가을의 소리를 탓하려 하는가?

그미도 나도 꿈속에서 헤매는 중이다. 오로지 태블릿에서 육일거사六一居士의 「가을의 소리 노래」가 잔잔히 흐르고 있을 뿐이다. 그래도 잠은 잘 잤다. 네 시간은 더 잔 듯하다.

2023년 4월 4일 (화요일, 음력 윤 2월 14일)

오늘 오전은 정해진 일정이 없는 날이다. 호텔 조식 시간을 늦추어 갔다. 어제보다 덜 복잡하다. 여유와 품격을 가다듬으면서 식사를 했다. 아침 오로라는 보이지 않았다. 이제 부에노스아이레스로 간다. 비행기 출발 시간은 오후 3시 30분! 천연 단풍나무 물이 나오는 반지하방에서 마냥 기다릴 수는 없지 않은가? 짐을 챙겨 프런트에 맡겼다. 10시 30분에 출발하는 죄수 버스에 올랐다. 10달러씩 지불했다.

버스는 항구를 왼쪽으로 두고 시계 방향으로 길을 잡았다. 오른쪽에는 성당이 눈에 들어오고, '포클랜드 되찾기 운동 본부'(?)에 사람들은 모여 있지 않았다. 전망대에서 버스가 멈추었다. 전망대 오르는 길에 나무 두 그루가 우뚝하다. 가지는 모두 시내 쪽으로 뻗어 있다. 바람의 방향은 분명하다. 바다를 향해 섰다. 왼쪽은 구시가지, 오른쪽은 신시가지다. 왼쪽은 상업지역이요, 오른쪽은 주택단지다. 확연히 구분된다. 4층 정도의 아파트들이 잘 정돈되어 있다. 깔끔하다. 구시가지 쪽은 길도, 건물의 모양도, 색깔도 제각각이다. 바람은 신시가지에서 구시가지로 분다. 버스가 크르릉~ 크르릉 하며 언덕을 기어오른다. 마치 내가 며칠 전 카프리 호에 오르던 듯하다. 산에 가까이 다가가니 집들이 낡고, 허술하고, 지붕은 낮았다. 산동넨지, 달동넨지 그런 느낌이다.

'악마의 호수'라 이름 붙인 자그마한 호수에 내렸다. 고사목이 여기저기에 흩어져 있고, 삶을 유지하는 가지들은 붉은 이파리를 달고 있다. 벤치가 주인을 잃고 있다. 앉은 이가 아무도 없다. 화요일 오전이니 그러하리라. 확인할 기회가 왔다. 심증은 굳혔으나 물증을 찾지 못했다. 내가 첫날 밤 목욕하고 샤워했던 물이 바로 이런 물이리라. 프런트의 배불뚝이는 말했다. 앨버트로스 호텔의 물은 산에서 흘러내리는 물이라, 붉은빛을 품고 있다고. 호수의 물을 한 움큼 떴다. 아무리 살펴봐도 붉은 물이 아니다. 흐르는 실개천의 물을 또 한 움큼 떴다. 마찬가지다. 여기 이곳의 물은 맑디맑은 천연수요, 물 고유의 색을 지닌 자연수다. 어제 저녁에 목욕과 샤워를 하지 않았는데, 참, 잘했다!

버스는 이리 돌고 저리 돌면서 시내로 흘러내렸다. 군함이 정박한 곳을 지나 원위치로 돌아왔다. 한 시간이 채 걸리지 않았다. 항구 쪽에 함석지붕을 한 창고 건물이 보였다. 그미는 수공예품 하나를 샀다. 다른 가게로 옮겼다. 나는 펭귄에 레드스톤이 콩알처럼 붙어 있는 토산품을 골랐다. 무려 12달러!! 펭귄 마그네틱은 세 개에 5달러! 역시 레드스톤 때문에 열 배는 더 비싼 듯하다. 17달러에 토산품 네 개를 샀다.

| 如是我思 | 우수아이아에서는 숩마리노를 마셔라!

'숩마리노submarino'. 네이버 어학사전을 뒤졌다. 영어로 '서브마린submarine'이다. 나는 이 두 단어에서 '머구리'라는 단어를 떠올렸다. 머구리를 둘러쓰고 바다 일을 하는 어부들의 모습이 떠올랐다. 나에게 잠수함은 포클랜드 전쟁 때 영국 해군이 잘 써먹은 전쟁 무기일 따름이다. 우수아이아에서 숩마리노가 가장 맛있다는 찻집을 소개받았다. 중세풍 물건이 벽면에 가득하다. 코냑과 위스키가 진열되어 있다. 물론 메뉴에 커피도 보인다. 동행하는 네 분이 이미 자리를 잡고 있다. 페루에서 멀미가 심했던 분이 빚을 갚는다며 대신 계산해주었다. 서로가 서로를 고마워할 일이다.

따뜻한 유리잔에 우유가 담겨 왔다. 삼박자 커피 스틱 모양의 물건이 찻잔 받침에 얹혀 있다. 그녀가 말한다. 우유에 그것을 넣고 잘 저어서 드세요. 와우! 우유는 다디달고, 초콜릿은 달다 못해 떫은맛이 난다. 네 사람이 웃는다. 한 남자가 말한다. 나는 이미 알고 커피를 시켰습니다. 숨마리노는 추운 날씨에 바다에서 일하고 육지에 오른 사람들을 위한 따뜻한 음료로 시작되었을 것이다. 따뜻한 우유에 달콤한 초콜릿을 섞어 허기도 달래고 추위도 덜며 즐겼으리라!! 인터넷을 뒤졌다. 이 가게가 이미 올라와 있다. 화장실이 유명하다. 화장실 문에 달린 남과 여를 구별하는 표시가 유명하다. 남자 화장실 문에는 남성들이 흔히 입는 아랫도리 속내의가 걸려 있다. 여자 화장실 문에는 여성들이 흔히 입는 위아래 속옷 두 가지가 적당한 간격을 두고 걸려 있다. 이 찻집의 화장실은 남녀 속옷 전시장이다.

| 如是我見 | 입안의 대구가 아이스크림처럼 녹는다

어제, 그리고 오늘은 바다 요리다. 어제는 킹크랩, 오늘은 대구다. 우선 둥그런 빵이 나왔다. 빵은 역시 빵 맛이다. 달지 않아서 좋다. 한 조각 떼어 물었다. 대구구이가 나왔다. 남극 바다의 심해 출신이란다. 부드럽기가 비단결이다. 서너 번 포크질을 하고, 서너 번 씹으니 접시가 비었다. 그미는 이제야 레몬즙을 짠다. 영어로 'GOCHUJANG'이라고 쓰인 자그만 튜브를 들어 대구 살에 빨간 옷을 입힌다. 그미의 입술이 바빠진다. 큼직한 아르헨티나 국기가 가로로 걸려 있고, 자그만 국기가 세로로 천장에 붙어 나풀거린다. 식당 구석에서는 거리의 악사가 기타를 치면서 노래한다. 음악의 정체성이 느껴지지 않는다. 이것이 내 귀의 한계다. 아르헨티나에서 내 귀는 탱고 리듬을 기대하고 있다. 노래가 멈추고 그가 주머니를 들고 식탁을 돈다. 그 주머니에 5달러를 넣어주었다. '그라시아!'라 말하고 웃는다. 파에야가 나왔다. 디스코인지 철판인지에 담겨 나왔다. 밥보다 생선류가 더 많다. 지난해, 바르셀로나 항구에서 먹었던 파에야는 생선보다 밥이 훨씬 많았다. 바르셀로나 항구의 파에야는 소금 맛이요, 우수아이아의 파에야는 생선 맛이다.

| 如是我思 | 구름 속에서 꿈꾸는 여인, 뜨개질하는 여인

비행기 좌석이 그미는 24D, 나는 24E. 그미는 통로 쪽을 좋아한다. 됐다. 자리를 잡고 앉았다. 창 쪽 24F가 비려나? 승무원들이 선반을 정리하고 안전벨트 착용 여부를 점검하고 다녔다. 백팩을 둘러멘 여인이 나타났다. 그녀가 창 쪽 좌석에 손가락질한다. 그미와 나는 안전벨트를 풀고 벌떡 일어섰다. 그녀가 창 쪽에 앉았다. 승무원과 이야기하는 것으로 보아 아르헨티나 사람인 듯하다. 비행기는 슬슬 움직이기 시작한다. 그녀는 백팩에서 실뭉치와 가늘고 긴 바늘 두 개, 그리고 스마트폰과 이어폰을 꺼냈다. 가방은 두 발을 움직여 앞좌석 밑으로 밀어 넣었다. 그녀는 스마트폰을 켜고, 이어폰을 양쪽 귀에 꽂았다. 비행기는 터덜거리다가 하늘로 올랐다. 그녀의 두 손은 쉴 틈이 없었다. 훑치고 꿰고, 꿰고 훑치기를 수없이 반복했다. 그녀의 머리가 끄덕끄덕하다가 좌우로 왔다 갔다 했다. 30분쯤 흘렀다. 실타래와 두 개의 바늘은 그녀의 무릎에 올려졌다. 그녀는 양쪽 귀에서 이어폰을 꺼내 실타래에 얹었다. 그러고는 두 팔을 비행기 선반에 닿을락 말락 하게 뻗으며 기지개를 켰다. 고개를 앞과 뒤로, 좌와 우로 돌렸다. 손목을 흔들었다. 그리고 다시 하던 일을 계속했다. 그미는 이미 코를 골기 시작한다. 나는 괜스레 궁금했다. 그녀는 누구를 위해 뜨개질하는 걸까? 그녀는 무슨 음악을 듣고 있을까? 그미는 지금 무슨 꿈을 꾸고 있을까? 그녀의 두 손은 구름 속에서도 춤을 추었다. 그미의 얼굴에는 호랑나비 무늬가 나타났다.

비행기는 활주로에서 터덜거렸다. 그녀는 실뭉치와 긴 바늘 두 개와 스마트폰과 이어폰을 백팩에 담았다. 그미는 기지개를 켰다. 한쪽은 구름 위에서 춤을 추고, 한쪽은 구름 속에서 호랑나비와 놀았다. 그녀는 짐을 찾지 않고 백팩만 메고 걸어 나갔다. 그녀가 뒤돌아보며 손을 흔들었다. 나는 웃었다. 그미도 웃었다.

| 如是我觀 | 도시의 광활함이여, 강의 드넓음이여

둥그스름한 창을 통해 내려다보이는 부에노스아이레스의 불빛은 또 하나의 우주다. 은하수가 흐르고 남십자성이 반짝거린다. 뭇별은 숨었다 나타났다를 반복한다. 달은 머리 위에 떠 있고, 별들은 발밑에서 반짝거린다. ᄀᄅ뵈에서 2월에 떠오르는 달은 시샘달이다. 겨울의 추위를 이겨낸 달이다. 저기 저 달은 여름의 더위를 이겨내고 가을로 접어들 때 뜨는 달이다. 여름 더위를 이겨낸 열매달이다. 오곡백과에 열매를 달아주는 달이다. 부에노스아이레스의 2월 달은 열매달이요, ᄀᄅ뵈의 2월 달은 시샘달이다.

부에노스아이레스 Buenos Aires는 스페인어로 '좋은 공기 bonus aer'라는 의미를 품고 있으니, 과연 순한 바람만 부는 도시일까? 여기는 중국 상하이와 대척점이다. 여기서 드릴로 지구의 중심부를 뚫고 지나가면 상하이가 나온다. 상하이와는 모든 것이 정반대이리라. 여기를 또 하나의 파리라 부르기도 한다. 라플라타 강은 넓어서 강인가, 넓어도 강인가? 라플라타는 스페인어로 'Rio de la Plata', 즉 '은銀의 강'이다. 이 강의 상류 지역에서 채굴된 은이 이 강을 통해 유럽의 나라들로 실려 나갔다. 강물이 은을 실어 나른 것이다. 서울의 한강은 은하수 강이다. 한강漢江의 '한漢'은 원래 은하수銀河水의 의미를 품고 있다. 어쨌든 두 강은 모두 '은銀의 강'이다.

한강이 강이라면 라플라타 강은 바다요, 라플라타 강이 강이라면 한강은 개울물이다. 라플라타 강의 너비는 200킬로미터가 넘는다. 한강은 그것의 100분의 1 정도 되려나? 한강에 마포선착장이 있다면, 라플라타 강에는 라 보카라는 항구가 있다. 마포선착장에 서남해안의 수산

물이 들어왔다면, 라 보카 항에서는 아르헨티나의 농산물이 미국과 유럽으로 수출되었다. 마포에 '첫사랑 떠나간 서글픔'이 있다면, 라 보카에는 미국이나 유럽에서 돈을 싣고 돌아온 부자 선원들의 '첫사랑과 마지막 사랑과 환희'가 있다. 돈이 넘쳐나고, 사랑이 이글거리고, 춤판이 흥청대는 항구다.

이난영에게 슬픔이 침잠했다면,
가르텔에게는 정열이 피어올랐다.
이난영에게 사공의 슬픈 뱃노래가 있다면,
가르텔에게는 분수처럼 솟구치는 사랑이 있다.

민중의 탱고와
권력자들의
탐진치

9

호텔 방에 여행사 대표가 보낸 과일과 편지가 먼저 와 있다. 반갑고 또한 고맙다. 과일은 달고, 편지는 아름다웠다.

3시경에 일어났다. 커튼 속으로 머리를 디밀었다. 보름달 밝기가 대낮이다. ᄀᆞᄅᆡ의 오늘은 동지로부터 105번째 되는 날이리라. 한식날이다. 한식은 3월 초순에 들지만, 윤달이라 2월 보름날이 한식날이다. 먼 옛날, 개자추介子推라는 인물이 있었다. 진나라 문공晉文公(기원전 697~기원전 628)이 개자추를 등용하려 했으나, 개자추는 면산綿山으로 은둔했고 세상에 나오지 않으려 했다. 이에 진 문공은 개자추를 나오게 하려고 산에 불을 질렀다. 개자추는 끝내 뜻을 굽히지 않고 산속에서 타 죽고 말았다. 그 후 개자추를 기리기 위해 한식 무렵에는 불을 사용하지 못하게 하고, 찬 음식만 먹는 풍습이 시작되었다. 할아버지가 산소에 가면서 해준 이야기다.

한식날 새벽 보름달은 두보杜甫(712~770)를 데려온다. 그 또한 집을 떠나 한식날을 맞이했다. 나는 두보가 살았던 곳의 대척점에 있다. 그가 죽고 1,300년이 지났다. 그래도 달은 달이고 은하수는 은하수로되, 그가 본 북두칠성은 온 데도 없고 간 데도 없다. 오직 남십자성만 반짝일 뿐이다.

집 떠나 한식을 맞이하니 달빛에 눈물이 금빛 물결 같구나.

저기 저 달 속의 계수나무 찍어낸다면 맑은 달빛 더욱더 밝아질 텐데.

떠나올 때 붉은 꽃잎이 돋았는데 눈썹을 찡그리는 그대 모습이 상상되오.

견우와 직녀는 시름에 겨워 있지마는 가을엔 은하수 건너 만날 약속이 나 있지.

無家對寒食, 有淚如金波. 斫却月中桂, 清光應更多.

仳離放紅蕊, 想像顰青蛾. 牛女漫愁思, 秋期猶渡河.

커튼을 활짝 열어젖혔다. 두 팔을 벌려 기지개를 켰다. 두 손끝은 하늘을 향해 올랐고, 두 발은 땅을 향해 뻗었다. 몸은 시원했고, 정신은 대척점을 향해 달렸다. 뒤에서 움직이는 소리가 났다. 그미가 뽀스락거렸다. 잠꼬대를 하는가? 돌아보니 내 두 손이 그미의 얼굴을 할퀴고 있다.

|如是我聞| 아르헨티나, 선진국 중의 선진국이었으나…

내 몸은 부에노스아이레스에서 비몽사몽이고, 내 마음은 당나라 하늘을 훨훨 날고 있다. 그미는 유튜브를 뒤적거렸다. 그미가 한국의 정의구현사제단 이야기를 해주었고, 나는 태블릿에서 '아르헨티나 공화국'이라는 메모를 찾았다. 이 나라는 남미에서 유일한 백인 국가다. 인구의 97퍼센트가 백인이다. 남미에서 브라질에 이어 두 번째로 국토 면적이 넓다. 탱고 음악과 그 리듬을 타는 춤, 팜파스라 불리는 대평원을 누비는 가우초 Gaucho들의 활기찬 모습으로 유명하다. 보르헤스는 가우초에 대해 이렇게 말한다. '가우초는 죽었다. 그러나 모든 아르헨티나인의 핏속에서 살아 숨을 쉬고 있다.'

아르헨티나는 농축산물이 넘치는 나라다. 이 나라는 18세기에서 20세기 초만 해도 선진국 반열에 있었던 나라다. 선진국의 석학(?)들이 정하는 선진국의 조건이 있다. 그 요건 중 하나가 백인 국가여야 하고, 둘은 GDP가 높아야 한다. 아르헨티나는 이 두 가지 조건을 모두 충족한 나라였다. 주로 남유럽, 이탈리아와 스페인에서 온 이민자들은 지구상에서 가장 아름답고 살기 좋은 나라로 만들기를 원했고, 실제로 그런 소망이 이루어지고 있었다. 그래서 신이 새롭게 점지해준 나라라 환호했다. 안데스 산맥의 풍부한 지하자원과 풍족한 농축산물은 선진국이 되기에 충분하고도 남았다. 그들은 또 지정학적으로 유럽에서 벌어진 두 차례의 세계대전 전장에서 멀리 떨어져 있었다. 아르헨티나는 전쟁터에 군량미를 공급하는 창고 역할을 톡톡히 해내기도 했다. 지상의 낙원이자 유토피아이자 샹그릴라였다. 하지만 20세기 초반을 지나면서 국운이 급격히 기울기 시작한다.

사이먼 쿠즈네츠Simon Kuznets(1901~1985)는 러시아 출신의 미국 경제학자다. 그는 국민소득이론과 국민소득통계의 권위자다. 그는 경제를 수량화한 공로로 1971년 노벨 경제학상을 받았다. 그가 창안한 것이 오늘날 국가의 발전 정도를 가늠하는 도구인 GDP이다. 그는 세계의 국가를 네 갈래로 분류한다. 어쩌면 보르헤스가 인간을 분류한 방법과 비슷한 유머가 넘치는, 그러나 웃어버릴 수만은 없는 분류법이다. 그에 따르면 세계는 선진국과 후진국, 일본과 아르헨티나의 네 가지 유형으로 나뉜다. 일본과 아르헨티나가 단일국가로서 그 분류체계에 들어간 것이 의아하다. 그의 설명에 따르면 일본은 후진국 중 하나인 나라에서 100년 만에 선진국 반열에 오른 세계사에 유례가 없는 나라다. 아르헨티나는 정반대의 경우다. 선진국 반열에 있다가 한 세기 만에 후진국의 위치로 떨어진 세계 유일의 국가다.

특히 후안 페론 집권 시절의 과도한 포퓰리즘과 정치적 부패가 그 원인이라 지적하는 사람이 많다. 소위 페론주의라는 그의 정치적 흔적이 지금도 이 나라의 곳곳에 영향을 미치고 있다. 정치가의 탐진치貪瞋癡가 미래 국민들의 삶에 어떤 영향을 미치는지를 똑똑히 보여주고 있다. 아르헨티나는 국가 부도로 유명한 나라다. 지금도 국가 부도 상태다. 이 나라의 첫 국가 부도는 1827년에 일어났다. 1810년에 독립한 이후 17년 만에 국가 부도가 난 것이다. 이 나라는 국가 부도가 난다 해도 먹고사는 데는 하등의 문제가 되지 않는다. 가이드에게 들으니 소고기 1킬로그램에 3,000원 정도 된단다. 그만큼 농축산물이 풍부한 나라다. 과유불급過猶不及이다. 풍요 속의 빈곤이라 했던가. 당시는 금본위 경제체제였기에, 런던에서 국채를 발행함으로써 해결했다. 부채를 갚는 데만 30년이 걸렸다. 우리의 IMF 때와 비교해볼 일이다. 2차 부도 후 3·4차 부도는 후안 페론 집권 시기이다. 3차 부도는 일부러 냈다는 설도 있다. 이런 말도 있다. '공식적으로 빌렸다가 공식적으로 못 갚는다.'

포클랜드 전쟁 이후 주민들은 어업권을 팔아 연간 소득이 7만 달러를 넘었다. 1989년 국가 부도 때는 인플레이션율이 3,000~5,000퍼센트에 이르렀다는 기사를 읽은 기억이 난다. 2001년에는 일곱 번째 국가 부도가 났다. 2002년 한국 월드컵 때는 선수들에게 비행기 표를 사 줄 돈이 없어서 선수들이 여비를 갹출했다는 소문도 들었다. 물론 선수들의 몸값으로 따지면, 새 발의 피 정도겠지만 말이다.

2022년 카타르 월드컵에서 메시를 앞세운 아르헨티나는 세 번째 우승을 거머쥔다. 메시의 등번호가 찍힌 아디다스 티셔츠는 한 장에 우리 돈 50만 원을 줘도 구할 수가 없다. 짝퉁은 여기저기 가게에 진열되어 있다. 암시장의 달러 환율이 공식 달러 환율의 배를 넘는다. 아침의 물건 값과 저녁의 물건 값이 다른 나라가 아르헨티나다. 빈곤층으로 구분되는 국민이 인구의 34퍼센트에 달한다. 은행 이자가 75퍼센트다. 그래도 국민들은 은행에 돈을 맡기지 않는다. 인플레이션율이 훨씬 더 높기 때문이다. 월급을 받으면 우선 먹어야 하니, 식료품을 산다. 남으면 달러를 산다. 달러를 가진 인접국 부자들이 달러를 가지고 와서 삶을 즐기는 나라가 바로 아르헨티나다. 아르헨티나의 축구는 정치와 관련된 이야깃거리가 많다. 포클랜드 전쟁의 패전 소식을 국민들에게 전한 것도 축구대표팀이다. 아르헨티나의 언론은 권력자들이 장악하고 있다. 아르헨티나는 축구가 미디어다. 언론이다. 페론주의와 군부 독재 정권에 의해 저질러졌던 정치적·경제적 '과거 청산'이라는 벽을 넘어서지 못하고, 아직도 그들의 그늘에서 헤매고 있는 나라가 바로 아르헨티나다.

9 · 민중의 방고와 권력자들의 탐진치

如是我見 금속 구조물도 꽃이 피어난다

여행은 아침부터 시작된다. 버스는 싱그러운 봄처럼 느껴지는 촉촉한 가을을 달린다. 초겨울에서 늦봄으로 달려온 느낌이다. 살짝 더위가 느껴진다. 라플라타 강이 흐른다. 라플라타 바다가 출렁인다. 금속이 아침 햇살을 받아 반짝이는 조형물 앞에 섰다.

이 조형물은 건축가 에두아르도 카탈라노Eduardo Catalano가 만든 「플로랄리스 헤네리카Floralis Genérica」라는 금속 꽃 조형물이다. 처음에는 햇빛에 의해 피었다가 지도록 설계되었으나 고장이 났다. 현재는 필락 말락 한 상태, 꽃술이 보일락 말락 한 상태에서 정지되어 있다. 영원히 피지 못하는, 혹은 영원히 지지 않는 꽃이 된 것이다.

버스를 탔다. 팔레르모 공원에서 내렸다. 1800년대 중반 이 도시의 영주이자 독재자였던 로사스의 사유지였는데, 공원으로 바뀌었다. 지금은 이 도시의 허파로 불린다. 뉴욕의 센트럴파크, 런던의 하이드파크에 이어 세계 3대 공원 중 하나다. 권력자의 사유지였던 사실은 하이드파크와 닮았고, 도시의 허파로 불리는 것은 센트럴파크와 닮았다. 장미 공원을 중심으로 설계되어 있다. 강아지를 7~8마리씩 몰고 다니는 여인 두 명이 보인다. 아니, 한 사람이 저렇게 많은 강아지를 키우나? 가이드가 말했다. 강아지를 산책시키는 일을 하는 사람들입니다. 여러 종류의 장미 정원이 갖가지 도형을 이루면서 크거나 작게 디자인되어 있다. 셰익스피어의 흉상이 보였다. 이 공원에는 세계의 유명한 문학가 흉상이 모두 있습니다. 가이드의 말에 내가 묻는다. 보르헤스도 있습니까? 저~쪽 어디에 있을 겁니다. 한국 문학가의 흉상도? 아직 없습니다!

그미와 나는 보르헤스의 흉상을 찾아 공원을 뒤졌다. 거대한 고무나무 밑을 걸었고, 호수의 백조를 보았고, 화장실에서 볼일을 마치고 터

팔레르모 공원에서 보르헤스를 만나다.

덜터덜 걸었다. 통역자를 만났다. 그가 물었다. 보르헤스의 흉상 찾았습니까? 아니요! 저기~ 하면서 손으로 가리킨다. 달려갔다. 보르헤스의 흉상은 대리석상이다. 그런데 흉상이 아니라 두상이었다. 앞에 서서, 옆에 서서 사진을 찍었다. 아르헨티나에서 보르헤스는 어떻습니까? 이미 고등학교 때 그의 작품을 배웁니다. 아르헨티나에서 고등학교 때 배우는 보르헤스를 나는 이해하기 힘들었다. 두 번, 세 번을 읽어도 이해하기가 어려웠다. 어느 기회에 이름이 알려진 소설가에게 물었다. 그는 보르헤스라는 이름조차 몰랐다. 내가 읽을 책이 아닌가 보다 하고 멀리했다. 우연히 과학책을 보다가, 과학 강의를 듣다가 실마리를 깨우쳤다. 말 그대로 유레카였다! 아직도 잘은 모른다. 다만 그를 좋아하고 있을 따름이다.

| 如是我讀 | '과거는 우리의 보물이다'

내가 보르헤스를 알게 된 것은 우연이다. 어느 모임에서 보르헤스라는 말을 처음 들었다. 그리고 누군가가 얇은 책 한 권을 꺼내 보여줬다. 책에 인쇄된 사진을 뚫어져라 보았다. 그에게 대단히 미안하다. 유인원과 사람 사이, 중간 정도의 느낌이 왔다. 호기심이 발동했다. 서점에 들렀다. 민음사에서 펴낸 『픽션들』과 '보르헤스 전집' 다섯 권을 덥석 샀다. 위낙 얇은 책들이라 무겁지는 않았다. 먼저 전집부터 책장을 열기 시작했다. 정말이다. 검은 것은 글씨요, 하얀 것은 종이였다. 내 눈이 이렇게 까막눈일 수 있는 것인가? 내가 바로 문맹이구나, 문맹이야! 덮어버렸다. 지구 반대편에 살았던 그 유인원 같은 늙은이가 쓴 책을 꼭 읽어야 하는가? 그리고 2~3년이 지났다. 따스한 겨울날이었다. 공원을 가로질러 중고 서점에 갔다. 운동 삼아 걸었다. 그 노인 사진이 든 책이 눈에 띄었다. 풀어헤친 가슴팍을 내려다보는 80세 노인, 모질 耄耋의 모습에서 다섯 살 아이를 봤다. 천진난만!

마음산책에서 나온 『보르헤스의 말』을 백팩에 담았다. 소설이 아니라 대담집이라서인지, 아무튼 글자와 문장이 읽히기 시작했다. '내 삶은 실수의 백과사전이었어요. 실수의 박물관이었지요.' 그리고 그는 덧붙인다. 실수에는 개인적인 실수, 직업적 실수, 문학적 실수 등이 있다. 어떤 실수는 우리를 재앙으로 이끌고, 어떤 건 행운을 가져다준다고. 그건 그렇지. 마치 지하철 옆자리에 앉은 사람이 하는 말처럼 읽혔다. 그리고 시간에 관한 이야기가 나왔다. 왜 과거라는 지나간 것을 화두로 삼는가? 과거가 우리의 보물이라고? 과거를 자유로이 사용할 수 있다고? 현재는 융통성이 없다고? 과거를 바꾼다고? 슬슬 약이 오르기 시작했다.

과거는 우리의 보물이다. 우리가 가지고 있는 것은 과거뿐이고, 과거는 우리가 자유로이 사용할 수 있는 것이다. 현재는 딱딱하고 융통성이 없다. 우리는 줄곧 과거를 바꾸고 있다. 우리는 모든 과거에, 인류의 역사에, 모든 책에, 모든 기억에 감사해야 한다. 그런데 우리는 과거를 떠올릴 때마다 기억을 약간씩이라도 바꾸고 있다.

현재의 우리는 과거의 미래를 살아간다고? 과거에도 미래가 있는가? 그렇지, 과거의 미래는 현재가 맞지 않나? 그런 당연한 말씀을. 그런데, 그런데 말이다. 미래에서 과거로 미끄러져 들어간다고? 현재가 과거에 의해, 그리고 미래의 두려움에 의해 압박받고 있다. 현재의 우리는 언제나 과거의 미래를 살아가고 있다. 우리는 늘 미래에서 과거로 미끄러져 들어가고 있다. 의문투성이의 책들이 그렇게 말해주었다. 그 말에 흥분되어, 나는 그의 책에 빠져들게 되었다. 보르헤스의 책을 읽는다는 것은 읽었던 책을 반복해 읽어서 더 깊이 들어가는 것이다. 반복해 읽을수록 더욱 풍요로워진다. 행복해진다.

| 如是我見 | 오페라 극장이 서점으로 해탈하다!

나는 엘 아테네오 서점에 두 번째로 왔다. 아름다운 곳이다. 서점 앞 거리는 넓지도 좁지도 않다. 가로수 사이로 보이는 건물은 눈에 잘 띄지 않는다. 오페라 극장이 서점이 되었다. 두 개의 대리석 기둥 위 'El Ateneo'라는 글씨 앞에 파르테논 신전 모양의 로고가 선명하다. 이 건물은 1919년에 '더 그랜드 스플렌디드'라는 이름의 오페라 하우스로 문을 열었다. 1929년에는 극장으로 리모델링되었고, 2000년부터 서점으로 변신했다. 변신은 무죄다. 인간도 벌레마저 되지 아니했던가? 변신에 변신을 거듭했으나, 오페라 하우스의 우아함은 그대로 유지되고 있다. 무대는 커피숍이요, VIP석은 독서 공간으로 활용되고 있다. 천장의 벽화는 세계대전 종전 기념으로 만든 것인데, 제목은 '아름다운 여인과 비둘기'다. 이 서점의 정식 이름은 '엘 아테네오 그랜드 스플렌디드El Ateneo Grand Splendid'이다. 그리스의 여신 아테나이의 지혜를 듬뿍

엘 아테네오 서점. 오페라 하우스가 서점이 되었다.

담고 있는 서점이라는 뜻이다.

2층 난간에 기대어 아무 책이나 들고 읽는 모습, 그것이 인생 샷. 가이드가 설명한다. 나는 스페인어를 읽을 줄 모른다. 그래서 그런 사진은 찍지 않았다. 음반 코너에 가봤다. CD뿐이다. CD를 재생시킬 노트북이 없다. 카페에 올랐다. 배우의 무대의상인 양 진열된 책들이 아름답다. 우아하다. 서가는 저마다의 형상을 자랑하고 있다. 성악가라면 노래라도 한 곡, 뽐내고 싶다. 연주자라면 탱고 한 곡, 연주해보고 싶다. 나는 책갈피 열 장을 샀다. 책갈피에는 아르헨티나의 네 사람의 사진이 인쇄되어 있다. 왼쪽에서부터 한 사람은 마라도나Maradona요, 또 한 사람은 프란치스코 교황Papa Francisco이며, 한 여인은 에바Eva요, 베레모를 쓴 남자는 체 게바라El Che이다. 그들의 머리 위와 아래에는

'ARGENTINA'라는 글씨가 인쇄되어 있다.

마라도나, 파파 프란치스코, 에비타, 체 게바라.
에비타는 마라도나처럼 아직도 대중의 우상인가?
그녀는 프란치스코 교황 옆에서 미소 짓는 성녀인가??
그녀가 체 게바라와 같은 반열의 혁명가란 말인가???

| 如是我見 | **영화는 영화요, 현실은 현실이다**

「에비타 Evita」는 마돈나가 주연한 뮤지컬 영화다. 에바 페론이라는 여자의 일생을 그린 영화다. 「돈 크라이 포 미 아르헨티나 Don't cry for me Argentina」가 이 영화의 주제다. 에바 페론은 국가 부도를 두 번씩이나 낸 후안 페론 대통령의 부인이다. 어쩌면 그녀 때문에, 그녀의 헌신에 힘입어 그는 대통령이 될 수 있었다. 그녀가 서른세 살의 나이로 죽자, 아르헨티나는 그녀를 위해 울부짖었다. 그녀는, 사망 60주기였던 2012년에 비록 한정 발행되기는 했지만, 100페소 지폐의 모델이 되기도 했다. 그녀가 죽은 지 70년이 된 2022년 7월 26일에도 부에노스아이레스 거리는 촛불을 든 인파로 가득 찼다. 영원한 아르헨티나의 영부인 마리아 에바 두아르테 데 페론 María Eva Duarte de Perón(1919~1952)을 추모하기 위해서였다. 그녀는 전설이었고, 신화의 주인공이었다. 아르헨티나의 대중은 허공화 虛空花에 열광하고 있다. 대중매체가 대중을 위해 만들어낸 영웅들은 들판에 피어오르는 아지랑이에 불과하다. 안개가 풀잎에 맺히면 영롱한 이슬방울을 만들어낸다. 그 이슬방울의 습한 기운은 시간이 지나면 곰팡이를 생기게 하고, 그 곰팡이는 모든 것을 썩게 한다.

그녀는 아르헨티나의 드넓은 초원 지대에 위치한 작은 마을 로스 톨로스에서 태어났다. 그녀의 어머니는 마을 인근의 농장 주인 후안 두아르테의 정부 情婦였다. 에바는 두아르테와 그녀의 어머니 사이에서 태어난 다섯 아이 중 네 번째였다. 야합이생 野合以生이다. 공자님 어머니는 이팔청춘이요, 아버지는 환갑 진갑이었다. 스마트폰을 처음 만든 스티브 잡스 또한 한부모가정의 아들이었다. 리마의 성당에 하얀 유골로 갇혀 있는 피사로도 출생의 사연이 비슷하다.

아버지는 부자 지주였지만, 어머니가 가난했던 그녀는 열다섯 살 무렵 가출을 감행한다. 그리고 돈과 사람들이 북적대는 남미의 파리, 부에노스아이레스로 향한다. 연예인이 되기 위해서다. 그녀는 삼류 연극배우로 출발해 영화배우, 라디오 성우 등을 거쳐 드디어 연예인이 되었다. 그녀가 연예인이 된 배경에는 많은 남자들의 도움이 필요했고, 그녀는 '성'이라는 자산으로 그들에게 대가를 지불했다.

1944년 산후안에 큰 지진이 일어났다. 1년 전, 그러니까 1943년 6월 4일, 후안 도밍고 페론 Juan Domingo Perón 대령이 청년 중심의 군사 쿠데타를 일으켜 부통령 겸 노동부 장관으로 취임했다. 그가 이재민 구호활동을 위해 산후안에 갔고, 에바 또한 연예인 봉사대로 그곳에 갔다. 재앙은 누군가에겐 불행이지만, 누군가에겐 천재일우의 기회가 된다. 첫 부인을 자궁경부암으로 잃은 페론은 에바와 동거를 시작했다. 대통령이 되려는 정치인과 대통령의 아내가 되고픈 연예인의 만남이었다. 당시 페론은 마흔아홉 살의 중년 정치인이었고, 에바는 스물다섯 살의 풋풋한 연예인이었다. 행인지 불행인지 페론은 군사 독재 정권에 의해 구금된다. 위기는 기회. 에바는 빈민층과 노동자들을 향해 자신의 고난과 역경에 대한 성공담을 이야기하고 연기해냄으로써 민중의 마음을 움직인다. 그리고 그들을 부추겨 총파업에 돌입하게 한다. 페론은 구금당한 지 10일 만에 석방된다. 마침내 그는 1945년 그녀와 결혼식을 올린다. 그리고 1946년에 대통령 선거가 치러진다. 그녀는 선거유세에 동행하면서 대중의 폭발적인 인기를 얻는다. 그녀의 미모와 확신에 찬 연설은 국민들의 마음을 사로잡는다. 에바의 연설문은 그녀가 라디오 배우 시절 작가였던 프란시스코 무노즈 아즈피리 Francisco Munoz Azpiri가 도맡았다. 라디오 드라마는 청각적인 감성이 풍부한 단어로 구성되어야 더욱더 감동적이라는 것을 아즈피리는 알고 있었다. 페론은 드디어 대통령이 된다.

이탈리아 대사관에 근무하던 시절 페론은 이탈리아 파시즘에 관심이 많았다. 그는 에바와 함께 국가 온정주의라는 의미를 내포한 페로니즘Peronism을 내세우며 승승장구한다. 서민 대중과 노동자들의 경제적 지위 및 복지 향상을 표방한 정책이라고 선전한다. 그는 '사회 정의 실현'을 슬로건으로 내세웠다. 그는 그녀를 부통령으로 임명하려다 실패한다. 그녀는 여성 페론당을 결성하여 대표가 된다. 그녀는 여성 참정권 도입 등 페미니즘 운동을 주도한다. 노동단체, 기업 등에서 받은 기부금으로 '에바 페론 재단'을 설립한다. 그 기금으로 학교, 병원, 양로원 등을 세우고 자선사업에 힘씀으로써 민중의 지지를 받는다. 병원을 방문해 나병 환자와 매독 환자의 뺨에 입을 맞추고 위로하는 모습을 미디어에 노출시킨다. 가톨릭을 신봉하는 아르헨티나의 국민들은 그녀를 또 하나의 성녀로 추앙한다. 그런 그녀가 서른세 살의 나이에 죽는다. 아르헨티나 국민들은 오열한다.

그러나 『에바 페론의 실제 삶The real life of Eva Peron』이라는 책에서는 그 뉘앙스가 약간 다르다. 정치인 페론을 만나고 나서 그녀의 정치적 야망이 시작된다는 부분까지는 거의 일치한다. 페론이 구금될 때, 그녀의 뒤에는 '노동총연맹'이라는 정치적 조직이 있었다. 민중은 그녀의 아름다운 외모와 배우로서의 연기력이 뒷받침된 호소력에 매혹되었다. 그녀와 그의 포퓰리즘 정책은 아르헨티나의 부유층과 충돌하게 된다. 에바가 사생아 출신이고, 교육을 제대로 받지 못한 배우 출신이라는 이유로 그녀는 정부의 직접 지원을 받지 못한다. 그래서 그녀는 에바 페론 재단을 만들어, 민간 기부금이 직접 재단으로 흘러들게 한다. 그리고 노동조합과 민간 기업으로부터 막대한 돈을 강제로 거둬들인다. 협조하지 않으면 엄청난 불이익을 준다. 근로자에게, 영화에, 복권에, 카지노에 세금처럼 부과한다. 이러한 돈이 모두 에바 페론 재단으로 유입된다. 재벌 회장이자 정치가였던 분이 국회에서 이렇게 증언한 적이 있다. '최고 권력자가 불러서 돈을 달라고 하는데, 그것을 거부하는 배짱을 가진 재벌은 없을 것이다.' 이런 일이 어디 대한민국에만 있는 일이겠는가? 받은 자는 그것을 기부금이라 말하고, 내놓은 자는 그것을 빼앗겼다고 말한다. 에바 페론 재단은 몇 년 만에 30억 페소 – 당시 환율로 계산하면 약 2,363억 원 – 의 현금을 보유하게 된다. 이 돈으로 1만 4,000명의 노동자를 고용하고 매년 40만 켤레의 신발, 50만 대의 재봉틀, 20만 개의 냄비를 빈민가에 뿌린다. 장학금을 주고 주택, 병원 등을 찾아가 자선 활동을 펼친다. 에바는 재단의 모든 것을 감독하고 지휘한다. 그리고 그녀는 새로운 도시 하나를 만든다. 그녀의 얼굴을 형상화한 도시다. '에비타 시티'는 지금도 있다. 사회적으로 훌륭한 일, 칭찬받을 일, 칭찬받지 않으면 안 되는 일, 흔히 말하는 '좋은 일'을 한다. 그녀가 왜 이리 좋은 일을 하는가? 목적은 하나다. 정치적 우상화라는 것이다. 많은 국민은 지금도 그녀에게 열광한다.

1947년, 그녀는 '무지개 여행Rainbow tour'이라 명명한 유럽 여행을 떠난다. 정치적인 목적이 완전히 배제된 국가 간의 친선 확대라는 명분을 내세웠다. 정치적인 사람이 행동하는데, 정치적인 목적이 배제될 수 있는 것일까? 이 여행을 할 때, 스위스에 은행 계좌를 만들었다는 설이 지배적이다. 그 후 에바 페론 재단의 거의 모든 돈은 스위스의 은행 계좌로 흘러 들어가 그녀의 개인 자산이 되어버렸다. 그리스의 선박왕 오나시스를 만나 밀회하고, 미화 10만 달러를 받았다는 소문도 파다했다. 그녀의 유럽 여행 중, 시사주간지 〈타임〉은 그녀를 표지모델로 내세운다. 그녀의 어린 시절을 소상히 밝힌다. 이 기사 때문에 〈타임〉은 몇 개월간 아르헨티나에서 발행이 중단되었다. '무지개 여행' 이후 그녀의 패션은 완전히 변했다. 화려함에서 검소함으로! 민중은 또 한 번 그녀의 검소함에 열광했다. 그런데 사실은, 그녀의 패션이 프랑스의 명품 크리스찬 디올로 바뀐 것이었다. 묶은 머리와 단색의 옷, 장식을 최소화한 그 검소한 듯한 연출을 대중이 알아보겠는가? 쇼핑의 레벨이 한층 업그레이드된 것인데, 민중은 그 연출에 흥분하고 열광했다.

1949년 후안 페론은 자신이 재출마할 수 있도록 헌법을 개정한다. 에바는 여성의 정치적 참정권을 주장하면서 여성 페론주의 정당을 창설한다. 무려 50만 명의 당원과 3,600개의 본부가 설립된다. 이를 기반으로 후안은 1951년 제25대 대통령으로 재선된다. 호사好事가 다마多磨라던가? 에바는 자궁경부암을 앓고 있었다. 그의 첫 부인 오렐리아도 같은 병으로 죽었다. 그녀들의 남편이 인유두종 바이러스 보균자라는 의미가 아닐 수 없다. 의학계에 따르면 70퍼센트 이상의 자궁경부암에서 인유두종 바이러스가 발견된다고 한다. 그러니까 현대 의학적인 추론에 따르면 그가 그녀들을 죽음에 이르게 했을 확률이 70퍼센트인 셈이다. 그가 재선된 후 그녀는 아프기 시작한다. 아니, 이전부터 아팠는데 숨겼는지도 모를 일이다. 그는 그녀에게 부통령 자리를 제안한다. 그녀는 거절한다. 자신은 정치적인 욕심보다 사회적 자비를 베푸는 것에 만족한다 했다. 다시금 국민들은 그녀에게 열광했다. 그녀는 정치인이 아니었다. 이제는 성녀였다.

1952년 7월 26일. 그녀는 죽음에 이른다. 이틀 동안 정부의 공식 업무가 중단되었다. 열흘 동안 영화 상영이 중단되었고, 나라의 거의 모든 가게가 문을 닫았다. 페론은 그녀의 시신을 방부 처리하고 우상화할 계획을 세운다. 정치권력에 눈먼 남자를 남편으로 둔 여인들은 남편보다 먼저 죽지 말아야 할 일이다. 시신마저 이용하려 드는 경우가 있으니 말이다. 그녀가 죽고 3년 후, 1955년 9월 후안 페론은 쿠데타를 일으킨 군부에 의해 해외로 추방되었다. 이때 방부 처리된 그녀의 시신이 감쪽같이 사라졌다. 쿠데타를 일으킨 군인들에 의해 시신 강간을 당하고, 신체 부위가 훼손되었다는 흉흉한 소문이 나돌았다. 18년 후, 1973년 후안 페론이 아르헨티나로 돌아왔다. 그리고 그는 그해 10월에 다시 대통령이 되었다. 1974년 7월, 그는 일흔여덟 살에 죽었다.

그가 죽은 후 그의 세 번째 부인이자 당시 부통령이었던 마리아 페론María Estela Martínez de Perón(일명 '이사벨Isabel')이 대통령직을 승계했다. 아르헨티나의 근대사는 페론과 그의 세 부인의 손아귀에서 요동쳤다. 그들은 조국 아르헨티나를 위해 무엇을 남겼는가? 정치적 혼란, 군사 쿠데타, 국가 부도에 의한 국민들의 궁핍한 삶??!!

如是我聞 | 사람은 죽은 후 묘지에서 말한다

공동묘지가 관광 명소일 수 있을까? 레콜라타 공동묘지가 그렇다. 아르헨티나 명문 가문들의 묘지 혹은 봉안당이다. 여기에 잠들 수 있는 가장 중요한 조건은 '돈'이다. 이 묘지는 시내 중심부에 약 1만 5,000평 정도의 땅을 차지하고 있다. 6,000여 기의 묘가 있으며, 약 300기는 방치되어 있다. 묘지를 왔다 갔다 할 수 있는 길은 국유지이고, 각각의 묘역은 그 가문의 소유다. 관리가 잘되어 있는 묘소는 그 가문이 아직도 재력을 지니고 있다는 의미요, 방치되어 있는 쪽은 멸문된 집안이나 관리할 능력이 없는 집안의 묘소다. 가이드는 버스에서 내리자마자 달려갔다. 입장료가 얼마인지 물었다. 1인당 7달러! 묘지 관리 비용으로 쓰인다. 1주일 전보다 가격이 올랐다고 한다. 5달러였던 모양이다. 아무튼 이곳의 인플레이션율은 알아줘야 한다. 이 묘소는 젊은이들의 모임 장소로도 활용되고 있다. 본받을 사람에게서는 본을 받고, 비난을 퍼부을 사람에게는 비난을 늘어놓으리라.

먼저 예수 동상 옆에 섰다. 예수님의 유골이 든 무덤이 아니고 동상이다. 대리석상이다. 젊어서 죽은 예수가 아니고, 70~80대까지 살았을 예수를 상상하여 세운 동상이다. 30대에 죽은 예수의 수명을 늘려서 동상을 세우다니, 놀라운 발상이다. 어느 의사 집안의 묘소는 지상에 관을 놓을 자리가 없어져서 지하로 파고든다. 이 묘역은 유럽의 대리석 등 고급 자재를 사용하고 있다. 가문의 세력에 따라 묘지의 관리상태가 다르다. 제대로 관리되지 않으면 유골이 보이기도 한다. 아람부르 장군

묘다. 그는 1955년에 쿠데타를 일으켜 정권을 장악한다. 그는 에바 페론의 시신을 훔쳐 이탈리아의 어느 공동묘지에 묻어버렸다. 죽은 에바가 그에게는 두려움의 대상이었다. 재기에 성공한 페론은 아람부르 장군을 납치, 고문하여 그녀의 시신을 다시 찾아왔다. 쿠데타로 재기에 성공한 페론은 쿠데타를 일으킨 아람부르 장군을 처형했다.

후안 페론의 가문에서 죽은 에바는 그녀가 태어난 두아르테 가문으로 돌아갔다. 두아르테 가문에서는 그녀를 받아들이려 하지 않았다. 페론의 명령을 거부할 사람은 적어도 아르헨티나에는 아무도 없었다. 에바가 묻힌 곳은 안내 표지판이 없는데도 가장 많은 사람이 찾는 묘소가 되었다. 후안 페론은 어디에 잠들어 있는지, 가이드가 모르니 나도 모른다. 대통령보다 영부인의 묘소가 더 인기 있다. 그녀를 존경하고 흠모하는 마음으로 찾아온 사람도 있고, 호기심으로 찾아온 사람도 있을 것이다. 생화를 바치는 사람도 있고, 비웃음으로 흘깃거리는 사람도 있다.

전직 부통령의 이야기도 있다. 그의 아내는 사치와 낭비벽이 심한 여인이었다. 아르헨티나는 이혼이 금지된 나라다. 부통령은 하는 수 없이 아내의 사치와 낭비벽을 국민들에게 직접 고해바친다. 신부 앞이 아니라 국민 앞에서 고해성사를 한 것이다. 이후 그들은 24년간 별거한다. 그런데 갑자기 그가 죽었다. 그녀는 그의 유산을 고스란히 상속받았다. 그녀는 유산으로 호화 생활과 흥겨운 파티를 즐겼다. 그녀도 죽는다. 먼저 죽은 자의 옆에 묻혔다. 두 사람은 서로 등을 지고 누워 있다. 남편은 생전에 유언을 남겼다. '내가 죽더라도 그녀와 같은 방향을 보고는 지낼 수가 없다.'

이 묘역의 한 청소부는 매일매일 열심히 일했다. 비로 쓸고 수건으로 닦았다. 그의 소원은 바로 이곳에 자신의 영원한 안식처를 마련하는 것이었다. 부자였다면 그가 청소부 일을 했겠는가? 그는 월급을 모으고, 모으고, 또 모으기를 강산이 몇 번 변하도록 계속했다. 오로지 이곳 묘

두아르테 가문으로 돌아온 에비타. 생화가 시들고 있다.

역에 묻히기 위해서. 그러던 어느 날 동생이 복권에 당첨되었다. 그는 며칠 후 스스로 죽음의 길을 택했다. 형의 소원을 잘 아는 동생은 형을 이곳에 묻히도록 했다. 동생의 복권 당첨이 형의 죽음을 불렀고, 형은 자신의 소원을 풀었다. 묘지 안에는 그가 사용한 청소 도구와 그가 입은 옷가지가 함께 잠들어 있다.

> 나는 레콜라타 공동묘지에서 여러 죽음을 보았다.
> 쿠데타를 일으켰다가 쿠데타로 죽은 죽음을 보았다.
> 원수 같은 삶을 살다가 함께 묻힌 죽음을 보았다.
> 두 사람은 서로 등을 돌리고 누워 있다.
> 청소부 아저씨의 가련한 죽음도 보았다.
> 아저씨는 생명의 삶보다 주검의 삶을 택했다.
> 빗자루와 쓰레받기와 옷과 모자가 함께 살고 있다.
> 죽음은 죽음이 아니다.
> 다만 삶이 변해 죽음이 되었을 뿐이다.
> 변하지 않는 사물은 하나도 없다.
> 다만 모두가 사라져버렸을 뿐이다!

| 如是我讀 | 「초혼」 세 곡을 불러보다

사람이 죽으면 혼魂과 백魄으로 나뉜다. 혼은 하늘로 날아올라 우주를 맴돈다. 백은 아래로 내려가 흙과 함께한다. 혼과 백은 49일 동안 윤회의 길을 찾아다닌다. 하여 조상들은 사람이 죽으면 사십구재를 지냈다. 사람이 죽어도 혼과 백은 살아 있다. 우리는 그 혼과 대화를 하고, 그 혼을 불러낸다. 전국시대 초나라 사람 송옥宋玉의 「초혼招魂」이 아름답다. 물론 다른 「초혼」도 많다. 김소월의 「초혼」이 있고, 장윤정이 부른 「초혼」도 있다. 우선 송옥의 「초혼」을 보자.

혼이여 돌아오소서. 서방西方은 해롭나이다. 천 리나 되는 모래가 흐르는 불모지요, 뇌공雷公의 집에 들어간다면 혼백은 흩어져서 쉴 수도 없나이다. 행여나 벗어났다 하더라도 그 밖은 광활한 들판이라오. 붉은 왕개미는 그 크기가 코끼리와 같고 검은빛의 벌은 그 배가 마른 표주박과 같은데, 오곡이 자라지 않아서 섶풀만을 먹는다오. 그 땅은 사람의 살을 문드러뜨릴 정도요, 물을 구한다 해도 얻을 수 없다오. 동서로 방황해도 의지할 곳 없으며, 광대하여 걸어도 끝이 없다오. 돌아오소서, 혼이여! 스스로를 버려서 해칠까 두렵나이다.

김소월은 이렇게 혼을 부른다.

> 산산이 부서진 이름이여!
> 허공 중에 헤어진 이름이여!
> 불러도 주인 없는 이름이여!
> 부르다가 내가 죽을 이름이여!
> (……)
> 선 채로 이 자리에 돌이 되어도 부르다가 내가 죽을 이름이여!
> 사랑하던 그 사람이여!
> 사랑하던 그 사람이여!

장윤정이 부른 「초혼」이다.

> 살아서는 갖지 못하는 그런 이름 하나 때문에 그리움만 눈물 속에 날 키워 보낼 뿐이죠.
> 스치듯 보는 사람이 어쩌다 내게 돌아와 장미의 가시로 남아서 날 아프게 지켜보네요.

| 如是我觀 | **탱고가 태어나고 자란 곳**

라 보카는 항구다. 보카는 입이다.

라 보카는 농축산물이 팔려나가는 출구요, 돈이 들어오는 입구다.

라 보카는 탱고의 발상지다.

이난영의 노래가 목포에서 태어났다면, 카를로 가르텔의 노래는 라 보카에서 태어났다.

이난영에게 슬픔이 침잠했다면, 가르텔에게는 정열이 피어올랐다.

이난영에게 사공의 슬픈 뱃노래가 있다면, 가르텔에게는 분수처럼 솟구치는 사랑이 있다.

버스에서 내렸다. 건너편 건물 베란다에 인형 셋이서 손을 흔든다. 두 남자 사이에 한 여인이 내려다보고 있다. 왼쪽의 남자는 아르헨티나 축구 국가대표팀 유니폼을 입었다. 마라도나가 틀림없다. 오른쪽 남자는 연미복을 입었다. 가르텔이나 피아졸라가 아닐까? 가이드에게 물었다. 가르텔이란다. 가르텔이면 어떻고 피아졸라면 어떠냐? 가운데서 손을

마라도나, 에비타, 가르텔이 손을 흔든다.

흔들고 있는 여인이 있다. 미니스커트에 양장 차림이다. 이마가 훤하
다. 머리를 뒤로 묶었다. 에비타다. 부에노스아이레스에는 가는 곳마다
에비타가 있다.

　길을 건너 골목으로 걸어 들어갔다. 자신이 그렸다는 그림을 파는 화
가들이 호객한다. 노랑·빨강·파랑 벽이 원색의 강렬함을 뿜낸다. 서너
가지 색깔이 제멋대로 칠해져 있다. 파도에 지친 배에 칠하고 남은 페
인트를 얻어다가 칠한 것이다. 노란색을 칠하다, 노란색이 떨어지면 파
란색을 칠하고, 파란색을 칠하다 떨어지면 빨간색을 칠한다. 그저 조선
소에서 얻어온, 쓰다 남은 페인트의 색깔이 벽면의 색깔을 결정한다.
이런 부조화가 예술이 된다. 이런 부조화의 색깔들이 화려하다. 이젠

탱고가 흐르는 라 보카 거리.

화가들이 만들어낸 벽화의 거리가 되었고, 탱고가 흐르는 예술의 거리
가 되었다. 지붕 아래 불쑥 튀어나온 베란다에서는 밀랍 인형들이 유혹
한다. 골목으로 접어들었다. 점심시간이 지났는데도 관광객이 주점을
가득 메우고 있다. 무대에서는 탱고를 추는 한 쌍의 몸놀림이 예사롭지
않다. 탱고 음악이 끝난다. 식당 객석의 아마추어가 손에 이끌려 무대
로 나간다. 여자가 스텝을 가르친다. 남자 무희는 여성 손님을 이끈다.
탱고 음악이 흐른다. 짝을 이룬 네 사람의 춤이 어설프다. 관객들은 용
기에 박수를 보낸다. 휘파람을 분다. 이 식당도 그렇고 저 식당도 그렇
다. 떠들고 손뼉을 치고 휘파람을 불고, 탱고 음악이 골목에 가득하다.
라 보카의 공기는 탱고가 주성분이다.

5년 전에 만났던 아코디언 연주자는 그사이 백발이 되었다.

오른쪽 더 작은 골목으로 걸어 들었다. 건물들은 같은데, 외벽 그림이
바뀌었다. 같은 장소에서 또 사진을 찍었다. 배경은 더 다양해졌고, 더
괴기스러워졌고, 더 산뜻해졌다. 5년 전, 아코디언이 연주되던 무대 앞
에 이르렀다. 노인이 되어버린 음악가가 연주를 준비하고 있다. 머리가
하얗게 변한 그는 무릎에 수건을 펼친다. 그의 뒤에 아르헨티나 국기가
걸려 있다. 옆에는 탱고를 즐기는 연인의 그림도 걸렸다. 그에게 5년 전
에 찍은 동영상을 보여줬다. 그의 젊은 얼굴이 핸드폰 안에서 움직였
다. 웃었다. 그가 놀란다. 그가 반가워한다. 악수를 청한다. 그의 오른손
을 내 두 손으로 꼬~옥 잡았다. 그는 연주를 시작했다. 아코디언 음악
은 예전이나 지금이나 똑같다. 나는 또 그의 연주 장면을 찍었다. 동영
상으로 찍었다. '앞으로도 50년은 더 그렇게 연주하시라!!' 말하고 싶
었다. 되돌아 나오는 길에 화가들 작품 앞에 섰다. 알록달록 화려한 라
보카 건물을 그린 그림 한 장을 샀다. 화가에게 20달러를 지불했다. 토
산품 가게에서 나는 빨대 꽂힌 마테차 잔 하나를 사고, 그미는 마그네틱

세 개를 샀다. 그 가게에도 메시의 10번 유니폼이 걸려 있다. 아디다스 상표는 보이지 않았다. 만져봤다. 촉감은 좋았다. 가격은 묻지 않았다.

|如是我觀| 역사는 닮기도 하고 배우기도 한다

5년 전 내가 이곳에 왔을 때는 차도와 인도 사이에 펜스가 높다랗게 쳐져 있었다. 겨우 대통령궁의 베란다 창문만 볼 수 있었다. 가이드에게 펜스에 관해 물으니 광장 리모델링 공사 중이라 했다. 그때만 해도 독재 군부의 영향력이 막강하게 작용하고 있었다.

5년 후 지금, 5월 광장은 깔끔하다. 대통령궁 앞에 천막 하나가 쳐져 있을 뿐이다. 천막 농성이 있는 모양이다. 세월이 지나니 광장의 모습도 변한다. 광화문광장보다는 복잡도가 낮다. 가이드는 여기저기 손가락질을 하면서 설명한다. 이곳에서 1810년 5월 25일 아르헨티나는 스페인으로부터 독립을 선포했다. 하얀 기념탑이 높다. 이 탑의 기초는 아르헨티나 각지의 흙을 모아 다졌다. 이 광장을 중심으로 대통령궁과 정부의 주요 기관, 중앙은행, 대성당, 현재와 과거의 부에노스아이레스 시청, 국세청 등이 자리 잡고 있다. 1975년부터 1983년까지 군부 독재에 반대하는 시민들이 희생되었다. 이른바 '더러운 전쟁dirty war'이 게릴라 소탕 작전이라는 명분 아래 감행되었다. 이때 희생된 3만 명의 희생자 어머니들이 매주 여기서 모임을 갖는다. 지금은 그 어머니들 중 단 한 명만 생존해 있다. 매주 목요일 오후 2시에 흰색 천을 머리에 두르고 원을 돌면서 침묵시위를 한다. 코로나 이후로는 선두에 선 사람이 마이크를 들고, 희생자 3만 명의 이름을 모두 부른다. 따르는 이들은 '네, 왔습니다! 네, 왔습니다!'를 합창한다. 3만 명의 이름이 다 불리는 데는 세 시간 정도 걸린다. 모인 사람들은 그들의 이름이 다~~~ 불릴 때까지 원을 그린다.

1913년 최초로 개통된 지하철역이 있다. 그때 아르헨티나는 선진국 중의 선진국이었다. 선진국에서 후진국으로의 추락과 함께, 대통령궁

아르헨티나 대통령궁. 2022년 월드컵 우승 퍼레이드는 이곳에서 출발하지 않았다.

은 좌와 우가 비대칭이 되었었다. 우측에 대통령 집무실이 있었는데, 아람부르 장군이 쿠데타를 일으키면서 가장 먼저 대통령궁을 비행기로 폭격했다. 당시 후안 페론은 집무실에 없어서 죽음을 면했다. 대통령궁 중앙에는 커다란 아르헨티나 국기가 걸려 있다. 그 아래에 작은 국기가 게양되어야 하는데, 지금은 걸려 있지 않다. 현재 대통령이 집무실에 없다는 의미이다. 대통령의 행적이 노출되지 않는가? 내가 물었다. 가이드는 답한다. 그것이 아르헨티나의 관례다! 말을 탄 위인의 동상 주위에는 사람의 이름이 적힌 돌이 무덤을 이루고 있다. 코로나로 죽은 사람들의 이름이다. 대통령궁 우측 발코니에 세 개의 창문이 있다. 그중 가운데 발코니가 에바 페론이 군중을 향해 연설한 곳이다. 마돈나가 영화에서 「돈 크라이 포 미 아르헨티나」를 부른 곳도 바로 저곳이다. 그 옆 아치 모양의 발코니 창문 다섯 개 중 가운데는 1986년 아르헨티나가 월드컵에서 우승했을 때 마라도나가 우승컵을 들어올리면서 환호한 곳이다. 월드컵 우승 퍼레이드는 이곳 대통령궁에서 출발하는데, 2022년 월드컵에서 우승했을 때는 메시와 대표팀이 오지 않았다. 메시가 코로나 때 산소 호흡기를 국민들에게 보냈으나, 현 정부가 컨테이너를 풀어주지 않았다. 세금을 더 받으려는 의도였다. 때문에 메시는 현 정부와 대립한다. 그래서 축구대표팀은 퍼레이드를 하되 대통령궁에는 가지 않는다는 조건을 붙였다.

독립 100주년 기념으로 대통령궁과 국회의사당이 마주 볼 수 있도록 길을 뚫었다. 서로 잘 소통되기를 기원하면서. 대통령궁이 '카사 로사다Casa Rosada(분홍색 저택)'로 불리는 이유는 도밍고 사르미엔토Domingo F. Sarmiento(1811~1888) 대통령이 중앙집권주의(흰색 상징)와 연방주의(붉은색 상징)의 대립을 완화시킬 목적으로 붉은색과 흰색을 혼합한 분홍색으로 채색한 데서 유래한다. 대성당 문은 굳게 닫혀 있다. 두 번을 찾아갔으나 성당 문은 열리지 않았다.

광장보다 드넓은 대로에 하얀 탑이 우뚝하다. 5월은 독립을 선포한 달이요, 7월 9일은 독립기념일이다. 독립기념일을 기념하여 만든 도로가 '7월 9일 대로'다. 세계에서 가장 넓은 도로다. 당시 이 도로를 설계한 사람은 도로를 쓸데없이 너무 넓게 설계했다 하여 징역형에 처해졌다. 지금은 이 도로마저 좁다는 의견이 있다. 가우디는 다른 사람들이 직선으로 설계할 때 곡선으로 설계하지 않았는가! 다른 건축가들이 새로운 자재만 고집할 때, 그는 폐기 처분된 타일을 활용하지 않았는가!

그 넓은 도로에 한국과 닮은 중앙차로가 시행되고 있다. 한국은 브라질에서 배워왔다. 아르헨티나는 바로 이웃 나라인 브라질에서 배워오지 않았다고 주장한다. 그들은 한국에서 배웠다고 주장한다. 잘되면 배가 아프다는 이웃사촌이어서가 아니라 그놈의 축구 때문이 아닐까? 정류장에 '파라과이', '칠레' 등등 국가명이 표기되어 있다. 설마, 그 나라로 가는 버스정류장은 아니리라.

| 如是我見 | **사람들은 흥이 나도 나는 그저 잔다**

부에노스아이레스의 밤이다. 시에스타를 즐기는 스페인어권의 문화는 저녁 활동 시간을 늘려준다. 밤을 즐기는 사람들이다. 이곳 식당에서는 한국인을 환영한다. 한국인들은 밤 8시 이전에 식당을 찾는다. 식당오픈 시간은 대개 밤 8시다. 한국인들은 식당이 열리자마자 쳐들어와(?) 식사를 마치고 9시 이전에 식당을 떠난다. 반면 이곳 사람들은 8시가지난 뒤에 나타나 이런저런 음식을 주문하고, 와인을 마시면서 이야기를 즐긴다. 현지인들은 식당 영업을 일모작밖에 할 수 없게 한다. 한국인들은 9시 이전에 좌석을 비워주므로 이모작이 가능하다. 한국 사람을 한 번 더 받으면 삼모작도 가능하다! 부에노스아이레스에서 환영받는 한국인의 저녁 식사 문화여!

탱고 포르테노TANGO PORTENO에 갔다. 항구 탱고 클럽? 역시 한국인들은 일찍 도착한다. 8시 10분! 휘황찬란한 탱고 공연장 앞에는 한국인들외에 아무도 없다. 극장식 카바레, 딱 그런 분위기다. 종업원 복장의 사내가 다가왔다. 사진을 찍어주겠다는 몸짓이다. 포토 스팟을 알려준다. 'TANGO PORTENO'라는 로고와 휘황찬란한 불빛이 화면에 함께 찍혔다. 8시 30분경에 입장했다. 우리가 첫 손님이다. 홀은 텅텅 비어 있다. 이 넓은 홀이 관객으로 다 찰 수는 있을까? 그건 물론 내가 걱정할바가 아니다. 뉴욕의 브로드웨이 뮤지컬 극장과 꼭~ 닮았다. 엘 아테네오 서점이 오페라 극장이라면, 탱고 포르테노는 뮤지컬 극장이다. 오페라 극장의 객석은 무대를 보고 있다. 탱고 포르테노에는 식탁들이 무대와 직각을 이루고 있다. 식탁과 식탁 사이 붉은 카펫 위를 정장 차림의종업원들이 뛰어와 반긴다. 맨 앞자리로 안내한다. 열 명이 자리를 잡고 앉았다. 소고기 스테이크에 샐러드를 주문했다.

웰던을 시킨 나에게 레어가 나왔다. 포크로 고깃덩이를 집고 나이프를 들었다. 쓱싹쓱싹~~ 질기기가 살아 있는 소고기다. 서너 점을 임플란트 이로 씹었다. 목구멍으로 넘기긴 넘겼다. 와인과 콜라로 배를 채웠다. '아르헨티나' 하면 소고기요, '소고기' 하면 아사도 아닌가? 탱고 포르테노에서는 탱고만 즐길 일이다. 싸면 뭐하나, 씹는 맛이 부드럽고 좋아야지.

팡파르가 울리고 막이 양옆으로 열렸다. 무대 위쪽 공중(?)에 악단이 자리 잡았다. 6인조다. 피아노, 베이스, 아코디언 둘, 바이올린 둘이다. 피아노는 여성, 베이스는 남성, 아코디언은 남과 여, 바이올린은 여와 남이다. 객석 저 뒤에서 술에 취한 배우가 술병을 들고 무대 위로 오른다. 여와 남, 남과 여가 어울린 한바탕의 탱고 무대는 열기가 화끈거린다. 관객들은 박수와 환호로 답한다. 무대장치는 초간단!! 책상 하나에 의자 둘, 빨랫줄엔 여성의 속옷이 서너 개 널려 있다. 항구의 홍등가일 듯. 라 보카의 2층 구석진 방이리라. 솔로, 듀엣, 떼거리가 탱고의 리듬과 춤으로 왁자지껄하게 무대를 휘저으니, 객석에서는 환호와 박수와 휘파람과 브라비를 연호한다. 프로들의 무대가 끝나니, 탱고를 배우고 가르칠 차례다. 나는 몸치다. 그미와 일행은 탱고를 배우고 춤을 추었다. 모두들 신바람이 났다. 나는 더 이상은 모른다.

나는 잤다. 탱고 리듬은 엄니의 자장가다. ㄱㄹ되의 연꽃 향이 코를 파고든다. 수련은 물위를 떠다닌다. 나비는 꽃들 사이로 물위를 날고 비단잉어는 유영하고, 금붕어가 지느러미 춤을 나풀거린다. 사재정思齊후이다. 서죽 50개를 꺼냈다. 하나를 가지런히 놓았다. 49개를 오른손과 왼손에 나누어 쥐었다. 하괘 초효는 양효다. 두 번째 효는 음이다. 세 번째 효는 양효다. 상괘는 모두 음효다!! '지화명이地火明夷'괘다! 불이 땅속에 숨어 있으니, 그 밝음 또한 감추어질 따름이다. 그미가 몸을 흔든다. 선잠에서 깨어났다. 선잠이 아니다. 앉은잠에서 깨어났다. 비몽사몽간에 호텔로 돌아왔다. 간단한 샤워 후 잠을 청했다. 자정이 넘고 있다. 오히려 정신이 말똥말똥해졌다. 탱고 리듬을 따라 흔들리며 꾸었던 꿈을 되새김질했다.

2023년 4월 6일(목요일, 음력 윤 2월 16일)

이번 주는 부활절 주간이다. 3시 반 모닝콜에 4시 20분 출발이다. 아예 잠은 포기하고 태블릿을 뒤적거렸다. 『주역』 메모 중에서 지화명이 괘를 찾아냈다. 이 괘는 은나라 말기, 주나라 초기의 상황을 배경으로 한다. 임금 주왕紂王은 요녀 달기妲己에 빠져 있었다. 그녀가 말했다. "현자와 성인의 심장에는 구멍이 일곱 개라던데, 한번 확인해봅시다." 하여 주왕은 숙부 비간比干의 내장을 도려냈다. 현인 기자箕子가 입을 닫았고, 충신 미자微子는 미친 척하고 세상을 떠돌았다. 장차 주나라의 문왕이 될 희창姬昌은 서쪽 땅 유리羑里에 유배되었다. 희창은 다른 현인들과 마찬가지로 숲속 깊은 곳, 토굴 속에 몸을 묻어버렸다. 오직 책을 읽고, 책을 써냈다. 그가 써낸 것이 『주역』의 괘사卦辭다. 괘사라는 것은 그 괘가 의미하는 바를 한마디로 요점 정리해놓은 것이다. 지화명이의 괘사를 한번 읽어보자. 간단하다. 다섯 글자로 이루어져 있다.

'明夷 利艱貞.' 송나라의 정이천程伊川(1033~1107)은 이렇게 푼다. '어려울수록 바르고 곧아야 이롭다.' 밝음이 땅속으로 들어가 그 빛이 발휘되지 못하는 때에 이른바 그믐을 써서 ─ 자신을 낮춰 어리석은 듯, 모자란 듯 처신함 ─ 밝히는 용회이명用晦而明이다. 왕부지王夫之(1619~1692)의 풀이다. '간난신고艱難辛苦함 속에서도 올곧음이 이롭다.' 태양이 땅속에 있는 시기에 눈 밝은 현인들이 그 뜻을 펼치지 못하고, 육신과 마음에 큰 상처를 입고 있는 형상이다. 고古와 금今의 시간을 막론하고, 동과 서의 공간을 가리지 아니하고, 이런 정치적 상황은 얼마든지 있었다. 지금도 있을 것이다.

나는 깃털 하나에 의지하여 창공을 날아다닌다.
대붕의 깃인지 앨버트로스의 깃인지 참새의 깃인지 모른다.
내 두 손은 그 깃을 놓쳐버렸다.
내 육신은 곤두박질하여 땅속으로 처박혔다.

블랙홀로 끌려 들어가니 시간도 없고 공간도 없다.
로스트 시티가 부글거리고, 심해어가 유영한다.
강물은 은의 바다요, 드넓은 대지는 소떼가 가득하다.
육신은 웜홀을 타고 솟구쳐 올랐다.

지혜를 파는 서점이 있고, 탱고가 너울거리며, 공기는 신선하다.
젊은 군인은 쿠데타를 일으키고, 여인의 욕망은 더 큰 욕망을 부른다.
여인은 울부짖었고, 백성들은 그 눈물에 열광했다.
여인은 긁어모았고, 백성들은 성녀라 추앙했다.

사람을 죽인 도적들이 권력을 거머쥐고, 백성들을 뭉갠다.
나라를 지키라는 군인들은 국민을 향해 총부리를 겨눈다.
주검이 산이요, 죽음이 바다다.
백성들은 빈곤에 허덕이고, 도적들은 돈과 금괴를 숨겼다.

나라는 부도가 났다.
백성들은 오갈 데가 없다.
백성들은 의지할 곳이 없다.
오, 은의 나라여! 아, 공기 좋은 도시여!

부에노스아이레스에는 새벽 비가 내리고 있다. '7월 9일 대로' 가로
등의 빗줄기가 빛줄기다. 거리는 한산하고, 버스는 공항을 향해 달린

다. 부활절 아침 공항은 북적거린다. 공항 대합실은 초만원이다. 커피를 사 마신다는 건, 햄버거라도 사 먹는다는 긴 나에게는 불가능한 일, 하늘의 별 따기다. 돈을 들고도 먹거리를 산다는 게 이렇게 힘들 줄이야…… 통역자가 햄버거와 아메리카노를 구해왔다. 천사요, 구세주다. 고마움을 느끼면서 '그라시아스!'라 말하고, 간신히 자리 하나를 잡았다. 그미와 함께 햄버거를 씹으면서, 커피를 마시면서 아르헨티나에서의 '삶'을 되새김질했다.

그미가 말했다. 나라면 아르헨티나 은행에 저축하겠다. 이자가 75퍼센트라며? 내가 말했다. 아르헨티나 페소는 아침과 저녁의 가치가 달라! 인플레율이 1,000퍼센트도 넘는대. 자동차를 사려면 자동차에 돈을 싣고 가야 한대. 예를 들면 아침에 100만 페소였던 찻값이 오후가 되면 150만 페소가 된대. 그미가 말했다. 아침에 더 받으나, 저녁에 더 받으나 똑같다며? 그럼 조삼모사朝三暮四가 아니네! 조사모삼朝四暮三이 맞네! 아침에, 한시라도 더 빨리, 더 많이 받는 게 장땡이네! 내가 말했다. 대~단하십니다!

사람들은 넘쳐나는데, 나만 홀로 서 있구나.
아둔하게도 나는 답답한 마음을 간직하고 있구나.
사람들은 밝고 밝지만, 나는 홀로 어둡고 어둡구나.
나는 홀로 바보처럼 어눌하도다.
사람들은 각기 그 쓰임이 있지만, 나는 홀로 고루하고 무용하도다.
나는 그저 소요유나 하리라.

이구아수엔 소리와 시와 사랑이 어우러진다

10

|如是我思| **학문도 학문 나름이요, 공부도 공부 나름이다**

중국 '요순堯舜 시대' 이야기다. 요임금은 순임금에게 선양禪讓했다. 이 전통을 깬 사람이 우禹임금이다. 이 시대를 상징하는 노래가 전해 내려온다. 「격양가擊壤歌」다. '擊'은 두드리거나 때린다는 뜻이고 '壤'은 흙더미, 땅, 경작지의 뜻을 품고 있다. 나무로 만든 악기라는 주장도 있다. 흙을 두드리든, 나무로 만든 악기를 두드리든 간에 「격양가」는 백성들이 뭔가를 두드리며 부르는 노래임에 틀림이 없다. 어느 날 요임금이 농촌 지역을 두루 살폈다. 누가 오거나 말거나 한 노인이 논두렁에서 노래를 불렀다. 왼손으로는 자신의 배를 두드리고, 오른손으로는 나무 막대기로 논두렁을 두드리면서 노래했다. "해가 뜨면 일하고, 해가 지면 집에서 쉬누나. 우물 파서 물 마시고, 밭을 갈아 먹고 살아가노라. 임금의 다스림이란 게 내게 무슨 소용이 있으랴日出而作, 日入而息. 鑿井而飮, 耕田而食. 帝力于我何有哉!"

임금의 통치 권력이 백성들에게 미치지 않는 것, 그것이 무위지치無爲之治다. 있으므로 없고 없으므로 있는, 다스리지 않으므로 다스리는 것이 최선의 통치술이다. (세월이 엄청나게 흐른 뒤, 주제 사라마구는 이베리아 반도의 땅을 떡갈나무 가지로 두드린다. 유럽에서 이베리아 반도를 떼어내어, 돌멩목을 만들고 백성들을 싣고 대서양을 떠돌아다닌다. 유토피아를 찾아나선다.) 요임금은 미소를 지으면서 저잣거리로 나섰다. 넓고 번잡한 사거리에 이르렀을 때, 아이들의 노랫소리가 들렸

다. "우리 백성들을 잘 살게 하는 것은, 그대의 지극함이 아닌 것이 없
노라. 느끼지도 못하고 알지도 못하면서, 임금의 법에 따르고 있도다立
我烝民, 莫匪爾極. 不識不知, 順帝之則!" 또 하나의 '용비어천가'다. 백성들은 임
금의 공명정대한 통치행위를 찬양하고 있다. 법은 부지불식간에 백성
들의 삶에 스며들어 있다.

노자의 말을 들어보자. '성스럽다고 여겨져왔던 성인의 말들을 끊어
버려라. 또 그들의 지혜를 폐기 처분하라. 그래야 백성들의 이익이 백
배는 더 늘어날 것이다. 기교를 끊고 사리사욕을 버려라. 그래야 도적
들이 나타났다가도 사라질 것이다絶聖棄智, 民利百倍. 絶巧棄利, 盜賊無有.' 노
자는 왜, 성인의 말과 지혜를 버리라 했는가? 어디 가당키나 한 소리인
가? 성인의 말과 지혜에 드러난 언어와 글자의 뜻을 꾸미고 덧칠하지
말라는 의미로 풀어내면 어떨까? 권력을 틀어쥐기 위해, 백성들을 호
도糊塗하기 위해 언어를 멋대로 사용하지 말라는 뜻으로 풀면 어떨까?
'부패 척결'이며, '사회 정의 실현'이며, '국민 삶의 향상' 같은 교언巧言
을 내걸고 권력을 움켜쥔 그들은 시간이 지나자 스스로 권력에 눈이 어
두워지고 재물에 욕심을 낸다. 그리고 반대하는 자들을 핍박하고 죽여
버렸다. 그들에게 죽임을 당하고, 추방당하고, 핍박을 당한 이들의 숫자
가 얼마였던가? 후안 페론이 그러했고, 피노체트가 그러했다. 저 멀리
대척점에서는 중국의 춘추전국시대가 그러했고, 진시황 시대가 그러했
으며, 법가 사상가들이 그러했다. 우리에게는 그런 일이 없었던가?

『도덕경』죽간본竹簡本에 '절성기지絶聖棄智'가 '절지기변絶智棄辯'이라
쓰여 있다. 성스러움聖 대신 지혜智가 나오고, 지혜智 대신 '말씀 변辯'
이라는 글자가 등장한다. 나는 여기서 '辯'이라는 글자에 주목한다. '따
져서 분별하고 구분하여 바로잡다'는 의미의 한자로 '辯'과 '辨'이 있
다. 분별하고 구분하는 수단에 말과 칼이 있다. '言(말씀 언)'과 '刀(칼 도)'
를 '辛(매울 신)'이 둘러싸고 있다. 분별하고 구분하고 바로잡는 행위는
매서울 정도로 강하게 하되, 때로는 괴롭고 슬픈 일도 있다는 의미가

내포되어 있다. 두 글자는 비슷하지만, 품은 의미는 사뭇 다르다. '辯'은 말로 분별하는 것이요, '辨'은 칼이라는 무기로 분별하고 구획 짓고 따지는 것이다.

변호사辯護士를 표기할 때는 '辯'이라는 글자를 쓴다. 변호사는 법률가다. 말과 글로 자신의 의뢰인을 위해 변론해주고 돈을 버는 직업이다. 언젠가 셰익스피어 생가의 기념품 가게에 갔을 때 읽은 것이 생각난다. 「헨리 6세」에 나오는 글귀다. 'The first thing we do, let's kill all the lawyers(맨 먼저 우리가 할 일, 그것은 법률가를 모두 죽여버리는 일이다).' 희곡의 대사이니 그렇다 치자. 그래도 작가의 심정이 투영되었으리라. 중국 역사에도 법을 통치의 근본으로 정치를 행한 이들, 즉 '법가 사상가'가 있었다. 나는 그 대표적인 인물로 이사李斯(?~기원전 208)를 꼽는다. 여불위에게 발탁된 그는 진시황을 도와 천하를 통일하는 데 기여한다. 권력을 틀어쥔 그는 유가와 도가의 서적을 깡그리 불태운다. 이에 그치지 않고 그는 살아 있는 유학자들까지 생매장해버린다. 역사는 이 일을 '분서갱유焚書坑儒'라 기록하고 있다. 그런데 무소불위의 권력을 휘두른 그 또한 법에 의해 심판을 받고 셴양의 시장터에서 처형된다. 해납백천海納百川. 그가 사형장에 끌려가면서 한 말이다. 바다는 모든 강물을 품어 들인다는 얘기다. '바다는 모든 강물을 품어 들이는데, 왕은 왜 나 하나를 품어 들이지 못하는가?' 하는 한탄이 들어 있다. 역설적이다. 자신이 권력을 쥐었을 때, 그는 정적을 품어 안았는가? 그가 죽인 백성이 그 얼마였던가? 법으로 일어선 자, 법에 의해 망했다. 법치를 표방한 진시황(기원전 259~기원전 210)의 진나라는 기원전 221년에 세워져 기원전 206년에 멸망했다. 그러니까 15년이라는 단명의 왕조였던 셈이다. 중국 역사에 15년의 왕조가 있었던가? 법에 의한 통치는 짧고 포악했으며, 인문에 의한 다스림은 길고 아름다웠다. 세종이 그러했고, 정조가 그러했다. 사람의 일은 신묘하다. 동양에서 벌어진 일이 서양에서 일어나고, 서양에서 있었던 일이 동양에서 되풀이된다.

'法(법)'이라는 글자는 '水(물 수)'와 '去(갈 거)'로 이루어지니, 법은 물이 흐르듯 해야 한다는 뜻이 아닌가? 물은 낮은 곳으로 흘러내리고, 장애물이 있으면 돌아가고, 웅덩이나 연못이 있으면 쉬어간다. 물은 스스로 가득 차고 넘쳐난 후에 흐른다. 하늘로 올라 구름이 되어 비로 내린다. 비는 땅의 이곳과 저곳에 골고루 내린다. 물은 공평하다. 비는 만물을 키워낸다. 때로는 홍수가 되어 인간이 세운 것들을 강이나 바다로 떠내려 보낸다. 빗물은 강에 모이면 강이 되고, 바다에 모여들면 바다가 된다. 강과 바다는 배를 띄우기도 하고 뒤엎기도 한다. 그래서 상선약수上善若水. 법을 만드는 사람, 법으로 통치행위를 하는 사람, 법으로 먹고사는 사람은 이 법이라는 글자가 가진 정신과 가치를 되새김질할 일이다. '治(다스릴 치)'에도 물의 정신이 들어 있다. 물의 정신을 바탕으로 다스려야 한다. 윗논과 아랫논에 물을 공평하게 나눠주어야 서로 잘 살 수 있다. 그러므로 법치는 공평해야 한다. 네가 죄가 아니면 나도 죄가 아니요, 너에게 죄라면 나에게도 죄가 되어야 한다.

언어와 말이 그 뜻을 전달하는 능력은 기껏 7퍼센트에 불과하다 했다. 문자로 드러난 법은 그 뜻을 7퍼센트 정도 드러낼 뿐이다. 그 언어는 때와 장소에 따라 달리 표현되고 다른 의미가 부여된다. 사용하는 사람에 따라 재해석되고, 새로운 의미를 부여받기도 한다. 그래서 어느 나라는 불문법을 택한다. 불교에서는 언어도단言語道斷이라 했고, 달을 가리키는 손가락만 보는 어리석음을 범하지 말라 했다. 비트겐슈타인은 철학에서 언어와 그 해석을 문제로 삼았고, 보르헤스 또한 글을 쓰는 자보다 그 글을 읽고 해석하고 사용하는 자들에게 주목했다. 법이 말하는 글귀에 집착할 것이 아니라 그 법의 기본 정신과 맥락을 파악하여 실행해야 할 일이다. 어찌 그 법이라는 것을 칼 쓰듯, 무기를 다루듯 할까? 적을 무찌르듯, 조자룡 헌 칼 휘두르듯 할까? 역사는 말한다. 총과 칼로 흥한 자, 총과 칼 아래 망한다. 법에 의해 일어선 자도 법에 의해 망한다.

절학무우 絕學無憂라는 말도 있다. 배움을 끊어버려야 오히려 어리석음에 이르지 아니한다는 것이다. 여기서 배움이란 헛되고 그릇된, 글자 하나하나에 얽매인 피상적인 공부이다. 책 속의 글자에 얽매여 머릿속에 저장하는 공부는 인간의 삶을, 인간의 마음을 관통해내는 학문이 아닌 위학偽學일 뿐이다. 헛된 학문일 뿐이다. 배움을 칭하며 세상을 어지럽히는 曲學阿世 자들이 큰소리치며 행세하고, 알량한 법률 지식으로 도적질을 하고도 그 죄를 없애는 어지러운 세상에 나는 살고 있다. 나는 왜, 홀로 어리석은 것인가? 나는 왜, 홀로 바보인가?

> 사람들은 넘쳐나는데, 나만 홀로 서 있구나.
> 아둔하게도 나는 답답한 마음을 간직하고 있구나.
> 사람들은 밝고 밝지만, 나는 홀로 어둡고 어둡구나.
> 나는 홀로 바보처럼 어눌하도다.
> 사람들은 각기 그 쓰임이 있지만, 나는 홀로 고루하고 무용하도다.
> 나는 그저 소요유나 하리라.

나는 지금 이구아수 폭포로 간다. 물의 덕스러움과 물의 아름다움과 물의 무서움과 물의 두려움을 배우러 간다. 비행기 창을 밀어 올렸다. 햇살에 눈이 부시다. 햇볕의 열기가 느껴진다. 발아래 하얀 구름이 솜이불이다. 저 위로 뛰어내리면 어떻게 될까. 튕겨 오를까, 깊이 빨려 들어갈까? 아열대의 가을 날씨가 열대우림으로 바뀌고 있다. 이구아수는 분명 가까워졌으리라. 밀림은 보이지 않고, 하얀 구름이 이구아수를 완전히 덮어버렸다.

| 如是我見 | 이구아수엔 비만 내리고…

비행기가 구름을 뚫고 내려간다. 동체의 불규칙한 움직임이 내게로 전해온다. 창에 떨어진 빗방울들이 사선을 그리며 뒤쪽으로 줄달음질한다. 활주로를 덜커덩거리며 달리던 비행기가 멈출 기세다. 승무원의 안내 방송이 들린다. 비행기가 무사히 도착했다, 가는 목적지까지 잘 가라, 또 아르헨티나 항공을 이용해달라, 뭐 이런 것이 아니겠는가?

내리는 비는 빗줄기가 아니다. 폭포다.
우기의 마지막에 하늘에 떠돌던 빗방울들이 한꺼번에 쏟아져 내린다.
이구아수 폭포를 구경하러 왔는데, 하늘 폭포를 구경하는구나!

짐을 찾아 버스에 실었다. 가이드가 마이크를 잡았다. 키가 크고 훤칠하다. 한국말이 어눌하다. 오늘 비 때문에 브라질 쪽 이구아수 구경은 모레로 미루는 게 옳겠습니다. '구경?' '옳겠습니다?' 말은 한국말인데, 왠지 라떼 냄새가 난다. 그가 여권을 걷는다. 코로나 예방접종증명서도 함께 걷는다. 아르헨티나 출국 심사장으로 그가 내달린다. 버스를 갈아 탔다. 짐은 버스 기사들이 인수인계했다. 그미와 나는 백팩을 둘러메고 크고 안락한 버스에 올랐다. 브라질 입국 심사하는 쪽에 사람들이 길게 늘어섰다. 자동차가 차도에 길게 늘어서 있다. 출입국 심사 중이다. 기다리는 시간이 적어도 30분은 족히 걸리리라. 또 기다림의 시간인가? 태블릿이라도 꺼내야 하나? 그미가 만류한다. 그미는 벌써 그가 뛰어오는 것을 봤다. 채 5분도 안 되는 시간에 그가 버스에 뛰어 올라왔다. 따봉!! 엄지척!!

| 如是我思 | 경쟁에서 살아남아야 한다!

대한민국 중장년 중에 그 따봉이라는 말을 들어보지 않은 사람은 아마 없을 것이다. 포르투갈어를 몰라도, 브라질 말을 몰라도 그 의미는 모두 알고 있을 것이다. 그놈의 따봉! 나는 한때 따봉이라는 단어 때문에 스트레스를 무겁게 짊어지고 살았다. 잊고 살았던 그 '따봉'이라는 단어를 수십 년이 지난 오늘, 아르헨티나와 브라질의 국경에서 또 듣는

구나…….

경쟁사는 브라질에서 광고를 찍었다. 당시 지구를 반 바퀴 돌아 광고를 찍는다는 건 흔치 않은 일이었다. 촬영 현장에서 CF 감독이 'OK!', 'CUT!'이라 외치면 현지 촬영 스태프와 현지인 출연자들은 합창을 했다. "따봉!!" 감독은 예비 컷으로 그 장면을 찍었다. 영상을 편집하는 도중에도 '따봉!'이라는 말이 감독의 귓전에 맴돌았다. 스토리보드에 없는 장면을 광고 마지막 부분에 꽂아 넣었다. 모두 모여 '따봉!' 하는 바로 그 장면을. 그것이 대박 났다. '따봉!'이 유행어가 되었다. 광고 전쟁에서 나는 밀리고 있었다. 온갖 스트레스를 견디면서, 자존심에 먹칠을 당해가면서……. 밤과 낮을 가리지 않고, 차를 운전하면서도, 꿈속에서도 고민했다. 팀원을 다그치고 스스로를 다잡았다. 대응 광고를 만들었다. '윙~~~ 오렌지 이외에는 아무것도 넣지 않았습니다.' 믹서기는 돌고, 꼬맹이가 입맛을 다신다. 끝!! 경쟁사 광고 제작비의 10분의 1도, 100분의 1도 들이지 않고 CF를 만들었다. 그 광고는 대한민국 광고대상도 받았다. 그리고 대한민국 최초로 '칸 국제광고제'에 입선했다. 함께 일했던 팀원들의 이름과 얼굴이 아른거린다. 경쟁해야 좋은 광고가 나온다. 경쟁이 치열하면 더 훌륭한 마케팅 전략이 탄생한다. 경영의 모든 답은 현장에 있다. 격물치지格物致知다. 그때는 그런 것들이 아름다웠다. 그때는 그런 것들이 즐거웠다. 그러나…….

| 如是我聞 | 세월이 지나면 모든 것이 아름답다

오늘은 '그놈의 따봉!'이 참 좋게, 참 시원하게, 참 아름답게 들린다. 세월이 약이다. 브라질 입국심사 끝났습니다! 아니, 브라질은 입국자의 얼굴도 보지 않고 허가해주나? 그는 줄을 안 서고도 입국심사를 받나? 그는 덩치 큰 투명 인간인가? 그가 자신의 영업 비법(?)을 소개한다. 이건 절대 비밀이다. 읽기만 해야 한다. 다른 사람에게 이야기하면 영업비밀 누설죄에 해당된다. 아르헨티나에서 브라질 버스 기사에게 명령한다. 15분 후 도착 예정!! 국제전화이니만큼 용건만 간단히 말한다. 국제전화가 끝나고 정확히 15분 후에 버스 기사 자리에 그가 줄을 선다. 대기자는 한 명, 혹은 두 명뿐! 와우, 국제적이고 합법적인 새치기다! 따봉! 따봉!! 따따봉!!! 그리고 두 손 엄지~척! 버스는 환호의 도가니다. 그미와 나는 그를 '어눌 짱'이라 불렀다. 한국말은 어눌하지만, 일하는 솜씨는 짱이다.

'그라시아스'가 '오브리가토'가 되었다. 국경을 넘으면 인사말이 바뀐다. 고맙다는 말도 바뀐다. 지금까지는 국경을 넘어도 말이 바뀌지 않았다. 중남미에서는 브라질을 제외한 모든 나라가 스페인어를 사용하고 브라질만 포르투갈어를 사용한다. 인간이 만든 언어는 인간들이 만든 경계를 지나면 또한 바뀐다. 따봉! 따따봉!! 환호에 놀랐는지, 부활절에 하느님의 은총이 내렸는지 하늘이 환해진다. 햇빛 몇 가닥이 버스 창문을 통해 들어왔다. 하늘의 일을 어찌 '어눌 짱'인들 알겠는가. 폭포 보러 갑시다! 모레 일정이 급히 오늘로 당겨진다. 현재가 미래가 되었다가, 미래가 다시 현재가 된다. 버스에서 내렸다. 브라질 이구아수 폭포를 향해 그를 따라 걸었다. 그는 아르헨티나 국기처럼 생긴 우산을 들고 걷는다. 비가 올 때는 우산이요, 햇볕이 나면 양산이고, 우리에겐 가이드 깃발이다. 이구아수 전체에서 이런 우산은 하나밖에 없다. 이 우산만 보고 따라와라! 어눌 짱이 하는 말이다.

| 如是我思 **폭포는 병풍이다**

이구아수는 브라질이기도 하고, 아르헨티나이기도 하고, 파라과이이기도 하다. 이구아수 강은 세 나라를 걸쳐 흐른다. 스페인어와 포르투갈어가 공용된다. 아르헨티나 땅에서 본 이구아수는 'IGUAZU'로, 브라질 땅에서 본 이구아수는 'IGUASSU'로 표기되어 있다. 또 파라과이에서는 'YGUAZU'라고 쓴다. 이구아수의 'I'나 'Y'는 '물', 'GUAZU'는 '많다, 크다'는 의미이다. '엄청나게 많은 물이 엄청나게 쏟아지는

세상의 모든 물은 악마의 목구멍으로 빨려든다.

폭포' 정도로 이해하면 될 일이다. 이 폭포를 두고 아르헨티나, 브라질,
파라과이가 다툼을 벌인 적이 있다. 1854년부터 1860년까지 전쟁을 벌
였다. 현재는 브라질과 아르헨티나가 폭포를 둘로 나누어 갖고 있다.
나이아가라 폭포를 캐나다와 미국이 양분하고 있는 것과 같다. 역사에
만약이라는 것이 있다면, 당시 파라과이가 이곳과 대서양 해안까지 점
령했다면 남미 대륙은 하나의 연방이 되었을 것이다. 단지 가정일 뿐
이다.

  강물은 브라질에서 태어나 파라과이를 거쳐 부에노스아이레스의 라
플라타 강을 지나 대서양으로 흘러 들어간다. 브라질 땅에서 보는 이구
아수는 그 모양과 생김이 다양하고, 보는 장소와 때에 따라 다른 풍경

을 보여준다. 느릿느릿 혼자 걷는다면 몇 날 며칠을 음미해도 좋을 듯
한 풍광이다. 그중 최고는 역시 '악마의 목구멍' 아래서 거대한 물의 소
리와 비말飛沫을 듣고 보는 것이리라. 이곳 이구아수에는 소리의 향연
이 펼쳐진다. 장자는 소리를 셋으로 나눈다. 천둥 번개 치는 소리, 소
리 없는 소리天命를 일러 '하늘의 피리 소리天籟'라 하고 바람이 나무 흔
드는 소리, 물이 낭떠러지에서 떨어지는 소리 등을 '땅이 내는 피리 소
리地籟'라 하며 사람들의 말, 악기 소리 등을 '사람의 피리 소리人籟'라
한다. 이구아수에서는 이 모든 소리를 들을 수 있다.

　첫 번째 포토 존에 섰다. 그는 두 사람씩 세웠다. 그의 스마트폰이 우
산 속에서 찰칵거린다. '와, 와, 와!' 하는 군중의 소리와 이구아수의 물
이 뿜어내는 소리가 함께 뒤섞인다. 비는 오지 않고 구름은 먹구름이
다. 조금만 참으소서, 하늘이여!! 서너 곳의 포토 존을 통과했다. 사람
과 사람이 맞부딪혔다. 눅눅하고 축축했다. 브라질 냄새와 아르헨티나
냄새와 한국 냄새가 퀴퀴하기도 하고, 쾨쾨하기도 하다. 우산 든 사람
은 어눌 짱 혼자요, 우비를 입은 사람은 태반이다.

　　이구아수 물은 어제도 흩날리고, 오늘도 흩날린다.
　　5년 전에는 뙤약볕을 받으며 이 길을 걸었다.
　　무지개가 우리를 반기고, 나에게 미소를 지었다.
　　오늘은 새까만 구름 아래를 걷는다.
　　무지개는 어디메냐, 저것이 있어야 이것이 있다.
　　나와 병풍 사이로 물방울이 흩날린다.
　　나와 병풍 사이로 새들이 춤을 춘다.
　　이구아수에는 275폭의 병풍이 드리워져 있다.

　악마의 목구멍을 올려다볼 수 있는 다리 앞에 다다랐다. 어쩌면 악
마의 입속으로 들어가는 입구인지도 모른다. 나무다리에 물보라가 몰

아친다. 하늘에서 내리는 물방울과 이구아수 폭포가 흩뿌리는 물방울
이 겹친다. 사람들은 비옷을 입느라, 우산을 펼치느라 바쁘다. 카메라
를 숨기는 사람, 핸드폰을 높이 쳐든 사람, 가족을 부르는 사람들로 50
여 미터의 다리가 북새통이다. 길을 비키라는 사람, 비키기 싫다는 사
람, 우산을 쓴 사람, 비옷을 입은 사람, 악마의 목구멍을 향해 달음질하
는 사람, 반대로 걸어 나오는 사람, 폭포수를 따라 흘러가고픈 사람, 하
늘의 빗방울을 우산도 비옷도 없이 맞아들이는 사람, 악마의 목구멍이
흩뿌리는 물방울을 얼굴로 반기는 사람…… 사람과 사람, 물과 물이 어
우러진다. 모두가 춤을 춘다. 모든 것이 너울거린다. 혼돈이다! 질서다!
향연이다! 가지각색의 색깔, 각양각색의 얼굴, 색색의 의상이 뒤섞여
파노라마를 이룬다. 오로지 악마의 목구멍에서 토해내는 소리만 귓전
을 때린다. 으르렁거린다. 사자후獅子吼가 따로 없다.

폭포 소리 난분분하니 한바탕 즐거움樂을 터뜨려도 좋을 듯.

물소리 흩고 또 흩어지니 한바탕 웃음笑을 퍼부어도 신이 날 듯.

폭포 소리 난분분하니 한바탕 참았던 분노憤를 터뜨려도 좋을 듯.

물소리 흩고 또 흩어지니 한바탕 노여움怒을 퍼부어도 신이 날 듯.

폭포 소리 난분분하니 한바탕 슬픔哀을 터뜨려도 좋을 듯.

물소리 흩고 또 흩어지니 한바탕 울음哭을 퍼부어도 신이 날 듯.

폭포 소리 난분분하니 한바탕 놀이마당戱을 활짝 펴도 좋을 듯.

물소리 흩고 또 흩어지니 한바탕 흥겨움興을 퍼부어도 신이 날 듯.

폭포 소리 난분분하니 한바탕 사랑 노래歌를 터뜨려도 좋을 듯.

물소리 흩고 또 흩어지니 한바탕 입맞춤吻을 퍼부어도 신이 날 듯.

폭포 소리 난분분하니 한바탕 증오惡를 터뜨려도 좋을 듯.

물소리 흩고 또 흩어지니 한바탕 원망怨을 퍼부어도 신이 날 듯.

폭포 소리 난분분하니 한바탕 욕심貪을 터뜨려도 좋을 듯.

물소리 흩고 또 흩어지니 한바탕 욕정慾을 퍼부어도 신이 날 듯.

지상 전망대에서 본 이구아수.

　위로 오르려면 엘리베이터를 타야 한다. 엘리베이터 앞에는 줄이 길
~다. 어눌 짱이 우산을 공중에서 흔든다. 우리는 그 우산 아래로 가야 한
다. 사람들을 위한 엘리베이터를 타기 위해선 20분을 기다릴지 30분을
기다릴지 모른다. 구석엔 화물을 싣는 엘리베이터가 있다. 건장한 청년
이 묻는다. "코리언?" 그미가 답한다. "예스!!" 엘리베이터 문이 열리고
네 명이 함께 올랐다. 우리는 화물 엘리베이터를 타고 올랐다. 1~2분의
물화物化가 30분을 앞당겼다. 어눌 짱은 빅맨Big Man이다. 그는 만능인
이다. 우비를 벗었다. 아래에는 비와 폭포의 물방울이 뒤섞여 날아다녔
다. 50미터 위는 비도, 폭포의 물방울도 날아다니지 않는다. 하늘 아래
와 하늘 위, 구름 아래와 구름 위, 바로 그런 분위기다. 뷔페식당은 늦은
점심을 먹으려는 사람들로 북적거린다. 어눌 짱은 안으로, 안으로 걸어
들어간다. 식당 안쪽은 강 위에 설치된 데크이다. 우리는 이구아수 폭
포가 되려는 강물 위에서 점심을 먹는다.

폭포의 삶을 마친 물은 다시 강물이 된다.

강물은 강물이고 폭포는 그저 폭포일 뿐이다.

변하지 않는 것은 아무것도 없다.

그저 변화만 존재할 뿐이다.

하여 강물은 흐르지 않는다.

| 如是我聞 | 이구아수는 소리의 향연장이다

커피 한 잔을 들고 이구아수 강물 위에 섰다. 먹구름이 하늘의 푸르름을 가렸다. 구름은 햇빛을 가리고 하늘 소리天籟를 가로막았다. 하늘의 소리는 스스로 감추어들었다. 악마의 목구멍에서 나오는 으르렁거림과 274개의 줄개들이 내는 합창은 메아리가 되어 흩어지고 있다. 이것은 땅에서 나는 소리地籟인가, 물이 물을 부딪쳐 내는 소리水籟인가, 바위에 물이 부딪혀 나는 소리岩籟인가, 물방울이 바람에 부딪혀 나는 소리風籟인가? 지뢰면 어떻고 수뢰면 어떻고, 암뢰면 어떻고, 풍뢰면 어떠냐? 나누지 마라! 분별하지 마라! 모든 게 어우러지면 오직 하나一物일 뿐인저!

사람들의 소리人籟가 시끌벅적하다. 사람들은 이구아수의 웅장함을 말하고, 이구아수의 아름다움을 말하고, 이구아수의 다양함을 말하고, 이구아수의 그 물 많음을, 그 높음을, 그 넓음을 이야기한다. 말은 소리이고 소리는 말이다. 새도 소리를 내고, 들짐승도 소리를 낸다. 우리는 듣기도 하고 듣지 못하기도 한다. 들을 수 있어야 소리인가? 들을 수 없으면 소리가 아닌가? 엄마 품에 안긴 아기는 울음소리를 내지 않는다. 엄마의 가슴은 하늘의 포근함이다. 소리가 나지 않음은 하늘의 소리다. 하늘은 묵언默言이다. 하늘은 묵언으로 행한다. 무언으로 유위한다無言有為. 하늘의 소리는 침묵沈默이요, 불언不言이요, 묵비默祕이다. 하늘은 말을 하지 아니해도 땅과 함께 어울려 서로가 서로를 따른다. '하늘과 땅은 서로 의지해 움직이며, 해와 달은 서로를 지나치지 아니하니, 사계절이 서로 어긋나지 아니한다天地以順動, 日月不過, 四時不忒.' 이것이 자연의 순리요, 자연의 그러함이다.

하늘의 소리면 어떻고, 땅의 소리면 어떻고, 사람의 소리면 어떠하랴.
우주가 빅뱅 이전의 한 티끌 속에 들어 있음이요, 빅뱅 후의 모든 티끌 또한 그러한 것을.

| 如是我夢 | 부활절엔 토끼도 알을 품는다?

사마SAMA 호텔에 들어갔다. 방은 이미 배정되어 있다. 730호! 단층 호텔이다. '730'이라는 숫자를 찾아 걸었다. 토끼 인형 20여 마리가 나를 반긴다. 토끼는 섶에서 귀를 쫑긋하고 서 있다. 안경을 쓴 놈, 지팡이를 짚은 녀석, 새끼를 품은 엄마, 달걀을 나르는 아빠, 그네 타는 아이들이 어우러져 있다. 토끼의 모양과 크기와 형상이 모두 다르다. 나뭇가

부활절 달걀과 토끼 인형들이 호텔 손님들을 반긴다.

지에는 달걀이 달렸다. 마른 풀섶에는 둥그런 달걀이 흩어져 있다. 족히 스무 개는 될 듯하다. 이구아수에 사는 토끼는 알을 낳나? 알에서 태어나나? 볼리비아의 토끼는 다람쥐 꼬리였다. '토다람'이다. 그에게 물었다. 왜 달걀인가? 그가 답했다. 부활절이라 달걀로 꾸몄을 것이다. 또 물었다. 여기 토끼는 알을 낳나? 왜 토끼와 달걀이 함께 있느냐? 답한다. 잘 모르겠다. 어눌 짱도 모르고 나도 모른다. 예술은 예술이요, 퍼포먼스는 퍼포먼스다.

나는 해석했다. 2023년은 토끼의 해다. 이번 주는 부활절 주간이다. 신묘년辛卯年 부활절! '부활절 주간에 사마 호텔을 방문해주신 모질이를 환영합니다!' 묘란卯卵이라 명명한 작품들을 지났다. 똑바로 가고, 오른쪽으로 돌아가고, 왼쪽으로 돌아갔다. 그리고 네 개의 계단을 올랐다. 청소하는 여인이 보였다. 그녀에게 물었다. 손짓으로 가리킨다. 그

손끝을 따라 걸어갔다. 트렁크 두 개를 끌고, 백팩은 등에 멨다. 키를 대니 문이 열렸다. 방은 눅눅하고 어둡다. 커튼을 열었다. 코앞에 야자수 한 그루와 앞 건물이 시야를 가렸다. 방을 바꿔달라 했다. 어눌 짱이 프런트에 갔다. 내일 바꿔주겠단다. 돌아오는 길에 청소 중인 방을 염탐했다. 수영장 뷰다.

그미는 눅눅하고 뷰가 없는 호텔 방에서 뜬눈으로 밤을 새웠다. 사진 정리로 밤을 지새운 것이다. 나는 야자수 그림자가 창에 드리운 어두컴컴한 방에서 아침까지 꿀잠을 잤다.

밤이 새도록 야자수 그림자가 내 얼굴을 쓰다듬어도 눈곱 하나 쓸지 못하누나!

밤이 이슥하도록 야자수 그림자가 내 가슴을 쓸어도 내 꿈 하나 쫓지 못하누나!

꿈속에서 황진이를 만났다. 박연폭포에서 화담과 정담情談을 속삭이고 있다.

2023년 4월 7일 (금요일, 음력 윤 2월 17일)

아침에 수영장을 보면서 과일을 먹고, 부활하지 못한 노란 오믈렛을 먹었다. 수영장의 멋진 몸매를 힐끗거리며 꿀을 잔뜩 바른 토스트를 먹고 커피를 마셨다. 수영장 뷰 방이 눈에 들어왔다.

| 如是我觀 | 악마와 천사는 동거한다

날씨가 쾌청하다. 어제 온 비로 토끼해의 우기는 끝이 났을까? 어눌 짱이 마이크를 잡았다. 아르헨티나의 한 탐험가가 이구아수 강을 탐험하다가 폭포로 떨어지기 직전 구사일생으로 살아났다. 그는 외쳤다.

"아베 마리아!" 악마의 목구멍 속으로 빠져들기 직전이었다. 하여 아르헨티나 사람들은 이구아수 폭포를 '아베 마리아 폭포'라 부르기도 한다. 나는 그의 말에서 영화「미션」의 첫 장면을 떠올렸다. 십자가에 매달린 신부가 악마의 목구멍으로 곤두박질친다.

우리는 다시 아르헨티나 국경을 넘었다. 이제 그의 국경 넘나들기는 신비하지 않다. 어눌 짱이 버스에 내렸다 타면 우리는 '따봉!'을 외쳤고, 엄지척을 했다. 오늘 그는 '아구아 짱'이라 답한다. 아구아는 물이요, 짱은 한국말로 최고다. 이구아수는 물이 최고인 곳이다. 그의 조어 능력에 감탄한다. 아르헨티나 이구아수 국립공원 매표소에서 악마의 목구멍으로 가려면 기차를 타야 한다. 사람들은 아침에 몰린다. 아구아 짱은 말한다. 첫 역에는 사람이 너무 많아, 이번 열차를 탈 수가 없습니다. 다음 열차를 타려면 30분은 더 기다려야 합니다. 우리는 오늘 폭포를 조금이라도 더 봐야 합니다. 650미터만 걸으면 됩니다! 그러면 또 하나의 기차 출발역이 나옵니다! 바쁜 순간에도 존대의 어미를 꼭꼭 붙였다. 그는 멀쩡한 날에 우산을 펴 들고 걸었다. 우리는 그의 꽁무니를 따라 바삐 걸었다. 덩치가 큰 그가 두 걸음을 걸으면 나는 세 걸음을 뛰어야 했고, 그미는 네 걸음을 달려야 했다. 정글을 뛰다시피 했다. 등에 땀이 흘렀다. 650미터가 아니라 1.3킬로미터는 되는 듯하다. 밀림의 공기는 싱그럽고, 새들은 지저귄다.

기차역이 보인다. 협궤열차가 우리를 기다리고 있다. 그미가 부탁했다. 화장실에 가도 돼요? 안 됩니다. 지금 타세요. 30분을 기다려야 합니다. 기차는 움직이기 시작했다. 기차는 털거덩거리면서 정글을 헤집고 달렸다. 걸어가는 사람들에게 손을 흔들고, 서 있는 기차에 두 손을 흔들었다. 악마의 목구멍으로 들어가려는 동병상련의 기대가 있다. 모두 한 가족이다. 15분 후 악마의 목구멍 역에 도착했다. 그가 말했다. 화장실 다녀오세요! 여성들이 우르르 화장실로 뛰었다. 남자들은 서성댔다.

조감도가 그려진 안내판 앞. 그의 우산은 지시봉이 되었다. 우산 끝이

언제나 우산을 쓰고 다니는 아구아 짱과 악마의 목구멍으로 간다.

안내판의 큰 글자를 짚었다. '가르간타 델 디아블로Garganta del Diablo'. 그가 말한다. 여기가 '악마의 목구멍' 입구입니다. 2월 말까지 다리 공사 중이었습니다. 다리가 열린 것은, 3월 1일입니다! 여러분은 운이 좋~습니다. 2월에 온 사람들은 악마의 목구멍에 가지 못하고 멀리서, 저 멀리서 바라보기만 했습니다. 따봉?? 그가 물었다. 우리는 '아구아 따봉!!'이라 큰 소리로 답했다. 악마의 목구멍은 하루 종~일 소낙비가 옵니다. 해가 떠도 소낙비가 내리고, 구름이 끼어도 소낙비가 오고, 가랑비가 와도 소낙비가 내리고, 소낙비가 오면 더 큰 소낙비가 옵니다. 365일 언제나 비바람이 몰아칩니다. 모두 우비를 입어야 합니다! 한 시간 후에 바로 여기서 만납시다! 끝!!

모두 우비를 입었다. 그미와 나는 입지 않았다. 다리를 다 건너서 목구멍 바로 앞에서 입으면 된다. 우비를 입고 걸으면 온몸에 땀이 난다. 장마철에 우비 입고 논밭에서 일하는 것과 같다. 목구멍 앞에 다다랐다. 물보라가 흩뿌린다. 오늘은 바람이 더 세게 분다. 5년 전에는 쌍무지개, 크고 작은 삼중 무지개가 그미와 나를 반겼다. 오늘 그 무지개들은 구름 속으로 숨어버렸다.

목구멍에는 폭풍우가 몰아친다. 사진사들이 사다리 위에서 '원, 투, 쓰리'를 외친다. 그미는 스마트폰 렌즈를 손수건으로 닦았다. 여기저기를 찍었다. 나를 넣고 찍었다. 동영상도 찍었다. 물새들이 목구멍 속을 날아다닌다. 노란 강물이 흘러와 붉은 물줄기로 쏟아져 떨어진다. 물줄기는 천둥소리를 지르며 곤두박질친다. 나도 스마트폰 렌즈를 닦았다. 그미를 넣고 찍었다. 새들도 들어갔다. 그미 옆에 선 노랑머리, 까만 머리, 하얀 머리가 함께 화면에 들어왔다. 누가 누구를 가릴 것이냐? 찍으면 사진이요, 누르면 인생 샷인 것을!

물방울이 흩뿌려 오르고, 무지개가 생겨나고, 바람을 일으키고, 물새들이 날아오르고 날아 떨어진다.
내 영혼이 물방울에 나풀거린다.
나는 두 눈을 꼭 감고, 두 귀를 틀어막으며, 입으로 소리를 질러댔다.

이곳이야말로 울부짖기 아름다운 터전이 아니더냐?
이곳이야말로 더불어 깔깔대기 좋은 바탕이 아니더냐?

나는 악마의 목구멍에서 하룻밤을, 1주일을 보낸 듯했다. 철다리를 되걸었다. 10여 분만 걸으면 될 것이다. 5년 전에는 삐걱거리는 다리였다. 그런 소리가 사라졌다. 섬진강을 건너는 섶다리보다 약간 높고, 약간 넓다. 사람들은 악마의 목구멍에서 빠져나오고, 악마의 목구멍으로 걸어 들어간다. 사람들의 카메라가 강물을 찍고 있다. 냄비 뚜껑만 한 자라가 느릿느릿 강물을 거슬러 오르고, 절간에 매달린 나무 잉어가 유영하고, 피라미들이 물속을 내달린다. 이구아수의 강물은 아래로 흘러내리고 강물 속의 삶은 위로 헤엄친다. 그들은 낭떠러지가 바로 앞에 있음을 알고 있다. 한번 떨어지면 다시는 오르지 못할 악마의 목구멍이 바로 앞에 있음을 알고 있다. 나뭇가지 몇 개가 떠내려온다. 나는 그것에서 신부가 묶인 십자가를 또 보았다.

| 如是我見 | 오래 살아 뭐할래?

이구아수 폭포 물벼락을 맞으러 간다. 이구아수 물벼락 한 번에 10년은 더 살 수 있단다. 두 번째이니 20년은 더 살 것이다. 인기 있는 곳은 어디를 가나 줄이 길다. 생명을 연장하는 곳이라면, 말해 뭐하겠는가! 우리 일행이 맨 앞에 섰다. 30여 분을 기다렸다. 차가 왔다. 트럭을 개조해 짐칸에 사람들이 앉을 수 있는 의자를 만들었다. 우리는 벽돌 계단을 올라 승차했다. 트럭은 모랫길을, 자갈길을 달렸다. 물웅덩이가 물을 튕겨냈다. 머리 위로 밀림의 나뭇가지와 이파리들이 스쳐 지나갔다. 햇볕이 내리쪼이기도 하고 그늘이 시원하기도 하다. 20여 분을 달렸다. 강이 보이고 구명조끼들이 보였다. 앞에 흐르는 강은 이구아수 폭포에서 수직 낙하의 경험을 마친 물이다. 물의 흐름은 빠르지 않다. 폭은 500미터도 되지 않으리라. 선착장에 다다랐다. 오늘은 보이지 않는다. 5년 전에는 무수한 나비들이 모여 춤을 춘 바로 그곳이다. 노랑나비, 흰나비, 파랑 나비, 빨간 나비, 검정 나비, 큰 나비, 중간 나비, 작은 나비들이 군무를 펼친 곳이다. 지금 그들은 어디로 가서 살고 있나? 쇠파리와 하루살이들이 눈앞을 왔다 갔다 한다.

구명조끼를 걸친 사람이 가득하다. 머리 색깔이 각양각색이다. 그러나 나비의 색깔만큼 다양하지는 못하다. 선미에 높다랗게 앉은 선장이 시동을 건다. 배가 부웅~ 하고 강물을 거슬러 올라간다. 그미와 나는 선장 바로 밑에서 강을 거스르고 있다. 화산석 바위들이 물에 젖어 더욱 까맣다. 하늘은 푸르고 흰 구름 몇 조각이 떠다닌다. 그미의 머플러는 오드리 헵번의 그것처럼 휘날리고, 비옷은 찢어질 듯 펄럭거린다.

배에서 올려다본 이구아수.

아르헨티나 국기 끝 실오라기가 떨어져 하늘로 오른다. 물벼락을 둘러쓴 배가 강을 따라 전속력으로 흘러내린다. 강을 거스르는 우리도 손을 흔들고, 그들 또한 손을 흔든다. 저쪽에서 소리를 지르니, 이쪽 또한 환호로 답한다. 저쪽은 물벼락 맛을 느낀 흥분이요, 이쪽은 물벼락 맛을 느끼러 가는 흥분이다.

왼쪽, 그러니까 브라질 쪽 폭포 아래로 배가 들어간다. 폭포가 머리를 때리고, 사람들은 환호한다. 으아~ 와~ 와아~!! 그 소리가 다양하다. 사람의 소리와 물의 소리가 뒤섞여 하늘로 날아오른다. 사람들은 박수를 치며 '원 모어, 원 모어one more, one more!'를 외친다. 선장이 선수를 다시 폭포 속으로 밀어 넣는다. 이번에는 더 큰 환호가 터진다. 물 밖으로 배가 나왔다. 사람들은 또 박수를 치며 '원 모어, 원 모어!'를 외친다. 선수는 다시 폭포 속으로 빨려 들어간다. 삼세번이다. 승객들이 '원모어, 원 모어!'를 외친다. 배는 시동을 끈 채로 폭포 아래서 물을 따라 흔들린다. 선장이 시동을 걸고 오른쪽, 그러니까 아르헨티나 쪽 폭포로 선수를 돌린다. 배는 오르다 말고 뒤로 돈다. 그리고 강의 흐름에 자신의 속력을 더해 재빠르게 선착장으로 돌진한다. 바람의 시원함이 비옷의 물방울과 배에 쏟아진 폭포수를 말렸다. 5년 전에는 반대였다. 아르헨티나 쪽 폭포에서 샤워를 했다. 그미와 나는 아르헨티나의 이구아수 폭포와 브라질의 이구아수 폭포로 두 번 샤워했다. 하늘이 준 수명보다 20년은 더 살 수 있으리라.

| 如是我觀 | 하늘에서 이구아수를 조망하다

버스는 졸음을 싣고 국경을 넘었다. 이제 헬리콥터를 탈 것이다. 하늘에서 이구아수를 조망할 것이다. 여섯 명이 함께 탔다. 나는 조종사 옆에 앉았다. 헬기는 잠자리처럼 날았다. 하늘은 푸르다. 발아래는 녹색이다. 내가 떨어져도 나뭇잎이 푹신할 듯하다. 푸르른 녹색 이불이 펼쳐져 있다. 노랗기도 하고 붉기도 한 강물은 흐르지 않는다. 중간중간에 하얀 거품 몇 개가 일어났다 사그라들기를 반복한다. 내가 커피를 마셨던 식당 위를 난다. 악마의 목구멍은 온통 하얗다. 물안개는 피어오르고 자그만 무지개들이 호랑나비의 날갯짓을 한다. 악마의 목구멍이 내 발아래로 왔다. 두 손을 모아 만든 사랑의 시그널이다. 조종사는 엄지척하며 나에게 미소를 짓는다. 나는 원더풀이라 했다. 헬기는 강을 따라 날아다닌다. 숲속을 흐르는 자그만 개울물이 열대우림을 둘로 가른다. 위용은 사라지고 가냘픔이 느껴진다. 10여 년 전, 그미와 나이아가라Niagara 폭포에서 헬기를 탔다. 출판사에 이 글의 원고를 넘기고, 지난봄에 그미와 나는 빅토리아 폭포에도 다녀왔다.

나이아가라라는 말은 면직물에서 유래한다.
하지만 그미와 나는 '나이야, 가거라!'로 읽는다.
나이아가라는 1년에 1미터씩 침식되어 들어간다.

캐나다 쪽 나이아가라는 말발굽처럼 생겼다.
미국 쪽 나이아가라는 새끼 망아지 발굽이다.
강은 파랗고, 폭포는 하얗고, 들판은 붉디붉다.
나이아가라에는 봄과 여름과 가을과 겨울이 있다.

이구아수라는 말은 물의 많음을 의미한다.
브라질 쪽 이구아수는 물의 병풍이요, 아르헨티나 쪽은 악마다.
강물은 흐르지 않는다, 다만 머뭇거릴 뿐이다.
이구아수는 봄도 여름이요, 여름도 여름이요, 가을도 여름이고, 겨울
또한 여름이다.

나이아가라는 무뚝뚝한 힘이 드러나 있다.
위 호수의 물이 넘치니 아래 호수로 떨어질 뿐이다.
이구아수는 아기자기함이 곳곳에 숨어 있다.
그러나 악마의 속내를 가슴속에 품고 있다.
빅토리아는 땅에서 솟구치는 음의 기운이 넘쳐난다.
벌어진 땅속에는 무지개가 양의 기운을 살며시 드러낸다.

빅토리아 폭포는 여왕의 이름에서 왔다.
리빙스턴이 아부한 이름 붙임이다.
잠비아인들은 '모시 오아 툰야 Mosi-oa-Tunya'라 부른다.
'천둥소리를 내는 연기'라는 뜻이다.

헬기에서 내려다본 이구아수.

새 공원의 홍학. 어쩌면 저토록 온몸이 빨간색일까?

옥색 물결에 나풀거리는 색동저고리의 가녀린 손짓이여!
소낙비는 하늘에서 내리기도 하고, 땅속에서 솟구치기도 한다.
세상의 무지개는 하늘에 드리워도, 툰야의 무지개는 땅속에 피어난다.
나이아가라는 저리 가고, 이구아수는 이리 오너라!

310호로 이사했다. 그미는 먼저 창문 커튼을 열어젖혔다. 바로 눈앞
에 수영장이 펼쳐져 있다. 커다란 야자수가 네 그루나 보인다. 하룻밤
을 자도 이런 방에서 자야 해! 그미가 말한다. 내가 말한다. 이구아수 물
에서 수영이나 하자! 호텔 현관을 거치지 않고 수영장으로 달려갔다.

　호텔 주변을 한번 돌아보는 게 어때? 그미는 묻지만, 이미 결정된 사안이다. 잘 다듬어진 호텔 주위를 걸었다. 공기가 맑고 청량하다. 너른 길을 따라 우측으로 걸었다. 5분 거리에 사람들이 웅성거리고 있다. 'PARQUE DAS AVES'라는 글씨가 빨간 바탕에 하얗게 두드러져 보인다. 새 공원이리라. 내일 아침에 다시 오자! 개장 시간을 물었다. 아침 9시. 나는 새들을 좋아한다. 한때 난향蘭香 가득한 베란다에 앵무새와 문조와 다람쥐를 키웠다. 새들은 돋아나는 소심(꽃이 하얗고 향기가 은은한 난)과 춘란의 꽃을 갉아 먹었고, 다람쥐는 아무데나 오줌을 갈겼다. 베란다엔 난향 대신 다람쥐 오줌 냄새가 진동했다. 1년을 못 기르고 애완동물 가게에 돌려줬다.

　단톡방에 문자가 떴다. 식당으로 모여라! 웬일이지? 주섬주섬 옷을 갈아입고 식당으로 갔다. 와인 병 네 개가 보였다. 가벼우리라던 저녁 식사가 만찬이 되고 성찬이 되었다. 와인과 함께하는 저녁은 이야기가 포도처럼 주렁주렁 열린다. 한국의 이야기가 왔다 갔다 하고, 우수아이아의 이야기가 갔다 왔다 하고, 이구아수의 이야기가 오고 갔다. 60~70년 삶의 이야기가 풍성했다.

2023년 4월 8일(토요일, 음력 윤 2월 18일)

　엊저녁 밤늦도록 먹으며, 마시며, 이야기했다. 비를 맞으며, 햇빛을 받으며, 사람들의 숲을 뚫고, 밀림을 헤집고 다녔다. 그미는 지쳐 눈을 감았으되 나는 눕지 못했다. 그미는 뷰가 좋으니 잠도 잘 잔다. 커튼을 살짝 열었다. 달이 밝디밝다. 수영장 뷰가 무슨 소용인가? 침대만 포근하면 그만이지! 알코올과 배부름은 잠을 부른다. 4시 무렵 잠에서 깨어났다.

| 如是我見 | **하현달이니 별빛은 숨을 죽인다**

태블릿과 헤드셋을 챙겨 들었다. 수영장으로 나왔다. 밤은 밤이되 밤이 아니다. 수영장 주위를 맴돌았다. 야자수 그림자가 길게 뻗었다. 테이블이 딸린 의자에 앉았다. 나는 혼자가 아니었다. 양귀비 꽃밭에서 노니는 적선인 謫仙人을 만났다. 그는 하늘나라에서 귀양 온 시선 詩仙이다.

잔을 들어 달을 청하니, 그림자까지 세 사람이 되네. 달은 마실 줄 모르고, 그림자는 부질없이 나를 따르는구나.

잠시 달과 그림자를 벗하니 즐겁기가 모름지기 봄이 된 듯. 내가 노래하니 달이 배회하고, 내가 춤추니 그림자가 어지럽게 오가는구나.

술 깨었을 때는 함께 즐거움을 누리지만, 취한 후에는 각자 흩어지니. 영원히 끊어지지 않을 정답고 아름다운 소요유는 끝자락이어도, 저 멀리 은하수 저편에서 다시 만날 것을 기약하리니.

舉杯邀明月, 對影成三人. 月旣不解飮, 影徒隨我身.

暫伴月將影, 行樂須及春. 我歌月徘徊, 我舞影零亂.

醒時同交歡, 醉後各分散. 永結無情遊, 相期邈雲漢.

태블릿을 열었다. 달 하나와 셀 수 없이 많은 별과 무수히 많은 열대 우림의 생명과 함께 나는 영화 「미션」을 본다.

1750년 무렵. 아르헨티나와 브라질과 파라과이 국경 부근. 그러니까 내가 지금 있는 바로 이곳, 이구아수 폭포가 아름답고 슬픈 영화의 배경이다. '역사적 실화'라는 자막이 흐른다. '교황님의 영토 끝에서 발생한 문제는 해결되었습니다. 인디언들은 다시 스페인과 포르투갈의 노예가 될 겁니다.' 총독은 왕에게 보고하는 것이 아니다. 교황에게 보고하는 것이다. 교황이 영토를 획정해주었기 때문이다. '토르데시야스 조약 Treaty Tordesillas'이 바로 그것이다. 1480년 교황은 아프리카 기니와 보자도르 곶 남쪽 땅은 포르투갈에, 북쪽 땅은 스페인에 소유권이 있다는 칙서를 내렸다. 당시 포르투갈은 희망봉을 발견하면서 해상 장악력을 뽐내고 있었다. 하지만 1492년 콜럼버스가 서인도제도를 발견함으로써 스페인과 포르투갈 사이에 영토 분쟁이 벌어진다. 서인도제도는 보자도르 곶 남쪽이다. 그래서 서인도제도는 포르투갈의 땅이 되고, 콜럼버스는 포르투갈 영토를 침범한 것이다. 이에 스페인과 포르투갈은 교황의 중재로, 아프리카 서쪽 카보베르데 섬에서 약 100리그(480킬로미터) 떨어진 곳을 기준으로 하여 서쪽은 스페인령, 동쪽은 포르투갈령으로 구분했다. 하지만 1년 뒤 이 조건에 불만을 가진 포르투갈의 주앙 2세가 교황에게 항의하여, 1494년 6월 7일 토르데시야스에서 이전의 100리그를 370리그(약 1,500킬로미터)로 변경하는 조약이 체결되었다. 이후 이 선의 서쪽은 스페인령이 되고, 동쪽은 포르투갈령이 되었다. 하여 브라질은 포르투갈어를 쓰게 되었고, 다른 남미 국가들은 스페인어를 쓰게 되었다.('네이버 지식백과' 참조)

편지를 쓰고 있는 총독을 배경으로 누군가의 목소리가 흐른다. '교황님, 1758년 지금, 저는 남미 대륙에서 편지를 쓰고 있습니다. 여긴 남미의 라플라타의 앙상셴이라는 마을인데, 산 미겔 선교회에서 도보로 2주 걸립니다. 인디언을 보호하려 했으나……. 오히려 순교를 당하게 됩니다.' 십자가에 매달려 죽은 신부가 강을 따라 흘러간다. 돌 사이를 타고 흐르다 급류를 만나고, 잔잔한 물살을 따라 흐른다. 카메라의 눈은 멀어지고, 거대한 폭포에서 나무 이파리 하나 떨어지듯 십자가는 악마의 목구멍으로 빠져 들어간다. 폭포에서 퍼지는 물안개에 휩싸였다가 강물 속에 처박힌다. 십자가와 신부는 사라진다. 새로 부임한 신부 가브리엘은 강가에서 죽은 신부의 목에 걸렸던 십자가가 달린 목걸이를 발견한다. 그는 그 목걸이를 목에 걸고 절벽을 기어오른다.

만신창이가 된 신부는 악마의 목구멍을 올라 강가의 바위에 걸터앉는다. 그리고 오보에를 꺼낸다. 「넬라 판타지아 Nella Fantasia」를 연주한다. 천천히, 그리고 띄엄띄엄 연주한다. 원주민들이 활을 겨누며 둘러선다. 음악을 들은 그들은 무기를 내리고, 가브리엘과 함께 마을로 간다.

나는 더는 스포일러가 되지 않으련다. 「미션」에서 나는 통치자들의 탐욕과 가브리엘의 비폭력과 멘도사의 선택을 마음에 심었다. 「넬라 판타지아」는 멀어져가고 동쪽 하늘이 불그스레 밝아지기 시작했다. 과라니족 어린아이들에게서 나는 초등학교 시절을 되새김질했다. 학교 운동장 별빛 아래서 풀벌레 소리를 들으며 비가 주룩주룩 내리는 영화를 보았다.

| 如是我思 | 새들은 새장에 갇혀도 즐거울까?

'파르케 다스 아베스PARQUE DAS AVES', 새들을 위한 공원이다. 인공과 자연이 반반이다. 물과 친한 새가 많다. 맨 먼저 플라밍고다. 볼리비아 국립공원에서는 자연 상태에서 그들을 봤다. 해발 4,000미터의 자연 호수에서 그들의 삶을 보았다. 그들의 소리를 들었다. 볼리비아의 플라밍고들은 민감했다. 사람들의 조잘거림과 발걸음에도 날아올랐다. 그들이 여기에 갇혀 있다. 사람들이 이쁘다고 웅성거려도, 가까이서 카메라를 들이밀어도 자기 할 일만 한다. 참 리드미컬하고 흥겹다. 가느다란 두 발로 춤을 춘다. 자신이 서 있는 주위의 땅을 밟으면서 돈다. 내가 냇가에서 미꾸라지를 잡을 때, 내 두 손의 모습, 바로 그 모습이다. 기다란 주둥이로 흙을 뒤진다. 주둥이를 하늘로 들고 먹이를 먹는다. 한참을 지켜봐도 지루하지 않다.

| 如是我聞 | 슬퍼도 아름다운 이야기

버스는 공항으로 간다. 아구아 짱이 마이크를 잡는다. 자신의 아버지가 겪은 실제 이야기라며 말을 시작한다. 남미의 교민들은 대부분 의류 장사로 이민 생활을 시작한다. 처음에는 버스를 타고 이곳저곳을 찾아다니면서 장사를 했다. 돈을 모아 차를 샀고, 그 차를 타고 다니면서 더 먼 곳까지, 더 많은 곳으로 영업의 영역을 넓혔다. 돈은 생각보다 빨리 모아졌다. 그 돈으로 건물을 사고, 옷 가게를 차렸다. 유목민에서 정착민이 된 것이다. 이런 소식은 조국으로 번져갔고, 이민 희망자는 늘어났다.

어떤 이들은 미국을 최종 목적지로 정하고 파라과이로 들어왔다. 그러니까 파라과이에서 브라질로, 브라질에서 멕시코로, 멕시코에서 국경을 넘어 LA로 가는 루트가 아메리칸드림을 위해 그들이 자주 이용하는 로열로드 중 하나였다. 당시 파라과이에서 브라질로 국경을 넘은 에피소드다. 가족 넷이 한국에서 파라과이로 왔다. 파라과이 국경을 넘기 위해 이틀 밤을 새웠다. 만약 추방을 당하면 한국으로 돌아가야 한다는 불안감이 네 사람의 잠을 설치게 했다. 검문소에 다다랐다. 국경에서 경찰이 물었다. 어디 가세요? 여기에 온 지 이틀밖에 안 된 사람들이 브라질 말을 알 턱이 없다. 불안하고 초조했다. 엄마가 갑자기 소리를 질렀다. 아구아 짝짝! 아구아 짝짝! 그녀는 손가락으로 머~얼리 가리켰다. 경찰이 되물었다. 아구아 짝짝? 엄마가 되받았다. 아구아 짝짝! 경찰이 되물었다. 이구아수 폴? 엄마가 크게 말했다. 오케이, 따봉! 따따봉!! 그들은 무사히 국경을 통과했다. 경찰은 그들이 이구아수 폭포를 구경하고 돌아올 줄 알았고, 그 가족은 무사히 멕시코를 거쳐 미국 땅을 밟았다. 잘 먹고, 잘 살고 있다. 지금도 브라질 경찰은 그 가족이 파라과이로 돌아오기를 눈이 빠지게, 목을 늘이고 기다리고 있다. 그 후 국경에 근무하는 경찰들의 눈이 튀어나왔고, 목이 길어졌다.

마지막 인사를 마친 그는 아르헨티나로 달려갔다. 또 다른 팀이 오고 있는 모양이다. 그는 해가 떠도, 비가 와도 우산을 펼 것이다.

어눌 짱이여, 아구아 짝짝이여!

잘 먹고 잘 살아라, 돈 많이 벌어라, 부~자가 되어라!

안드레이가 멀어져갔다. 나의 시야에서 벗어났다.

우리에 갇힌 투칸은 행복할까?

|如是我思| **테킬라와 새 두 마리를 사다**

공항 면세점을 둘러보았다. 테킬라가 보였다. 600밀리리터가 13달러. 혹시 가짜가 아닐까? 설마! 하고 두 병을 샀다. 소주보다 싸지 않은가? ㄱㄹ뫼에서 멕시코의 그리움을 테킬라로 달래자! 뭐 사셨어요? 테킬라 두 병 샀습니다. 집안에 테킬라 좋아하는 사람이 있어서……. 그 남자는 좋~겠다! 아닙니다, 여성이랍니다. 모두가 웃었다. 면세점의 테킬라 여섯 병이 순식간에 팔렸다. 한 달 후, 나와 그녀들은 낙산의 어느 호텔에서 테킬라에 취했다.

도자기 새 두 마리도 샀다. 한 마리는 투칸. 투칸은 부리가 크고 단단하다. 부리는 나무에 집을 만들고 먹이 활동을 하는 데 유리하다. 이 왕부리새는 언밸런스의 묘한 매력을 지닌다. 그래서 컴퓨터 게임에 자주 등장한다. 다른 한 마리는 부엉이다. 부엉이는 지혜의 상징이다. 어느 철학자가 말했다. '미네르바의 부엉이는 황혼이 되어야 날개를 편다.' 지혜를 상징하는 로마의 여신 미네르바는 그리스의 여신 아테나이와 동일시된다. 부엉이는 미네르바를 상징한다. 부엉이는 원래 공주였다. 공주는 아버지인 왕과 부적절한 관계를 맺었다. 그 부끄러움을 견디지 못한 공주는 숲으로 들어가 부엉이가 되었다. 그 부끄러움 때문에, 낮에는 활동하지 않고 밤에만 활동한다. 빛이 가득한 낮에는 누구나 어떤 것이든 볼 수 있다. 그러나 빛이 사라진 밤이 오면 세상을 보는 것이 어려워진다. 부엉이는 냉철한 눈으로 어둠 속의 모든 것을 볼 수 있다. 그래서 지혜의 상징이다. 부엉이는 한자로 목토木兔다. 나무 토끼다. 나무로 만든 토끼가 부엉이라? 신기하다. 부엉이의 다른 한자는 '鵂(휴)'다. '鵂'는 '休(쉴 휴)'에 '鳥(새 조)'를 합한 글자다. 나무에서 쉬고 있는 새다. 사람들의 눈에는 부엉이가 허구한 날 쉬고 있는 새로 보였을 것이다. 그러나 부엉이는 어두운 세상에서 남들이 보지 못하는 것을 본다. 나는 '목토木兔'보다 '휴鵂'라는 이름을 더 좋아한다.

내 서재에 부엉이는 다섯 자매다. 큰언니는 백담사, 둘째는 송광사에서 왔다. 똥그란 두 눈은 부처의 지혜를 가득 담고 있다. 나무로 만들어졌다. 중국산이다. 그녀들의 속은 텅텅 비어 있다. 허심虛心이요 방심放心이고 방하착放下著이다. 나무로 만든 부엉이라 목휴木鵂다. 목계木鷄라는 말도 있다. 목계는 나무로 만든 닭이다. 목계는 『장자』「달생達生」편에 나온다. 아무리 어려운 싸움이라도, 아무리 어려운 삶이라도 목계의 지혜木鷄之德만 있으면 된다. 셋째는 아테네에서 왔다. 그리스의 대리석 조각품이다. 서양 지혜의 원조인 아테나이를 상징한다. 그리스에서 시집온 석휴石鵂다. 그녀는 아테나이요, 미네르바다. 이번에 넷째가 시집왔다. 이구아수에서 왔다. 그녀는 흙으로 만들어졌다. 도자기다. 토휴土鵂인 셈이다. 그녀에게서 이구아수 폭포의 아름다움과 물이 지닌 지혜를 배울 것이다. 2024년 새해가 되자마자 베트남 다낭에서 부엉이 한 마리가 또 시집왔다. 다섯 번째다. 그녀는 옥으로 되어 있다. 옥휴玉鵂

언제나 나를 지켜보는 부엉이 다섯 자매.

다. 옥은 리理와 통한다. '理'는 '玉'에 '里'를 합한 글자다. 옥은 인간의 본성이 옥의 무늬처럼 아름답다는 의미를 간직하고, '里'는 훈訓을 위한 것이다. 다섯째는 '리理'에 대한 지혜와 가르침을 줄 것이다. 나무에서 태어난 부엉이, 대리석에서 태어난 부엉이, 흙으로 빚어진 부엉이, 옥의 아름다움을 간직한 부엉이. 다섯 자매가 언제나 책장에서 나를 지켜본다.

| 如是我聞 | 모질이들의 즐거움?

그미와 나는 아르헨티나 이구아수 공항으로 왔다가, 브라질 이구아수 공항에서 떠난다. 오후 2시 45분에 비행기는 리우데자네이루를 향해 출발할 것이다. 오후 2시 정각. 나이 듬직해 보이는 사람들이 게이트 앞으로 우르르 몰려든다. 통역자에게 물었다. 라탐 항공은 65세 이상의 어르신에게 우선 탑승의 권한이 주어집니다. 탑승만 비즈니스급으로 대우하는 겁니다. 그미와 나는 의자에 앉아 기다렸다. 그 우선권은 왠지 받고 싶지 않았다.

비행기가 리우데자네이루 공항에 내려앉았다. 비가 내린다. 길 언덕과 담벼락에 그라피티가 난무하는 거리를 버스는 달리고, 빗물은 창을 타고 뒤로 흐른다. 토요일 저녁이라 그런지 도시 교통은 한산하다. 5년 전 이 길을 달릴 때는 밤 10시경이었다. 불빛만 보였다. 가이드의 별다른 설명 없이 버스는 호텔 앞에 도착했다. 통역자가 소지품 주의를 당부한다.

북곽 부인이 왔다 갔다 한다. 뭔가 아이디어가 생긴 모양이다. 오늘은 토요일입니다. 토요일은 밤이 좋습니다. 토요일 저녁에만 공연하는 탱고 쇼가 있답니다. 함께 가시죠! 1인당 100달러랍니다. 미안합니다. 저는 가면 또 잘 겁니다. 오늘은 사양하겠습니다. 그미도 가지 않겠다고 한다. 내가 결정한 건가, 그미가 결정한 건가? 다른 사람은 탱고 쇼를 보러 갔고, 그미와 나는 호텔 15층으로 올라갔다. 커튼을 열었다. 코파카바나 해변 Praia Copacabana이 한눈에 몽땅 들어왔다. 그미가 가장 좋아하는 오션 뷰다. 좌에서 우로 족히 10리는 되어 보였다. 호텔과 해변 사이에 왕복 8차선쯤 되어 보이는 넓은 도로가 있고, 가로등은 비를 맞으면서도 밝은 눈으로 거리를 비추고 있다. 차는 거의 보이지 않는다. 하늘에서는 비가 내리고, 멀리 대서양에는 해무가 끼어 있고, 창문에는 빗줄기가 유리를 타고 흘러내린다.

한번 나가볼까?

싫어! 위험하다 했어!!

트렁크에 남아 있는 누룽지를 아사삭거리며 해변의 쓸쓸함을 뚫어지게 바라보았다.

이구아수에서 사 온 열대 과일의 달콤함을 흡입하며 해변 너머를 상상했다.

내일 아침에 갑시다.

해변은 내일도 거기에 있을 겁니다.

가벼움은 없고 장중함이 있다.
비루함이 없고 거룩함이 있다.
경원심은 없고 경외심이 있다.
그대는 허虛이기에 영盈이요, 무無이기에 유有이다.

미항 리우에는
볼거리도 많다

11

2023년 4월 9일(일요일, 음력 윤 2월 19일)

호텔 방 커튼을 열어젖혔다. 하늘엔 온통 검은 구름이다. 유리창에는 빗방울이 쪼르륵쪼르륵 방울져 흘러내린다. 많은 비는 아닌 듯. 그동안 이리 피하고 저리 피하면서 용케도 비를 잘 피해 다녔다. 준비해간 우비를 비 때문에 사용한 적은 없다.

| 如是我思 | **아름다운 항구, 하지만 위험하다**

5년 전. 아침 6시경 활주로를 박차고 오른 리마행 비행기는 바다 위를 날았다. 해가 떠오르는 가운데 그미와 나는 아름다운 항구 리우데 자네이루를 4~5분 정도 소요유(?)했다. 하늘에서 아주 짧은 시간에 아주 오래 기억될 풍광을 머릿속에 담았다. 아름다운 항구였다. 해가 뜰 무렵의 리우는 시드니보다, 나폴리보다 훨씬 아름다운 항구다. 푸른 바다에 섬이 점점이 박혀 있고, 섬들을 어루만지는 파도가 하얗게 반짝인다. 솟구치는 햇살을 받은 리우는 곳곳에 안개가 드리워져 있다. 산 정상에서 두 팔을 벌린 예수님이 나를 향해 '잘 가시게나! 또 오소!' 하며 미소를 보낸다. 절대 잊을 수 없는 풍광을 만끽했다.

5년 후 오늘도 코파카바나 해변의 파도는 백사장까지 밀려온 후, 하얀빛을 흩뜨리면서 선을 긋고 사라진다. 낙산해수욕장의 파도보다는 약간 높은 편이다. 왼쪽 끄트머리에는 빵산으로 알려진 두 개의 산이 보이고, 그 반대편에는 또 하나의 산이 버티고 서 있다. 반달 모양을 갖춘 천혜의 해변이다. ᄀ르뫼의 초승달 모양이다. 저 멀리 바다 한가운데에 몇 개의 섬이 대서양의 거친 파도를 막아주고 있다. 해변을 감싸고 도는 가로등이 빛을 발한다. 야자수 대여섯 그루의 무더기가 서너 군데 보인다. 모래밭에는 비치발리볼 네트가 즐비하다.

일출 시각은 6시 5분. 그미와 나는 회전문을 밀고 호텔 밖으로 나갔다. 호텔 종업원 복장의 흑인 두 명이 정답게 인사한다. 굿모닝! 나도 즐거운 마음으로 인사했다. 굿모닝! 두 사람은 바지 주머니에서 스마트폰을 꺼내더니 그것을 주머니에 꼭 넣으라는 몸짓을 한다. 그리고 내 얼굴을 보고서 방긋 웃는다. 몸짓은 말이다. 충분한 커뮤니케이션이 되고도 남았다. 그미와 나는 스마트폰을 바람막이 웃옷 주머니에 넣고 지퍼를 잠갔다. 호텔을 나서 왼쪽으로 돌았다. 너른 길 건너편이 바로 해변이다. 자동차는 달려오지도 달려가지도 않았다. 오늘은 일요일이요, 아침 6시다. 신호가 바뀐다. 잽싸게 뛰었다. 인도에 모래가 밟힌다. 그미가 말렸다. 더 이상 진출은 불가! 나는 못 들은 척 바다를 향해 달렸다. 모래에 신발이 깊숙이 빠진다. 낙산해수욕장의 모래와 진흙의 중간 정도다.

모래 둔덕과 바닷물 사이에 사람들이 옹기종기하다. 서로가 서로에게 손짓하고, 말하고, 소리를 질러대고, 일어서기도 하고 풀썩 주저앉기도 한다. 아마도 밤을 새워 술을 마신 듯하다. 통역자의 경고와 호텔 직원들의 조언이 마음에 걸린다. 그미의 손짓이 더욱 세차게 흔들렸다. 그미의 목소리가 들려왔다. 나는 유유히 걸어 호텔로 되돌아왔다. 햇볕은 나오지 않고 구름을 뚫고 나오는 밝음만이 리우의 해변을 바꾸고 있다. 해변을 거니는 사람이 하나둘 보이기 시작한다. 신발을 벗어 두 손에 들고 뛰는 사람이 보인다. 우두커니 서서 사진을 찍는 사람들이 보인다. 해변은 아침에 운동하기 좋은 곳이다.

15층 방의 커튼을 열어젖혔다. 창문에 달린 조그만 비상구를 밀었다.

사람들이 불러대는 아침의 노래와 구호와 파도 소리가 들린다. 일요일 아침, 부활절 아침이다. 식당은 붐볐고, 얼굴의 빛깔이 다양하고 옷 색깔 또한 가지각색이다. 과일은 새콤하고 달콤하다. 식빵에 바른 꿀에서 석청 맛이 난다. 허겁지겁 이것저것을 먹어 치웠다. 순식간에 배가 불렀다.

| 如是我見 | **리우의 친절함이여!**

부활절 아침, 마트에 사람들이 붐빈다. 아파트 1층에 마트가 차려졌다. 여인네들도 아저씨들도 장바구니에 혹은 밀차에 식료품을 담고 있다. 잘 다듬어진 마늘, 감자, 당근, 양파, 고구마, 가지, 호박들이 가지런하다. 바나나, 파인애플도 눈에 들어온다. 그미는 브라질너트를 좋아한다. 5년 전에는 이구아수에서 다섯 봉이나 샀다. 이번에도 최소한 다섯 봉은 더 살 기세다. 마트를 돌고 또 돌았다. 브라질너트가 보이지 않았다. 점원에게 다가갔다. "Brazil Nuts?" 그녀는 아무런 말도 하지 않는다. 그리고 50대 초반 정도의 여인에게 손짓을 한다. 그 여인이 웃으면서 다가온다. 그녀에게 내가 말했다. "I want to buy some Brazil Nuts!" "Brazil Nuts?" 그녀가 고개를 몇 번인가 갸우뚱거린다. 아니, 브라질 사람이 브라질너트를 모른단 말인가? 그녀가 내게 되묻는다. "Where are you from?" 내가 대답한다. "Korea!" 그녀가 스마트폰을 꺼낸다. 그리고 구글 번역기를 내민다. 그녀의 스마트폰에서 'Korean'을 찾았다. 그러나 그녀의 스마트폰에는 한글 자판이 없다!! 나는 내 스마트폰에 로그인했다. 아뿔싸! 데이터 로밍이 감감무소식이다. 그녀의 스마트폰에 내가 'Brazil Nuts'라고 입력했다. 그녀의 얼굴에 미소가 흐른다. 그녀는 자신이 들고 있는 장바구니를 바닥에 놓고 나에게 손짓한다. 나는 그녀의 장바구니를 들고 따라갔다. 구석 한쪽에 브라질너트 봉지가 보였다. 그미와 나는 그녀의 아침 쇼핑 시간을 적어도 10여 분 이상 빼앗았다. 그녀에게 고맙다는 말을 서너 번 했고, 고개

를 서너 번 숙였다. 그녀는 미소를 지으며 자신의 장바구니를 들고 계
산대로 갔다. 그녀 덕분에 브라질너트 여섯 봉지를 샀다. 24.3달러.

|如是我觀| 성인은 신비스럽게 나타난다

부활절에 비가 내린다. 호텔을 떠난 버스는 이름 모를 길을 이리 돌
고 저리 돌고 돌고 돌아 빗속에서 멈추었다. 길 안내판이 눈에 들어왔
다. 왼쪽에는 'Embarque-Trem'이라는 글자 옆에 기차가 그려져 있
다. 좌측으로 가라는 화살표를 달고 있다. 좌측으로 가면 트램을 타는
곳이 있으리라. 오른쪽에는 예수상을 떠받치고 있는 두 손이 보인다.
모뉴멘토 엘리바도르Monumento-Elevadores! 예수상으로 오르는 엘리베이
터를 타는 방향이리라. 똑바로 가라는 표시가 눈에 들어왔다. 그 아래
에는 'Banheiros'라는 글자가 보였다. 화장실을 의미하리라! 해독했
다. 왼쪽으로 가면 예수상에 오르는 트램을 탈 수 있는 곳이요, 똑바로
가면 예수상에 이르는 엘리베이터를 탈 수 있는 곳이다. 만약 화장실에
가고 싶은 사람은 화장실에 들렀다 가도 좋다! 북한산 비문을 읽어내는
추사의 심정이요, 고대 그리스어를 해독해내는 문헌학자의 심정이다.

미니버스는 오르막길을 어슬렁어슬렁, 부르릉~부르릉거리며 기어
올랐다. 골목길을 이리 돌고 저리 돌아 올랐다. 빗물이 강물이 되어 움
푹움푹 파인 아스팔트를 박차고 올랐다. 산비탈에서는 물이 쏟아졌다.
276번째 이구아수 폭포가 여기에 있다. 마추픽추 오르는 길이 바로 여
기다. 마추픽추 오르는 길은 나무들과 폭포가 어우러졌지만, 여기는 집
들과 폭포가 함께 있다. 흙탕물이 세차게 흘러내렸다. 미니버스가 골목
을 따라, 폭포수를 따라 떠내려갈 듯도 했다. 미니버스와 미니버스가
아슬아슬하게 비켜 간다. 버스와 승용차가 어렵사리 비켜 간다. 오르는
버스는 힘겨워하고, 버스 안에 탄 우리의 가슴은 두근거린다. 길 오른
쪽이 확~ 트인 곳을 지날 때 버스 안에서 내려다봤다. 집들이 작고 구
차하게 생겼다. 리우의 달동네요, 판자촌이다. 그리고 우범지대다. 절

대로 가서는 안 되는 곳이란다. 왜, 달동네가 우범지대일까. 왜, 판자촌이 우범지대일까. 왜, 하필이면 두 팔을 벌린 인자하신 예수님의 발아래 이런 판자촌이, 이런 달동네가, 이런 우범지대가 있을까⋯⋯.

버스를 갈아탄다. 다음은 엘리베이터를 탈 것이다. 두 팔을 벌린 예수상이 자리 잡은 곳은 해발 748미터요, 예수상의 높이는 38미터다. 그러니까 예수님의 정수리는 바다 표면에서 786미터 더 높은 곳에 있다. 구름 속에 계신다. 예수님의 발아래에 오르니 비가 그쳤다. 누구는 예수님의 은택이라 말하고, 누구는 구름 위라 그러하다고 설명한다. 비가 내린 덕분에 예수님의 발아래는 한가하다. 동양인으로 보이는 몇몇이 두 팔을 활짝 벌리고 사진을 찍는다. 관광객이 평소의 10분의 1도 안 된다는 통역자의 설명이다.

이 예수상이 세계 7대 불가사의 중 하나다. 세계 7대 불가사의는 선정한 기관에 따라 다르다. 이 예수상이 7대 불가사의에 포함된 것은 2007년 뉴세븐원더스New7Wonders 재단에 의해서다. 미국 토목학회가 뽑은 7대 불가사의는 전혀 다른 것들이다. 원래 지중해 지역에서 7대 불가사의로 부를 만한 건축물을 선정했으나, 미국의 재단들이 세계 7대 불가사의를 선정하면서 전혀 다른 방향으로 흘러갔다.

예수님은 빵산을 굽어살피신다.
낙산사의 해수관음상은 동짓날 해 뜨는 곳을 살피신다.

리우데자네이루의 곳곳을 보았다. 5년 전 비행기에서 보았던 풍광보다 더 가까이서 보았다. 안개는 자욱하여 보였던 것을 보이지 않게 했고, 보이지 않았던 것을 보이게 했다. 빵산이 내 시야에서 사라졌다. 안개가 구름처럼 흐른다. 대서양이 펼쳐진다. 그 가운데 섬들이 주먹만큼, 내 머리만큼 커 보인다. 호수의 낙엽처럼 배들이 떠다닌다. 새들이 먼지처럼 날아다닌다. 요트 계류장은 호수다. 호수를 향해 거북이가 걸

두 팔을 벌린 인자하신 예수님의 발아래에 서다.

어 들어온다. 거북이 입과 목과 등껍데기에 빌딩과 집들과 호텔들이 하얗게 박혀 있다. 경마장인 듯한 모습이 하얗게 눈에 들어온다. 세상은 온통 흑과 백이다. 5년 전 아침에 즐겼던 풍광과 겹쳐 봤다. 눈을 감았다. 다시 색깔들이 살아났다. 아침 햇살이 대서양에서 솟구쳐 오르고, 오색영롱한 파장을 흩뿌렸다. 아침 햇볕이 리우와 사람들에게 비쳤다. 5년 전과 5년 후가 하나가 되었다.

눈으로 보지 마라.

마음으로 그것을 봐라!

마음으로 보지 마라.

몸속을 떠도는 기운氣으로 그것을 보아라!!

| 如是我思 | 비워야 가득 찬다

남미 국가 대부분의 국교는 가톨릭이다. 브라질도 마찬가지다. 스페인과 포르투갈의 여러 성당을 둘러본 적이 있다. 참으로 화려하고 웅장하고, 근접하기 어려운 분위기를 풍긴다. 물론 나만의 생각인지도 모른다. 드높은 담장이 둘러쳐져 있고, 입장료를 내야 하고, 검문검색을 받아야 하고, 길게 줄을 서야 한다. 물론 모든 성당이 다~ 그렇지는 않다. 성당 안에 들어서면 금빛이 찬란하고, 성구와 장식물이 화려하고, 훌륭한 그림과 조각품이 가득하다. 보물과 귀중품과 성물은 철창 안에 고이 간직되어 있다. 사제들의 복장은 황제를 능가할 정도. 정복자 콜럼버스는 황금빛 관에 누워 왕들에 의해 공중 부양을 당하고 있다. 세비야 대성당의 높디높은 담벼락을 한 바퀴 돈 적이 있다. 정말 높다. 성당의 담벼락이 왜 그처럼 높아야 하는지 알 수 없다. 이해할 수 없다!

오늘 나는 전혀 다른 성당 앞에 서 있다. 메트로폴리타나 대성당 혹은 성 세바스찬 대성당이라 불린다. 공원처럼 생긴 대지에 성당이 우뚝 서 있다. 담장은 없고 곳곳에 동상이 서 있을 뿐이다. 여느 공원과 같은 모습이다. 피골이 상접한 마더 테레사의 동상이 보이고, 허리가 꾸부정한 모습으로 두 손을 벌리고 있는 교황 요한 바오로 2세의 동상이 보인다. 벤치에 옆으로 누워 있는 성인의 모습이 한가롭다. 성인들은 땀에 흠뻑 젖어 있다. 부활절에 내린 비 때문일까, 부활의 간난艱難 때문일까?

성당의 문은 활짝 열려 있다. 한눈에 들어오지 않는 거대함이 있다. 멕시코의 피라미드에서 보았던 거대함이 다가왔다. 멕시코의 피라미드가 정삼각형이라면, 이 성당은 원뿔 형상이다. 성당의 우듬지는 잘린 듯이 정리되어 있다. 둥근 듯하면서 각이 진 모습이 그 형상을 규정하는 것을 거부한다. 부활절이요, 일요일인데도 미사가 없다. 성당 안으로 아무나 들어갈 수 있고, 아무 때나 나올 수 있다. 물론 검문과 검색도 없다. 무엇을 훔치고 무엇을 파괴할 것인가? 성당 안은 온통 비어 있다. 비어 있음이 가득 차 있음이다. 주의 사항을 전달하는 사람도 없고, 성당의 규모나 귀중품에 관해 설명하는 사람도 없다. 그저 눈으로 보고 마음으로 느끼면 된다. 두리번거렸다. 특별한 성구나 십자가를 걸머진 예수님이나 성모 마리아상은 보이지 않는다. 네 면에서 스테인드글라스가 빛을 내고 있다. 화려하지 않으면서도 은은하고 다양한 빛을 안으로 드리우고 있다. 햇빛이 나오지 않아도 스테인드글라스는 성당 밖의 빛을 안으로 끌어들인다. 천장은 높디높다. 하얀 십자가가 천장을 장식하고 있다. 굳이 찾아봐야 십자가가 보인다. 십자가는 하얀빛을 성당 안으로 내리비치고 있다. 가장 높은 곳의 십자가 네 기둥은 네 개의 스테인드글라스와 연결되어 있다. 하늘에서는 편광되지 않은 하얀빛이 내려오고, 네 면에서는 다양한 색깔의 빛이 성당 안을 자유롭게 비추고 있다. 사람들은 조용히 걷고, 의자에 앉아 묵상하며 기도한다. 숙연한 분위기가 사람들을 압도한다.

다시 밖으로 나왔다. 원뿔 모양의 성당을 다시 올려다봤다. 여덟 개의 면이 계단처럼 보였다. 저 계단을 타고 오르면 하느님이 계시는 곳에 이를 수 있을까? 구름이 살포시 성당의 우듬지를 가렸다. 신비스럽다!

성 세바스찬 대성당. 비어 있음으로 가득 차 있다.

가이드에게 물었다. 높이는? Only 100.0m! (그가 소수점 아래에 '0'을 붙인 이유는 미루어 짐작할 일이다.) 멕시코의 피라미드보다 높다. 그 폭이 좁고 기울기는 훨씬 더 가파르다. 멕시코의 피라미드 계단 250개를 숨차게 올랐던 기억이 새롭다. 오르고 싶다는 감정이 솟구친다. 비는 그치고 안개가 스멀스멀 성당 위를 감싸 안는다. 마더 테레사와 교황의 얼굴에서 땀이 흐르고, 옷소매에서는 빗물이 떨어지고 있다. 두 성인은 서 있기도 힘이 드나 보다.

리우에 있는 메트로폴리타나 대성당이여!

성 세바스찬 대성당이여!

그대는 허虛요 영盈이요, 무無요 유有다.

그대는 비어 있기에 가득함이요, 없기에 더 많음이다.

예수님의 형상이 없고, 성모 마리아의 형상이 없고, 피에타도 없다.

성당 안은 허공이요, 허공이기에 성령이 가득하다.

의자에 홀로 앉은 이의 마음에도, 조용히 발길을 옮기는 이의 가슴에도 성령이 넘친다.

가벼움은 없고 장중함이 있다.

비루함이 없고 거룩함이 있다.

경원심은 없고 경외심이 있다.

| 如是我聞 | 화가들이 성 세바스찬을 그리다

나는 가톨릭에 대해 잘 모른다. 몇 권의 책에서 읽은 엷은 지식뿐이다. 시오노 나나미의 『로마인 이야기 : 십자군 이야기』가 오래 기억될 뿐이다. 내가 본 유럽의 성당은 장엄하고 아름답고 화려했다. 로마의 성 베드로 대성당은 특히 그러하다. 그 성당들은 나에게 매우 복잡한 마음을 갖게 한다. 하지만 나는 이곳 리우의 성 세바스찬 성당에서 전혀 새로운 감정, 숙연한 마음을 간직한 채 밖으로 나왔다. 허虛와 영盈, 무無와 유有를 조그만 가슴에 담고 가랑비가 내리는 도심 속 정원을 걸었다.

조지 오웰의 『1984』인가에서 '성 세바스찬'이란 단어를 봤던 기억이 스쳤다. '그는 그녀를 고무 봉으로 죽도록 매질할 것이다. 그녀를 발가벗겨 기둥에 묶어놓고 성 세바스찬(비밀리에 기독교를 믿다가 화살을 맞고 순교한 로마의 장교 - 역주)을 처형할 때처럼 화살을 있는 대로 쏠 것이다.' 이 문장이다. 궁금증이 솟구쳤다. 가이드에게 성 세바스찬에 대해 물었다. 그는 웬 떡이냐 싶은 표정이다. 드디어 자기 역할을 찾았다는 느낌이 전해져왔다. 그가 설명한 내용을 간추린다.

세바스찬은 갈리아 출신의 로마 군인이었다. 그는 디오클레티아누스Diocletianus 황제(244~311)의 친위대원이었다. 황제는 기독교를 박해했다. 기독교인이 된 세바스찬은 황제 몰래 감옥에 갇힌 기독교인들을 풀어주었다. 황제는 세바스찬을 활로 쏘아 죽이라는 명령을 내렸다. 그는 기둥에 묶인 채 로마 군인들이 쏜 수십 발의 화살을 맞았다. 그는 죽지 않았다. 이레네Irene라는 과부가 그를 치료해주었다. 그는 화살이 몸을 뚫고 지나가고, 더 많은 화살이 몸에 박혔으나 죽지 않고 부활했다. 회복된 그는 황제를 직접 만나 기독교 박해 정책을 비판했다. 결국 세바스찬은 군인들이 휘두른 몽둥이에 맞아 혼절한 상태로 시궁창에 버려졌다. 그리고 순교했다.

세월이 흐른 후 14세기 유럽에서는 페스트가 창궐했다. 유럽 인구의 3분의 1이 죽었다. 이 흑사병과 더불어 다른 전염병도 유행했다. 사람들은 자신이 걸린 병의 원인도 모르고 죽어갔다. 유럽인들은 이런 전염병을 '죄를 지은 인간을 처벌하기 위해 하늘이 쏘는 화살 때문'이라고 생각했다. 그리고 세바스찬은 화살에 맞고도 죽지 않은 성인이었음을 기억해냈다. 그리하여 세바스찬은 전염병을 이겨내는 힘을 지닌 수호성인이 되었다.

르네상스 예술은 인간의 아름다운 몸을 다루었다. 남성의 아름다운 육신을 표현하는 동시에 스토리텔링의 뒷받침이 필요했다. 나신에 화살이 꽂힌 로마 장교의 육신은 화가들에게 좋은 소재가 되었다. 세바스찬을 활용한 작품 중에는 한스 홀바인Hans Holbein(1497~1543)의 제단화가 가장 유명하다. 독일 뮌헨 성당에 있다. 안드레아 만테냐Andrea Mantegna(1431~1506)의 「성 세바스찬의 순교」(1470년)는 화살을 맞고 고통스럽게 죽어가면서도 왠지 쾌락에 빠져 있는 듯한 느낌을 풍긴다. 순교와 관능이 함께 느껴진다. 혹자는 이 그림에서 '고통 속에서 느끼는 쾌락'을 읽어내기도 한다. 상파울루 순수박물관에도 성 세바스찬의 몸에 화살이 꽂혀 있는 그림이 전시되어 있다.

| 如是我觀 | **빈민 마을 계단이 예술이 되다**

호르헤 셀라론Jorge Selaron은 성공하지 못한 예술가였다. 그는 1947년 칠레에서 태어나 여러 나라를 떠돌면서 화가와 조각가로 살다가 1983년부터 리우에 정착했다. 1990년부터 그는 빈민가의 허물어진 계단을 고치기 시작한다. 가난했던 그는 건설 현장과 폐기물 처리장에서 수집한 타일을 소재로 사용하기 시작한다. 혼자 외롭게 이 작업을 진행하자 주위에서 노동력으로 기부하고, 방문객들은 돈으로 기부를 한다. 그가 주로 사용한 세라믹 타일의 파랑, 초록, 노란색은 브라질 국기의 색깔이다. 2016년 리우 올림픽 홍보 영상에 등장하면서 더욱 유명해졌다.

버스에서 내리자마자 셀라론 계단을 향해 걸었다. 사람들이 북적거렸다. 다행히 비는 그치고 햇볕은 얼굴을 드러내지 않는다. 버스에서 내린 곳은 대로변. 빌딩들이 높이 솟아 있다. 비즈니스 타운이다. 셀라론 계단 입구에 다다르니, 그라피티가 현란하다. 세계 곳곳에서 찾아온 사람들이 북적거린다. 첫 계단 앞에 섰다. 올려다보았다. 오르막 경사가 가파르다. 맨 위 계단이 끝나는 즈음에 허름한 집들이 아직도 보인다. 셀라론이 이곳에 와서 작업을 시작할 때는 서울의 달동네와 닮았으

셀라론 계단의 문양들. 태극기도 있다.

리라. 계단은 형형색색의 색깔과 다양한 문양이 함께 어우러져 한 폭의 그림으로 보인다. 오른쪽 담장에는 'BRASIL EU TE AMO SELARON' 이라는 하얀색 글씨가 뚜렷하다. 그 아래는 붙었던 타일이 떨어져 나간 흔적을 아직 메우지 못한 모양이다. 그 아래는 세비야의 스페인 광장에서 보았음직한 타일 하나가 붙어 있다. 빨간색 타일 속에 파란색 타일 문양이 눈에 띈다. 낙타를 타고 가는 아랍인.

태극기 문양이 있다는 말에 태극기를 찾아 계단을 올랐다. 여남은 계단을 오르니 계단 옆 담장에 빨간 바탕의 타일에 둥그런 모양이 드러난다. 그 원 안에 바둑판이 놓여 있고, 오른쪽 위에는 한복을 입은 두 여인의 뒤태가 아름답다. 그 반대편에 자그만 태극기 문양이 선명하다. 지구 반대편에서 만나는 태극기는 더욱 반갑다. 그 크기는 상관없다. 가슴까지 뭉클하다. 바둑판 주위에는 시골 풍경과 야자수와 꽃들의 문양이 붙어 있다. 그 아래에 26년 전 교통사고로 죽은 영국의 다이애나 왕세자비의 모습이 애처롭다. 주위에 'OHIO'와 'Lima Peru'라는 글자가 인쇄된 타일이 붙어 있다. 무작위로 붙인 듯한 느낌이다. 계단보다 계단의 양쪽 담벼락이 더 다채롭다. 왼쪽 담벼락 위로는 열대의 나무들이 그림자를 드리우고, 오른쪽으로는 야자수 이파리가 너울거린다.

그미가 계단에 앉아 타일 하나를 가리키고 있다. 요하네스 페르메이르의 '진주 귀고리 소녀'다. 사람들을 비집고 오르고, 사진을 찍으면서 오르니 시간이 걸린다. 계단의 3분의 2 정도까지 올랐다. 200개 정도나 올랐으려나? 시멘트 전봇대가 우뚝 서서 많은 전선을 지탱하고 있다. 무거워 보인다. 힘겨워 보인다. 이 동네의 삶만큼이나 무거워 보인다. 아래를 내려다봤다. 셀라론이, 예술이 온 데도 간 데도 없다. 오직 시멘트 계단일 뿐이다. 아래에서 올려다보면 예술이요, 위에서 내려다보니 현저동의 계단이다. 1970년대 서울 서대문구 현저동의 달동네 말이다.

1970년대 초, 나는 그 현저동에 살았다. 박완서가 나보다 먼저 그 동네에 말뚝을 박았다. 그녀가 제2의 고향이라 일컫는 현저동 46~418번지, 바로 그 동네다. 그녀는 『엄마의 말뚝』에서 현저동을 '바닥 상것들'이 사는 '쌈박질이 그치지 않는 동네'로 묘사한다. 현저동의 삶은 '서울 삶의 법도라기보다는 셋방살이의 법도'부터 익혀야 하는 궁핍한 삶이다. '오줌과 밥풀과 우거지가 한데 썩은 시궁창 물'이 흐르는 동네다. 셀라론이 이 작업을 시작할 때, 이곳은 현저동과 같은 동네가 아니었을까?

허둥지둥 내려와 다시 올려다봤다. 바르셀로나의 구엘 공원 냄새가 드리워져 있다. 가우디의 분위기를 풍기고 있다. 다만 부자 구엘의 지원을 받아 만들어진 구엘 공원은 고급 빌라촌이요, 여기는 셀라론이 가난한 달동네에 만든 작품이라는 것이 다를 뿐이다.

올려다보면 예술인데, 내려다보면 서대문구 현저동의 계단이다.

올려 우러르니 세라믹 예술이요, 내려 눈을 뜨니 시멘트 계단이다.
올려 우러르니 달동네의 가난이요, 내려 눈을 뜨니 빌딩 숲이다.
비가 오면 똥과 오줌과 밥풀과 우거지가 한데 섞여 흐르던 계곡이,
셀라론의 손을 거치니 세계인들이 찾는 아름다운 예술이 되었다.

헉헉거리며 비집고 오르면서 셀라론의 열정을 보았고,
한숨을 돌리고 내려다보면서 박완서의 시선을 읽었다.
돈의 부족이 가난이 아니요, 똥과 오줌이 더러움이 아니다.
돈이 부족하면 노동으로 채울 수 있다.
마음의 빈곤은 어디서 무엇으로 채우려나?

| 如是我見 | 빵산에서 아름다운 항구를 보다

빵산의 원래 이름은 팡데아수카르 Pao de Acucar다. 설탕으로 만든 빵을 의미한다. 브라질 사람들이 설탕을 빵처럼 뭉쳐서 유럽으로 수출했다. 그 모양을 닮아 '설탕 빵'산이 되었다. 내 눈에는 종산 鍾山이다. 보기 나름이다. 빵산은 리우의 아름다움을 한눈으로 감상할 수 있는 명소다. 너무 높지도, 그렇다고 너무 낮지도 않은 곳이다.

케이블카를 타려고 정류장에 줄을 섰다. 대학생 알바인 듯한 두 여인이 다가온다. 한 여인이 초콜릿을 한 움큼 쥐어준다. 다른 여인이 '안녕하세요?'를 반복한다. 그미가 '감사합니다!'로 답한다. 부활절에, 리우의 빵산 케이블카 정류장에서 달콤한 초콜릿과 아름다운 한국말이 내 가슴을 춤추게 한다. 우리는 엄지척을 여러 번 해주었다. 누군가가 '한국에 놀러 오세요!' 했다. 그녀들이 웃었다.

빵산은 두 개의 봉우리로 이루어져 있다. 우르카 언덕(212미터)과 팡데아수카르(396미터)다. 리우를 감상하기에 예수상이 있는 740미터는 너무 높고 안개가 방해한다. 빵산은 맨눈으로 리우를 감상하기에 적당히 높고 적당히 낮다. 오르는 길도 간단하다. 케이블카만 타면 된다. 우르

빵산에서 본 코파카바나 해변.

카 언덕에서 좀 더 가까이 보고, 200여 미터를 더 올라 좀 더 멀리 보면
된다. 우르카 언덕에 내렸다. 헬기장과 헬기가 있는 것으로 보아 헬기
투어도 있는 모양이다. 영화 '007 시리즈'에서 헬기에 매달린 주인공이
빵산 주위를 나는 것을 보았던 기억이 아스라하다. 나뭇가지에서 재롱
을 피우는 원숭이가 카메라의 주목을 받는다. 피뢰침 꼭대기에 앉아 있
는 독수리가 날개를 쫘~악 벌린다. 사람들은 와~ 하는 소리로 그 녀석
의 연기에 화답한다.

　다시 케이블카를 타고 정상으로 오른다. 산은 거대한 바윗덩이다. 해
돋이를 보기 위해 위험(?)을 무릅쓰고 걸었던 해변이 널따랗게 펼쳐진

손가락은 비행장을 가리키고.

다. 아침나절에 움직인 컨테이너선이 아직도 해안과 멀리 떨어져 정박해 있다. 섬이 여기저기에 흩어져 있다. 발아래는 건물이 빽빽하다. 저 멀리 섬처럼 보이는 육지에도 건물이 들어차 있다. 등대처럼 생긴 바위에, 비석처럼 생긴 방파제에 파도가 하얗게 부서진다. 군사시설이라 귀띔해준다. 활주로에는 비행기가 뜨기도 하고 내려앉기도 한다. 활주로를 박차 오른 비행기는 빵산 근처에는 오지 못하고 대서양 쪽으로 기수를 돌린다. 유럽으로 가는 비행기이리라. 또 한 대가 떠오른다. 바다 위를 선회하다가 육지 쪽으로 기수를 돌린다. 남미의 어느 도시로 가는 비행기이리라. 5년 전 아침 6시경에는 저 비행기를 타고 리마로 갔을 것이다. 눈에는 가까운 거리가 소리로는 꽤 먼~ 모양이다.

저 멀리 예수상이 보일락 말락 한다. 구름에 가려지기도 하고, 눈 속으로 들어오기도 한다. 다양한 빛깔을 지닌 앵무새들이 사람들에게 먹이를 구걸하고, 알록달록한 원숭이는 사람 손에 든 물건을 빼앗기도 한다. 사람들은 케이블카에서 내리고, 다시 케이블카를 타고 간다. 온종일 여기 이 자리에 서 있어도 지루하지 않으리. 풍광을 즐기다 지루해지면 둘레를 몇 바퀴 돌면 될 일이다. 빵산 정상의 둘레를 두 바퀴 돌았다. 이쪽에서나 저쪽에서나 예수상은 보였다 보이지 않았다를 반복한다. 빗방울과 안개를 품은 공기가 눅눅하지 않다. 청량하다! 우산 끝으로 떨어지는 빗방울이 발등을 적신다. 바람이 불지 않아 다행이다. 우두둑거린다. 콩알만 한 빗방울이 열대우림의 이파리를 두드려 소리를 내고, 시멘트 바닥에 떨어졌다 튀어 오른다. 소낙비는 피하는 게 상책이다.

남미 대륙 한가운데에 대서양을 밀고 들어온 산이 둘이다.
하나는 바위가 만든 빵산이요, 다른 하나는 바위가 만든 종산이다.
예수님 눈에는 설탕을 범벅하여 만든 빵산이요,
부처님 눈에는 청동을 범벅하여 만든 종산이라.

코르코바두를 휘감은 구름은 걷힐 줄 모르고,
안개는 두 팔 벌린 예수님을 품고 있다.
구름은 하늘의 태양을 가리고,
안개는 하느님을 휘감는다.

피뢰침 꼭지에 앉은 독수리는 바람을 일으켜 하늘로 치솟고,
나뭇가지 껴안은 알록달록 다람쥐원숭이는 두 눈에 눈물이 글썽글썽,

노오란 앵무새 한 쌍은 나뭇가지를 사이에 두고 서로를 희롱하누나.

하늘엔 독수리 유유하고, 철부지 앵무새 사랑싸움에 열 올릴 적에,

원숭이 두 눈은 코르코바두를 응시하고, 가슴은 애가 끓는 슬픔이여!

활주로 박차 오른 저기 저 비행기 양 날개를 깜빡깜빡, 내게 윙크하네.

활주로 박차 오른 저기 저 비행기 양 날개를 흔들흔들, 내게 손짓하네.

귀거래혜, 귀거래혜歸去來兮, 歸去來兮, 돌아가세, 돌아가자꾸나.

매화가 꽃비 내리고, 노오란 개나리 움터나고, 빨간 진달래 피어나는

ᄀᄅ뫼로 돌아가세.

종다리 하늘에 지저귀고, 접동새 주둥이 빨개질 적, 소쩍새 슬피 우는

ᄀᄅ뫼로 돌아가세.

보슬보슬 봄비에 달래, 냉이 솟아오른다.

겨우내 굳은 땅 로터리 치러 가세!

이랑 내고 멀칭하여 상추 씨 뿌리고, 고추 모종하러 가세!

| 如是我讀 | 다윈은 리우에서 이렇게 썼다

찰스 다윈은 1832년 4월 4일부터 7월 5일까지 3개월간 리우데자네이루에 머물면서 근처에서 탐험 활동을 했다. 그는 코르코바두 언덕을 돌베개 삼아, 등받이 삼아 기거했다. 경사가 심한 원추형 산들은 편마화강암임에 틀림없었다. 돌산은 무성한 숲 가운데에 우뚝 솟은 둥근 바위였다. 그는 새와 벌레와 개미와 거미를 관찰했다. 처음 보는 동식물이 그의 눈에는 신기하기도 하고 기묘하기도 하며, 신비스럽기까지 했을 것이다. 그의 글을 읽으며 리우의 초겨울 밤 풍광을 상상해보자. 귀로는 청개구리의 노랫소리를 들으며, 눈으로는 반딧불이의 군무를 그려보자.

'겨울이 시작되는 5월과 6월의 기후는 아주 상쾌했다. 뜨거운 낮이 지나간 다음, 정원에 조용히 앉아 저녁이 서서히 밤으로 옮겨가는 것을 보는 게 아주 상쾌했다. 청개구리는 수면 위 풀잎에 앉아 아주 듣기 좋은 소리로 울었다. 반딧불이가 나무 울타리 사이로 이리저리 날아다니는 것이 보인다. 빛을 내는 물질은 액체인데, 대단히 진득거린다. 바늘로 벌레를 자극하면 언제나 밝아진다. 벌레가 죽은 후에도 거의 24시간 빛이 환하게 나왔다.'

그는 손쉽게 잡을 수 있는 자고새에 대해 이야기한다. 자고새는 아주 바보(?) 같아서 가까이 다가가 얼마든지 잡을 수 있다. 특히 포클랜드에서는 여러 마리를 잡아 해부하고 박제로 만들어 본국으로 보냈다는 이야기도 나온다. 인간을, 사람을 함께 더불어 살아갈 수 있는 친구(?)로 생각하는 자고새의 바보스러움(?)에 경탄한다. 피츠로이에서 함께 점심을 먹던 까란차 이야기도 나온다. 까란차는 벌레, 달팽이, 괄태충, 메뚜기와 개구리를 먹는다. 까란차는 배가 고프면 여러 마리가 합동으로 왜가리처럼 덩치가 큰 새도 공격하며, 동물의 상처 부위를 공격하여 뜯어 먹기도 한다. 겉모양과 먹이 활동 모습이 어찌 같으랴!

다윈은 새의 탁란에 대해서도 말한다. 유럽과 아시아에서는 뻐꾸기가 탁란한다. 북미에서는 페코리스 쇠새가 탁란한다. 남미에서는 니게르 쇠새가 탁란한다. 이 새들은 왜 다른 둥지에 알을 낳을까? 새들의 교미 습성과 관련되어 있다! 어미 새는 적어도 한 계절에 4~6개의 알을 낳는다. 한 번 교미하여 알을 하나 낳은 뒤 다시 수컷과 교미한다. 어쩌다 운이 좋으면 두 개를 낳을 수도 있다. 하지만 대부분 한 개만 낳는다. 만약 이 새들이 자기 알을 품으려면 모두 한꺼번에 품어야 할 것이다. 그러면 먼저 낳은 알들이 오래되어 부패할 염려가 있다. 그러므로 이 새들은 여러 번 교미하고, 그때그때 낳은 알을 양부모에게 맡긴다. 자기 새끼인 줄 알고 덩치가 큰 뻐꾸기 새끼를 키워내는 그르뫼의 작은 붉은머리오목눈이가 불쌍하다. 여기에선 어떤 새가 니게르 쇠새의 알을 품어 키워내려나?

리우에 머무르는 어느 날, 다윈은 내륙 탐험에 나섰다. 흔들리는 배에서 그는 의도치 않은 작은 실수로 흑인의 얼굴에 손이 살짝 스쳤다. 이에 흑인은 다윈의 손을 피하거나 막을 엄두조차 내지 못하고 두려움에 떨었다. 아무런 잘못이 없는데도 백인이 자신을 때리면 맞아야 한다는, 얻어맞을 수밖에 없다는 생각에 몸을 떨었다. 흑인에게 백인은 두려움의 대상이었고, 폭력적인 지배자일 뿐이었다. 리잼에서 펴낸 『찰스 다윈의 비글 호 항해기』 38쪽에는 양다리 사이에 몽둥이가 끼워진 채로 두 손을 묶인 상태에서 린치를 당하는 흑인의 그림이 있다. 그 후 어느 날 다윈은 노예제도를 두고 피츠로이 함장과 논쟁을 벌인다.

피츠로이가 말한다. 노예제도란 성경만큼이나 오래된 제도다. 너는 노예제도를 모르는 이상주의자에 불과하다. 다윈이 응수한다. 나는 브라질의 농장에서 노예들이 일하고 학대받는 모습을 봤다. 같은 인간이 왜 그렇게 대우를 받아야 하는가? 그러자 피츠로이는 말한다. 이곳의 노예들은 영국의 농민 못지않은 좋은 조건에서 일하고 있다. 다윈이 항변한다. 그렇지 않다. 나는 현장을 내 두 눈으로 똑똑히 봤다. 두 사람 사이에 언쟁과 다툼이 격해졌다. 마침내 피츠로이가 명령한다. 당장 여기서 내려라! 다윈도 지지 않았다. 좋다, 내리라면 내린다. 다윈은 배에서 내릴 준비를 했다. 짐을 꾸리는 다윈에게 피츠로이 함장이 보낸 사관이 왔다. 함장은 말단 선원인 다윈에게 사과의 말을 전했고, 언쟁은 없었던 일이 되었다. 다윈은 우수아이아를 거쳐, 칠레 연안을 거슬러 올라 갈라파고스 섬에 이르렀다. 그리고 『종의 기원』을 썼다.

| 如是我觀 | **두 개의 은하수를 건너다**

5년 전엔 이른 아침에 리우의 풍광을 감상했다. 오늘은 한밤중에 본다. 저~기에 예수상이 있으리, 여~기에 빵산이 있으리. 발밑에는 코파카바나 해변의 파도가 밀려오고 있으리. 나는 대붕의 왼쪽 날개깃 하

나를 붙들고 있다. 몸은 둥둥 떠내려가고, 마음은 둥둥 떠오른다. 사막과 오아시스가 발아래다. 나스카 라인의 형상들이 춤을 춘다. 피사로가 황금 무덤에서 숨을 헐떡인다. 잉카인들이 춤을 춘다. 마추픽추는 안개 속에 하얗다. 라파스의 시곗바늘이 좌향이다. 알티플라노의 토다람이 품속으로 뛰어든다. 홍학들이 비상하고 아브라함과 스테파니가 손을 흔든다. 라 체스코나 박물관에서 네루다의 시가 옹알거린다. 한국어가 흐른다. 파타고니아의 모레노 빙벽이 굉음을 내며 무너진다. 지구가 불덩이 속으로 빠져든다. 다윈이 내 손을 이끈다. 갈라파고스로 가자 한다. 함께 비글 호에 올랐다. 피츠로이는 나를 비글 해협에 던져버린다. 앨버트로스의 발가락을 붙들었다. 앨버트로스 호텔에서 숨마리노 한 잔에 정신을 차렸다. 불그스레한 단풍 물에 목욕을 했다. 에비타가 파파 앞에 무릎을 꿇었다. 파파는 그녀의 눈물을 닦아주고, 그녀의 뺨에 입을 맞춘다. 아구아 짱이 악마의 목구멍에서 튀어나왔다. 가브리엘에게 우산을 드리워준다. 「넬라 판타지아」가 흐른다. 투칸은 춤을 추고, 부엉이는 눈을 깜박거린다. 나는 눈을 번쩍 떴다.

밤의 리우는 불빛만 반짝거린다.
두 팔 벌린 예수상도, 빵산도 어둠이 감추어버렸다.
아름다웠던 도시는 이제 깜빡거릴 뿐이다.

하늘엔 은하수가 강물이다.
대서양에도 은하수가 반짝거린다.
은하수와 은하수 사이를 나는 날아간다.

하늘엔 하현달이 반쪽이다.
바다엔 상현달이 반쪽이다.
하현달과 상현달 사이를 나는 날아간다.

하얀 유빙 조각에 빨간 테킬라 붓고
ㄱㄹ뫼의 조상님께 문안 인사 드리리.
파란 유빙 조각에 하얀 아바나클럽 붓고
리우의 성 세바스찬에게 경배드리리!

여행을
마치며

12

상파울루를 이륙한 비행기는 대서양을 지나고 아프리카 상공을 날아 갈 것이다. 지구의 대척점에서 한 달 가까이 돌아다녔다. 하루 평균 2만 보 정도를 걸었다. 처음에는 잠이 오지 않았다. 다음에는 여행을 태블 릿에 기록하고, 찍은 사진을 정리하느라 잠을 설쳤다. 하루에 평균 서 너 시간은 잘 수 있었다. 호텔은 나의 서재였고, 버스와 비행기는 나의 침실이었다.

비행기는 자정을 전후해 이륙했다. 이젠 여행의 긴장감이 떨어지고, 내 몸도 그걸 알아버렸다. 온몸과 온~ 마음이 풀렸다. 아무 생각도 없 고, 아무런 바람도 없다. 바라는 건 오직 편히 자는 것뿐이다. 승무원에 게 깨우지 말라고 부탁했다. 다섯 시간 넘게 푹 잤다. 정신이 조금은 제 자리로 찾아들었다. 태블릿을 꺼내 탁자에 올렸다. 헤드폰으로 두 귀를 막았다. 영화「프란치스코」를 다시 봤다. 연인의 다리와 5월 광장과 대 통령궁을 떠올리면서, 아들이 의사가 되기를 바라는 한국 엄마들을 생 각했다. 워킹맘의 부지런함과 애달픔을 보았다. 라파스 공항 마을의 애 잔함이 울렁거렸다. 현장을 걸어본 뒤 보는 영화가 더 깊은 감명을 준 다. 잠자기와 영화 보기를 반복하면 열다섯 시간의 비행도 거뜬하다. 그래도 지루하면, 지난날 읽었던 책들의 메모를 뒤적이는 것 또한 비행 시간을 줄이는 방법이다.

하루가 지나갔는지,

하루가 보태졌는지,

시간이 흐르는 건지,

시간이 흐르지 않는 건지,

시간이 거꾸로 내달리는 건지,

나는 다만 모를 뿐이다.

2023년 4월 11일(화요일, 음력 윤 2월 21일)

나는 비행기에 타고 있을 뿐이다. ᄀᄅ뫼를 향해 날아가는 비행기를 타고 있을 뿐이다. 그런데도 달력의 날짜는 어제와 다르게 표시되리라. 태양을 기준으로 셈하는 달력은 4월 중순을 향해 걸어가고 있고, 달을 중심으로 하는 달력은 윤달 2월 그믐을 향해 달려가고 있다. 내가 이번에 여행했던 대부분의 날은 윤달이라는 이름을 달고 있다. 더부살이다. 허깨비다. 있음有으로 없는 것無이요, 없음無으로 있는 것有이다. 그래서 나는 남미 여행을 한 것도 아니요, 아니한 것도 아니다. 나의 여행 대부분은 환상이었고, 꿈이었는지도 모를 일이다. 한 쌍의 나비였고, 한 마리의 붕새였으며, 한 쌍의 앨버트로스였다. 나는 때로는 나비의 더듬이로, 또는 붕새의 눈으로, 또 어느 때는 앨버트로스의 눈을 뜨고 남미의 곳곳을 날아다녔다. 나는 꿈속에서 엄니와 아버지를 만났고, 할아버지와 할머니의 목소리를 들었다. ᄀᄅ뫼에 아니 계시는 그분들이 남반구의 공기 속에서 살고 계셨다. 나와는 대척점인 곳에 살아 계셨다. 공간적으로 내가 갈 수 있는 가장 먼 곳이다. 행복한 여행이었다. 아름다운 관광이었다. 그분들은 윤달을 텅 비어 있는 달, 공空달이라 불렀고, 자신의 죽음을 준비했다. 할머니는 자신의 주검이 입을 수의를 바느질했고, 할아버지는 자신이 짊어질 칠성판을 다듬었다. 조상의 묘를 이장하기도 했다.

침침한 눈을 비볐다. 비행기 안 공기는 건조하다. 눈 주위를 마사지했다. 볼일도 없이 화장실에 다녀왔다. 비행기 엔진의 아우성을 조금이라도 줄이려고 헤드셋으로 두 귀를 막았다. 색소폰 연주가 몇 곡 흘렀다. 색소폰은 뭐니 뭐니 해도 재즈 음악을 위한 악기다. 태블릿을 읽기엔 부담스럽다. 눈으로 들어오는 것보다 귀로 들어오는 것들이 더 흐뭇하다. 쿠바 음악을 터치했다. 아바나의 어느 호텔 클럽, 부에나 비스타 소셜 클럽Buena Vista Social Club의 음악이다. 쿠바의 음악은 나를 슬프게 한다. 애잔한 느낌이 다가온다. 그리고 체 게바라와 헤밍웨이의 얼굴이 떠오른다. 베레모를 쓴 모습과 조각배를 타고 낚시하는 모습이 스쳐 지나간다. 「관타나메라Guantanamera」가 들려올 때, 나는 쿠바 음악을 꺼버렸다. 천장을 응시했다. 귀머거리가 작곡한 「월광moonlight」을 터치했다. 볼륨을 줄이고 무한 반복을 지시했다. 참으로 조용한 숲속의 달밤이 되었다.

『슬픈 열대』의 메모를 연다. 레비스트로스는 해돋이보다 해넘이에 방점이 찍힌 글을 썼다. '선상 노트'에서 그는 사색한다. '지나간 일을 회상한다는 것은 인간에게 크나큰 즐거움이지만, 그 기억이 글자 그대로 나타나는 한은 그렇지 못하다. 회상하는 것을 좋아하더라도, 그 고된 일들과 괴로움을 다시 겪어보고자 하는 이는 드물 것이기 때문이다. 추억은 인생 그 자체이기는 하나, 다른 성질을 지닌 것이다.'

나는 대서양 위를 날고 있다. 카나리아 군도가 보인다. 해무가 섬들을 뒤덮고 있다. 어느 소설가의 혼과 백이 해무 속에 뒤섞여 있다. 아직도 식지 않은 화산의 숨결이 날숨을 뿜어내고 있다. 그 옆에 '돌뗏목'이 보인다. 주제 사라마구가 이베리아 반도를 유럽에서 분리해낸 돌덩이 뗏목이다. 이베리아 반도는 남미에서 약탈해온 '금들의 저주'를 이겨내지 못했다. 백성들은 무기력해졌고, 산업화는 더디고 더디었다. 프랑스는 피레네 산맥을 넘어왔고, 영국과 독일은 경제적으로 이베리아 반도를

쿠스코의 여인들이여, 행복하시라!

침탈했다. 프라도 미술관에서 본 그림 한 장을 잊을 수 없다. 프란치스코 고야가 그린 「1808년 5월 3일」이다. 프랑스군이 총을 겨누고 있다. 하얀 상의를 입은 젊은이가 두 손을 번쩍 들고 있다. 그 표정이 아직도 눈에 선하다. 잊을 수가 없는 장면이다. 5월은 정녕 잔인한 달인가…….
부에노스아이레스가 그러했고, 마드리드의 5월이 그러했으며, 광주의 5월이 그러했다. 사라마구는 피레네 산맥 이남을 떼어내어 자신들이 지배하고 약탈했던 그곳으로 돌뗏목을 노 저어가고 있다. '아~ 옛날이여!'를 노래하면서…….

나는 아프리카 상공을 날고 있다. 왼쪽 저 멀리에 이베리아 반도가 있을 것이다. 그곳에는 남미를 자기네 땅이라 우기고, 교황의 비호를 받으며 그 땅을 지배하고, 그 땅에 사는 사람들을 학살하고 약탈해간 자들의 후손이 살고 있다. 그 조상들은 무어인이 사는 땅을 빼앗았다. 그러고는 무어인과의 싸움에서 익힌 전쟁 기술과 무기를 들고 남미 대륙으로 달려갔다. 콜럼버스는 이베리아 사람들에게 남미로 가는 길을 열어주었다. 인도로 가는 길이라 믿었지만, 이베리아 사람들에게 침략과 약탈의 기회만 제공했을 뿐이다. 그는 자신을 지원한 이베리아의 땅에 묻히기를 거부했다. 그의 딸이 이베리아 반도에서 죽은 그를 서인도의 섬으로 데려가 묻었다. 하지만 그는 거기서 잠들지 못하고 다시 이베리아 땅으로 끌려와, 지금은 세비야의 성당에 잠들어 있다. 그의 손은 아직도 바르셀로나 항구의 높디높은 탑 꼭대기에서 서인도제도를 가리키고 있다. 다시 가고 싶은 몸짓이다. 뼈와 육신은 이 땅에 있어도, 마음은 아직도 서인도제도에 머물고 있다.

모든 것은 하나의 사건일 뿐이다.

2023년 4월 11일 (화요일, 음력 윤 2월 21일)

어제도 4월 11일이요, 오늘도 2월 21일이다. 하루가 없어졌다. 그럼, 비행기에서 얼마나 머물렀나? 시간은 흐르지 않는다. 다만 머물고 있을 뿐이다. 도하에서 인천으로 가는 비행기에는 인천에서 LA로 갈 때만큼이나 한국인이 많다.

| 如是我思 **오독도 읽기요, 쓰기는 술이부작이다**

비행기가 이륙하자 나는 또 잠에 빠졌다. 화장실에 다녀와 물을 마셨

다. 비행기는 서왕모의 고향 곤륜산을 넘고 있었다. 서왕모의 기운을 받아 정신을 가다듬었다. 여행을 마무리하고, 글과 사진을 갈무리할 시간이다.

글을 쓴다는 것은 본디 술이부작述而不作이다. 내가 쓴 것은 하나도 없다. 그저 이리 접고 저리 펴고, 이리 붙이고 저리 풀질했을 뿐이다. 부처님도 49년을 설하시고 설한 바가 없다 하지 아니했는가. 어찌 감히 나 같은 중생이 내 글을 쓸 수 있겠는가. 다만 내가 보았고如是我見, 내가 찬찬히 살폈고如是我觀, 내가 들었고如是我聞, 내가 읽었던 것如是我讀과 내가 잠을 잘 때 헤맨 꿈如是我夢을 내 머릿속의 뉴런이 얽히고설키면서 일궈낸 생각이라는 것如是我思을 글로 옮겼을 뿐이다. 나 혼자 힘으로 쓴 글我作은 하나도 없다. 그저 법고창신法古創新했을 뿐이고, 그저 마름질했을 뿐이다. 책머리에서 나는 『장자』의 대붕 이야기를 들고 나왔다. 장자가 살아 계셨다면 고개를 갸우뚱했을 것이다. 나는 『장자』의 실마리를 잡고 흔들었을 뿐이다. 유카와 히데키湯川秀樹는 『장자』의 혼돈 이야기를 아전인수我田引水하여 노벨 물리학상을 받지 아니했던가? 혼돈은 중간자 이야기가 아니라고, 잘못된 해석이라고 전공자인 그의 형이 고쳐주었지만 그는 혼돈을 중앙에 두고 숙儵과 홀忽을 원운동 하는 것으로 인식하지 아니했던가? 『장자』의 혼돈 이야기로 여행을 마무리하고자 한다.

남해라는 나라의 왕을 숙儵이라 불렀다. 북해 나라의 왕을 홀忽이라 불렀다. 중앙에 자리 잡은 나라의 왕을 혼돈渾沌이라 불렀다. 어느 날, 숙과 홀 두 왕이 함께 혼돈이 있는 곳을 방문했다. 혼돈은 그들을 반겨 정중히 대접했다. 숙과 홀은 혼돈의 극진한 호의에 보답하기 위해 의논하고 상의하기를 거듭했다. 드디어 결론에 이르렀다. '사람은 무릇 일곱 개의 구멍이 있고, 그 덕으로 보고 듣고 먹고 숨을 쉬고 할 수 있는 것인데, 오직 혼돈에게는 그것이 없습니다. 우리가 고맙다는 표시로 구멍을 뚫어줍시다.' 그래서 두 왕은 혼돈에게 하루에 구멍 하나씩을 뚫기 시작했는데, 7일 만에 혼돈은 숨이 끊어져 죽어버렸다.

춘추전국시대의 전쟁은 생산의 기반인 토지와, 생산의 주체이자 생산의 도구인 인간을 패권자들이 서로 빼앗으려는 전쟁이었다. 하지만 내가 여행한 남미는 그런 전쟁터가 아니었다. 일방적인 약탈과 살육과 파괴의 전쟁터였다. 황금과 은과 보물과 식량을 빼앗기 위한 전쟁, 총과 칼과 말과 병원균을 활용한 수탈의 현장이었다. 거기에 종교라는 명분론이 작용했음은 누구나 아는 사실이다. 남미의 여러 나라는 '혼돈chaos'을 너무 많이 겪었으며, 현재도 그런 상황이 이어지고 있다. 그러나 혼돈이 없으면 질서 또한 없다. '태초에 존재한 것은 카오스이고, 그다음에는 넓은 젖가슴을 가진 가이아가 태어난다.' 헤시오도스가 『신들의 계보』에서 한 말이다. 카오스가 있은 연후에 대지의 신, 땅덩어리의 신 가이아가 탄생한다. 혼돈은 혼돈의 세계가 있고, 숙과 홀은 숙과 홀의 세계가 있다. 그것을 인간의 생각으로 뜯고 고치려 혼돈이 죽고 만다. 혼돈chaos을 질서cosmos로 바꾸기 위한 아이디어와 노력은 결국 상대를 죽음으로 몰아간다. 스스로 그렇게 있을 뿐인 것을…… 무위자연無爲自然일 뿐인 것을…….

노자의 말을 들어보자. 『도덕경』 14장 중 일부다. '보아도 보이지 않음을 이름하여 이夷라 하고, 들어도 들리지 않음을 이름하여 희希라 하며, 잡아도 얻지 못함을 이름하여 미微라 한다. 이 세 가지는 각각을 따져서 아우를 수 없으므로 섞어서 하나로 된다視之不見名曰夷. 聽之不聞名曰希. 搏之不得名曰微. 此三者不可致詰, 故混而爲一.'

나는 미천한 지식과 얕은 지혜로 남미의 여섯 나라를 보고 들었다. 보이지 않음이 더 많았고, 들리지 않음이 더 컸으리라. 그리고 내 눈과 귀와 생각이 잡아들이지 못한 것 또한 더욱더 많았으리라.

무릇 하늘과 땅이라는 것은 만물이 잠시 머무는 여관이요, 세월이라는 것은 대를 이어 내려오는 나그네라. 하지만 덧없는 인생, 마치 꿈과 같으

니 즐거워할 수 있음이 더 얼마나 되리오. 옛사람 촛불을 켜고 밤에 놀았
다 하니, 과연 그 까닭이 있음이로다. 더구나 따뜻한 봄이 날 불러 봄 경치
를 보게 하고, 조물주가 나를 불러 글을 쓰게 하는구나!

夫天地者, 萬物之逆旅. 光陰者, 百代之過客. 而浮生若夢, 爲歡樂幾
何. 古人秉燭夜遊, 良有以也. 況陽春召我以煙景, 大塊假我以文章.

**이백의 「춘야연도리원서春夜宴桃李園序」 중 일부다. 나는 이렇게 되새
김질한다.**

나는 남미의 여러 곳을 여관 삼아 머물렀다 돌아왔노라.
가을날 남미의 여러 나라가 나를 불러 아름다운 경치를 보게 하고,
조상이 나를 일깨워 글을 쓰게 하는구나!
봄이 오면 벚나무 아래 꽃비 맞으며 우전차를 마시고,
여름이면 선선한 당산나무 아래서 장기 한 판 두면 될 일이다.
가을이면 들에 나아가 감국 몇 알 따다 국화차를 만들고,
겨울이면 동해로 달려가 파도의 일렁거림과 솟는 해를 껴안으리.
운 좋아 대붕의 날개라도 만나면 장땡이 아니겠는가.

나는 이제 가을에서 봄으로 돌아왔다.
겨울을 거치지 아니하고 곧바로 봄으로 왔다.
동지섣달의 차가움과 음기가 가득한 세상을 거치지 아니하고,
양기 가득한 봄의 세상으로 와버렸다.

하얀 유빙 조각에 빨간 테킬라 붓고
ㄱㄹ뫼의 조상님께 문안 인사 드리리.
파란 유빙 조각에 하얀 아바나클럽 붓고
리우의 성 세바스찬에게 경배드리리!

하늘엔 콘도르가 날고, 땅엔 표범이 날뛴다.
초원엔 라마와 비쿠냐와 토다람이 한가롭다.
낮에는 마른 가지에 홍학이 새끼 찾아 울고,
밤에는 배고픈 소쩍새가 먹이 찾아 우는구나.
숙손씨叔孫氏 화살 꽂힌 기린이 눈물을 흘리도다.
서수획린西狩獲麟* 이라.

스마트폰이여, 태블릿이여, 노트북이여!
이제 잠시 쉬어가자꾸나!!

* '서쪽으로 사냥 가서 기린을 붙잡는다'라는 뜻인데, 글쓰기를 끝맺는다는 의미로 활용된다. 노나라 애공魯哀公 14년에 숙손씨叔孫氏가 서수획린하니 공자가 그것을 보고 울면서 돌아왔다. 공자는 '내 도가 다했구나吾道窮矣' 하고 자신이 짓던 『춘추春秋』에 '애공 14년 봄에 서수획린하다哀公十四春西狩獲麟'라 쓰고 책을 끝맺었다 한다.

모질이의 안데스 일기

초판 1쇄 인쇄 | 2024년 12월 10일
초판 1쇄 발행 | 2024년 12월 18일

지은이 | 오주섭
펴낸이 | 박남숙

펴낸곳 | 소소의책
출판등록 | 2017년 5월 10일 제2017-000117호
주소 | 03961 서울특별시 마포구 방울내로9길 24 301호(망원동)
전화 | 02-324-7488
팩스 | 02-324-7489
이메일 | sosopub@sosokorea.com

ISBN 979-11-7165-020-0 03950
책값은 뒤표지에 있습니다.